U0560270

盧校叢編

陳東輝　主編

儀禮注疏

三

公食大夫禮第九
覲禮第十
喪服第十一
士喪禮第十二

〔清〕盧文弨　批校

浙江大學出版社・杭州

本册目録

儀禮注疏卷九

漢鄭氏注　唐陸德明音義　賈公彦疏

公食大夫禮第九

公食大夫之禮。○使大夫戒各以其爵。注 戒猶告也。告之必使同班。敵者易以相親敬。音義 食音嗣。易以豉反。疏 釋曰。自此盡如聘。論主君使大夫就館。戒聘客使來行食禮之事。云各以其爵者。此篇雖據子男大夫爲正。兼見五等諸侯大聘使卿之事。故云各以其爵也。上介出請入告。注 問所以爲來事。音義 爲于僞反。下爲既爲從爲公爲賓同。疏 注釋曰。據大夫就賓館之門外。賓使上介出請大夫所爲來之事。三辭。注 爲既先受賜不敢當。音義 三息暫反。又如字。疏 注釋曰。既先受賜者。謂聘日致饔。受賜大禮。故今辭食。不敢當之。但受饔之時。禮辭而已。至於饗食。皆當三辭。賓出

乾隆四年校刊

拜辱【注】拜使者屈辱來迎己。大夫不答拜。將命。【注】不答拜爲人使也。將猶致也。賓再拜稽首。【注】受命。大夫還。【注】復於君。賓不拜送。遂從之。【注】不拜送者。爲從之。不終事。

【疏】【注】釋曰。案鄉飲酒。主人拜送賓不答拜。云禮有終。此賓不拜送。爲從之不終事。故賓不拜送也。若然。鄉飲酒鄉射戒賓。賓遂從之而云拜辱拜送者。以其主人先反。不相隨。故得拜辱拜送。覲禮。使者勞賓。侯氏送於門外再拜。遂從之。使者既不先反。猶拜送者。尊天子使故也。

○賓朝服即位于大門外。如聘。【注】於是朝服。則初時玄端。如聘亦入于次俟。

【注】釋曰。云大門外如聘者。則賓主設擯介以相待如聘時。【注】釋曰。云於是朝服則初時玄端者。初時謂賓發館時服玄端。若鄉射主人朝服乃速賓。鄭注云。射賓輕也。戒時玄端。以此言之。前賓在館拜所戒大夫即玄端。賓遂從大夫至君大門外。入次。乃去玄端著朝服。出次即位也。云如聘亦入於次俟者。案聘禮。賓皮弁聘。至於朝。賓入于

文。注云入于文者，俟辨。則此入文亦俟主人辨也。若然，聘禮重，賓發館即皮弁；此食禮輕，及大門乃朝服。〇即位具。

【注】主人也。擯者俟君於大門外，卿大夫士序，及宰夫具其饌物，皆於廟門之外。

【疏】【注】釋曰：云擯者俟君於大門外者，解即位之事。云卿大夫士序及宰夫具其饌物皆於廟門之外者，以其君迎賓入，始言卿大夫以下廟內之位，則知此具饌物時皆在廟門外也。故鄭下文注云：自卿大夫至此，不先即位，從君而入者，明助君饗食賓，自無事，故不在大門內。是其義也。

羹定。

【注】肉謂之羹。定，猶熟也。著之者，下以爲節。

【音義】定，多佞反。

【疏】【注】釋曰：云肉謂之羹者，爾雅文。云著之者，下以爲節者，羹定與下文陳鼎之節爲目也。

甸人陳鼎七，當門南面西上，設扃鼏，鼏若束若編。

【注】七鼎，一大牢也。甸人，冢宰之屬，兼亨人者。南面西上，以其爲賓，統於外也。扃，鼎扛，所以舉之者也。凡鼎鼏蓋

以茅爲之長則束本短則編其中央今文扃作鉉古文鼏皆作密【音義】編必縣反亨普庚反【疏】【注】釋曰云七鼎一大牢也者案聘禮致飧與饔餼皆九鼎此亦一大牢而七鼎者此食禮輕無鮮魚鮮腊與聘禮腥一牢鼎七同也云甸人冢宰之屬兼亨人者案天官有甸師氏兼有亨人皆屬冢宰彼天子禮諸侯比天子爲兼官故甸人兼亨人也必使甸人陳鼎兼亨人者案亨人職云掌共鼎鑊又案甸師職云掌帥其徒以薪蒸役外內饔之事故使甸人兼亨人陳鼎若然案少牢羹定饔人陳鼎者以其無甸人官故饔人陳鼎也既夕士禮云甸人抗重又云甸人築坅坎以士無臣使屬吏攝甸人之事非謂置此官也云凡鼎鼏蓋以茅爲之者諸文多言鼎鼏皆不言所用之物此經雖言若束若編亦不指所用之體故鄭云蓋以疑之然必知用茅者詩曰白毛包之尚書孔傳云苴以白茅茅是潔白之物故疑用茅也

設洗如饗【注】必如饗者先饗後食如其近者也饗禮亡燕禮則設洗於阼階東南古文饗或作鄉【疏】【注】釋

曰云必如饗者先饗後食如其近者也者鄭據此文行食禮而云如饗明先饗設洗訖乃饗故食禮如之是如其近者也案聘禮云公於賓一食再饗則食在饗前矣不言如燕禮者饗食在廟燕在寢則是饗食重先行之故二者自相先後是以不得用燕禮決之也引燕禮者欲見設洗之法燕與饗食同故無饗禮引燕禮而言也

小臣具槃匜在東堂下注為公盥也公尊不就洗小臣於小賓客饗食掌正君服位音義匜以支反疏注釋曰知此為公盥者案特牲尸尊不就洗盥用槃匜故知此所設槃匜亦為公盥不就洗也云小臣於小賓客饗食掌正君位者按夏官小臣職云小祭祀賓客饗食如大僕之法此諸侯之聘客饗食故亦小臣掌之也

宰夫設筵加席几注設筵於戶西南面而左几公不賓至授几者親設湆醬可以略此音義湆劉羌立反下同疏注釋曰云設筵於戶西南面而左几者以其賓在戶牖之間南面又生人左几異於神右几故也云公不賓至授几者親設湆醬可以略此者決聘

禮禮賓時公親授几者，以無設湆醬之事故也。故下記云不授几，鄭云異於醴也。無尊。【注】主於食，不獻酬。飲酒、漿飲，俟于東房。【注】飲酒，清酒也。漿飲，截漿也。其俟，奠於豐上也。飲酒先言飲，明非獻酬之酒也。漿飲先言漿，別於六飲也。【音義】截，昨再反。【疏】【注】釋曰：云飲酒清酒也者，按周禮酒正注，先鄭云：清酒，祭祀之酒。後鄭從之。則此賓客用之者，優賓故也。云漿飲截漿也者，截之言載，以其汁滓相載，故云截。漢法有此名故也。云其俟奠於豐上也者，下云飲酒實於觶，加于豐是也。此云奠，即彼加也。云飲酒先言飲，明非獻酬之酒也者，以其鄉飲酒、燕禮等獻酬之酒，皆不言飲，飲之可知。此擬酳口，故言飲，是異於獻酬酒故也。是以酒人云共賓客之禮酒、飲酒。鄭注云：禮酒，饗燕之酒。不言飲。食之酒云飲，亦是其義也。云漿飲先言漿，別於六飲也者，按漿人云共王六飲：水、漿、醴、涼、醫、酏。彼先云六飲，後云水漿，與此先云漿不同，故云先云漿，別於六飲。必別於六飲者，彼六飲為渴而飲，此漿為酳口，不為渴，故異之。凡宰夫之具，饌于東房。【注】凡非一也。飲食之具，宰夫所掌也。酒漿不在凡中者，雖無尊，猶嫌在堂。【疏】【注】釋曰：云"酒漿不在凡中者，雖無尊猶嫌在堂"者，以其酒漿常在堂，若不特言之，則凡中亦含之，嫌謂酒漿仍在堂，故上特言之。○公如賓服，迎賓于大門內。【注】不出大門，降於國君。【疏】釋曰：自此盡階上北面再拜稽首，論主君迎賓入拜至之事。【注】釋曰：云"不出大門，降於國君"者，按《周禮·司儀》云"將幣交擯，三辭，車逆，拜辱，賓車進，答拜"，又云"致饔餼，饗食，皆如將幣之儀"，是國君來則出迎也。大夫納賓。【注】大夫謂上擯也。納賓以公命。賓入門左，公再拜，賓辟，再拜稽首。【注】左，西方，賓位也。辟，逡遁，不敢當君拜也。【音義】辟，婢亦反，又音避。逡，七旬反。遁，音旬。公揖入，賓從。【注】揖入，道之。及廟門，公揖入。【注】廟，禰廟也。【疏】【注】釋曰：儀禮之內單言廟者，皆據禰廟。是以《昏禮·納采》云"至于廟"，《記》云"凡行事必用

乾隆四年校刊

皆昕受諸禰廟。以此而言。則言廟皆禰廟也。若非禰廟則言廟祧。若聘禮云不腆先君之祧。問卿云受于祖廟之類是也。但受聘在祖廟。食饗在禰。燕輕於食饗。又在寢。是其差次也。賓入三揖。注每曲揖。及當碑揖。相人偶。至于階。三讓。注讓先升。疏釋曰。按曲禮云。客若降等。則就主人之階。主人固辭。然後客復就西階。此亦降等。初即就西階者。此君與客食禮。禮之正。彼謂大夫士以小小燕食之禮。故與此不同也。公升二等。賓升。注遠下人君。疏注釋曰。言遠下人君者。亦取君行一臣行二之義也。○大夫立于東夾南。西面北上。注東夾南。東西節也。取節於夾。明東於堂。疏注釋曰。此謂主國卿大夫立位。云取節於夾明東於堂者。序已西爲正堂。序東有夾室。今大夫立于夾室之南。是東于堂也。士立于門東。北面西上。注統於門者。非其正位。辟賓在此。疏注釋曰。按燕禮大射。士在西方東面北上。不統於門。又在門東北面。宜東統於君。今在門東西上。統於門者。以賓在門西。辟賓在此。非正位故也。小臣東堂下南面西上。宰東夾北。西面南上。【注】宰，宰夫之屬也。古文無南上。【疏】釋曰：云宰東夾北西面南上者，謂在北堂之東，與夾室相當，故云夾北也。【注】宰宰夫之屬也者，以經云南上，則非止一人，但宰官之內有宰夫之等，是以下有宰夫之官，皆於此立可知，故云之屬也。若然，宰尊，官在小臣之下者，以其小臣位在北堂南，故先見之，非謂尊卑先後爲次也。內官之士在宰東北西面南上。【注】夫人之官內宰之屬也。自卿大夫至此不先卽位，從君而入者，明助君饗食賓，自無事。【疏】【注】釋曰：云夫人之官內宰之屬也者，經云內官，按周禮天官內宰下大夫，掌王后已下，彼天子內官，諸侯未必有內宰，以其言內官之士，以士爲之，明當天子內宰，故舉內宰況之也。云自卿大夫至此不先卽位從君而入者明助君饗食賓自無事者，按前聘時在迎客于大門內時，卿大夫已下入廟卽位者，受聘事重，非饗食之事，故先入廟卽位。此已下雖有宰

乾隆四年校刊

及宰夫者皆有事及大夫匕牲士庶羞之等皆助君食賓非己之事故後入也介門西北面西上注西上自統於賓也然則承擯以下立於士西少進東上疏注釋曰云然則承擯以下立于士西少進東上者以其介統於賓而西上則擯統於君而東上可知承擯以下既是有事之人承擯是大夫又尊於士故知少進東上不言上擯者上擯有事其位不定故不言○公當楣北鄉至再拜賓降也公再拜注楣謂之梁至再拜者與禮俟賓嘉其來也公再拜賓降矣疏釋曰自此盡稽首論公拜至賓荅拜之事注釋曰云公再拜賓降矣者釋經賓降在至再拜下公再拜上以其至再拜者公已一拜賓即降下公再拜者賓降後又一拜并前一拜本當再拜故皆以再拜言之猶下侑幣之時公一拜賓降公再拜注云賓不敢俟成拜也若然鄭云公再拜賓降矣者解經至再拜則賓降也賓西階東北面荅拜注西階東少就主君敬也疏釋曰自此盡稽首論賓降荅拜

之事。此云荅拜。下云拜也。並據公未降之前。賓爲一拜。以其賓始一拜之閒。公降一等。故閒在一辭之中。是以鄭云賓降再拜。釋經北面荅拜及拜也。

擯者辭【注】辭拜於下。**拜也。公降一等。辭曰寡君從子。雖將拜。興也。**【注】賓降再拜。公降。擯者釋辭矣。賓猶降。終其再拜稽首。興起也。【疏】【注】釋曰。云公降擯者釋辭矣者。解經辭曰寡君從子雖將拜興也。鄭注云賓猶降終其再拜稽首者。按下文賓栗階升不拜。升既不拜。拜於下。雖辭。賓猶終降再拜稽首也。若然。擯者辭拜於下之時。其位在下。故下記云卿擯由下。注云不升堂是也。按下文云擯者退負東塾而立。注云無事。又云擯者進相幣。然則擯者有事則進。無事則退。故負東塾也。

賓栗階升。不拜。【注】自以已拜也。栗實栗也。不拾級連步。趨主國君之命。不拾級而下曰辵。【音義】拾音涉。辵勑略反。【疏】【注】釋曰。云自以已拜也者。於堂下終爲再拜稽首。故於堂上不拜也。云栗實栗也者。謂疾之意也。云不拾級連步者。曲禮云。拾級聚足。連步以上。鄭注云。拾當爲涉。聲之誤也。級等也。涉等聚足。謂前足躡一等。後足從之。併此涉級也。連步。鄭云重蹉跌也。連步謂足相隨不相過也。其連步據足而言。涉級據階而說。其實一也。此等尋常升法。此栗階據趨君命而上。按燕禮記云。凡君所辭皆栗階。注云。栗蹙也。謂越等急趨君命也。又曰。凡栗階不過二等。注云。其始升猶聚足連步。越二等。左右足各一發而升堂。是栗階之法也。云不拾級而下曰辵者。凡升階有四種。云辵者。君臣急諫諍。則越三等爲辵階。越一等爲歷階。又有連步。又有栗階。爲四等也。義已具於燕禮記疏也。

命之成拜。階上北面再拜稽首。【注】賓降拜。主君辭之。賓雖終拜。於主君之意猶爲不成。【疏】【注】釋曰。按論語孔子云。拜下禮也。今拜乎上泰也。是以上文主君雖辭。賓猶終拜於下。盡臣之禮。爲成拜。主君之意猶以爲不成。故命之升成拜。賓遂上君之意。故升更拜也。

○士舉鼎。去鼏於外。次入。陳鼎于碑南。南面西上。右人抽扃。坐奠于鼎西南。順出自鼎西。左人待載。【注】入由東。出由西。明爲賓也。今文奠爲委。古文待爲持。【疏】釋曰。自此盡逆退復位。論鼎入匕載之事。云去鼏於外次入者。次入爲序入也。故少牢云序入。去鼏於外者。以其入當載於俎。故去之也。士喪士虞皆入乃去鼏者。喪禮變于吉故也。

雍人以俎入陳于鼎南。旅人南面加匕于鼎。退。【注】旅人。雍人之屬。旅食者也。雍人言入。旅人言退。文互相備也。出入之由。亦如舉鼎者。匕俎每器一人。諸侯官多也。【疏】【注】釋曰。云旅人。雍人之屬旅食者。即燕禮云。尊士旅食于門西兩圜壺。鄭云。士旅食者所謂庶人在官者也。引王制解之者是也。云雍人言入。旅人言退。文互相備也者。雍人言入亦退。旅人言退亦入。皆入而退去。故云文互相備也。云每器一人。諸侯官多也者。按少牢云。鼎序入。雍正執一匕以從。雍府執四匕以從。司士合執二俎以從。司士贊者二人。皆合執二俎以相從入。是大夫官少。故每人兼執也。若然。特牲云贊者執俎及匕從鼎入。士虞亦云匕俎從。士昏禮亦云

乾隆四年校刊

儀禮注疏卷九　公食大夫禮　十三

匕俎從設。彼注云執匕者執俎者從鼎而入設之。不言并合者。士官爾少。并合可知。不言者。文不具。或可士禮又異於大夫。執鼎人兼執匕俎。故士喪禮小斂大斂奠舉鼎者兼執俎也。若依前釋。則士喪禮略威儀故也。

大夫長盥。洗東南西面北上。序進盥。退者與進者交于前。卒盥。序進南面匕。注長以長幼也。序猶更也。前洗南。

疏注釋曰。云進盥退者與進者交于前。鄭云前謂洗南。但言前不云北。鄉飲酒鄉射賓盥北面。則此大夫亦皆北面可知。云長以長幼也者。若燕禮云命長之類。皆據長幼爲長。不謂衆中之長者也。

載者西面。注載者左人也。亦序自鼎東西面於其前。大夫匕則載之。疏注釋曰。前云左人待載。其時鼎東南面。今大夫鼎北面南匕之。左人當載。故序自鼎東西面於其前亦。俎正當鼎南。則載者在鼎南稍東也。

魚腊飪。注飪孰也。食禮宜孰饗有腥者。疏釋曰。上文直云羹定。內謂之羹。恐魚腊不在羹定之中。故此特著魚腊飪也。以食禮尚熟。故皆飪也。疏釋曰。樂記云。大饗而俎腥魚。鄭注云。以腥魚爲俎實。不臑孰之。是饗禮有腥也。又宣公十六年冬。晉侯使士會平王室。定王享之。原襄公相禮。殽烝。武子私問其故。王聞之。召武子曰。季氏而弗聞乎。王享有體薦。宴有折俎。公當享。卿當宴。王室之禮也。又國語云。禘郊之事則有全烝。王公立飫則有房烝。親戚宴饗則有殽烝。以此觀之。明饗有腥。以饗禮用體薦則腥矣。故禮記云腥其俎。謂豚解而腥之。豚解者皆腥也。載體進奏。注體。謂牲與腊也。奏謂皮膚之理也。進其理本在前。

下大夫體七个。音義奏。千豆反。注同。疏注釋曰。三牲與腊皆載體。直言體。不辨體形及數。以下魚腸胃倫膚皆言七。則此亦七體。故鄭云下大夫體七个。若然。七个此不言體形。按士虞記云。升左肩臂臑肫骼脊脅七體。彼喪禮用左。又按鄉飲酒鄉射記皆云右胖進腠。則此亦用右胖肩臂臑肫骼脊脅可知。既用右胖。則左胖爲庶羞。其庶羞者。此下大夫十六豆上大夫二十豆是也。若致飧及歸饔餼。腥鼎皆無庶羞。鄉飲酒鄉射燕禮大射。雖同用狗一牲。以其亨亦皆有庶羞也。云奏謂皮膚之理。進其理本在前者。此謂生

乾隆四年校刊

人食法故進本本謂近上者若祭祀則進末故少牢云進下鄭云變於食生是也

魚七縮俎寢右【注】右首也寢右進鬐也乾魚近腴多骨鯁【音義】鬐巨之反

【疏】【注】釋曰云縮俎者於人爲横縮縱也魚在俎爲縱於人亦横云寢右鄭云右首也寢右進鬐也賓在戶牖之間南面俎則東西陳之魚在俎首在右腹腴鄉南鬐脊也進脊在北鄉賓必以脊鄉賓者鄭云乾魚近腴多骨鯁故不欲以腴鄉賓取脊少骨鯁者鄉賓優賓故也若祭祀則進腴以鬼神尚氣腴者氣之所聚故少牢進腴是也

腸胃七同俎【注】以其同類也不異其牛羊腴賤也此俎實凡二十八

【疏】【注】釋曰云以其同類也者釋經同俎以其牛羊同是畜類也云不異其牛羊腴賤也者以牲體則異俎及此腸胃即同俎以其腹腴賤故略之同俎也云此俎實二十八者牛羊各有腸胃腸胃各七四七二十八也但此腸胃與牲或同鼎同俎或別鼎別俎何者據此下文七鼎腸胃與牲別鼎別俎是其正法取其鼎俎奇也少牢五俎腸胃與牲同鼎者以其有鮮獸若腸胃別鼎則六不得奇故并腸

胃與牲同鼎。有司徹亦然。此腸胃七者。以其與牲體別鼎。故取數於牲亦七。少牢腸胃於牲鼎。故云腸三胃三。取數於脊脅各三也。賓尸禮殺於正祭。故腸胃各七。既夕盛陳奠。故腸胃五也。

倫膚七【注】倫理也。謂精理滑脃者。今文倫或作論。【音義】脃七歲反【疏】釋曰。倫膚謂豕之皮革爲之。但此公食大夫爲賓用爲美。故膚與腸胃皆別鼎。但特牲惟有三鼎。魚腊不同鼎。故膚從牲同鼎。有司徹雖同少牢。亦止三鼎而已。牛豕魚皆一鼎。故膚還從於牲鼎也。又此膚與牲體之數亦七。而少牢膚九者。此食禮。故膚從體數。少牢大夫之祭。膚出下牲。故取數於牲之體而九也。

腸胃膚皆橫諸俎垂之【注】順其在牲之性也。腸胃垂及俎拒。【疏】釋曰。腸胃在牲而垂之。膚亦言順牲之性者。從多而言。云垂及俎拒者。少牢云腸三胃三垂及俎拒是也。

大夫既匕。匕奠于鼎。逆退復位【注】事畢宜由便也。士匕載者。又待設俎。【疏】釋曰。士匕載者。又待設俎者。以上文云士舉鼎。又云左人待載。下文云士設俎于

松厓云漢人以醯爲醋故云以醯和醬

松厓云醯醢別醯醬一物也何別之有

互前是載者，又待設俎可知也。○公降盥。【注】將設醬。【疏】釋曰：自此盡各卻于其西，論公與宰夫爲賓設正饌之事。【注】釋曰：云將設醬者，下云公設之，是以盥手也。賓降，公辭。【注】辭其從己。卒盥，公壹揖壹讓，公升，賓升。【注】揖讓皆一，殺於初。古文壹皆作一。【音義】殺，所界反。宰夫自東房授醯醬。【注】授，授公也。醯醬，以醯和醬。【疏】釋曰：按記云：蒲筵常，長丈六尺。於堂上戶牖之間南面設之，乃設正饌於中席已東，自中席已西設庶羞也。【注】釋曰：云醯醬以醯和醬者，按歸饔餼醯醢別，知此醯醬不別而以醯和醬者，此經所陳物，異者皆別器，此醯醬下但言醬，不別言醯，明以醯和醬可知。祭祀無此法，以生人尚褻味，故有之。公設之。【注】以其爲饌本。賓辭，北面坐遷而東遷所。【注】東遷所，奠之東側其故處也。【疏】【注】釋曰：云東遷所者，謂以西爲上，君設當席中，故東遷之，辟君設處。側，近也，近其故處。公立于序內，西鄉。【注】不立阼階上示親饌【疏】【注】釋曰云不立阼階上示親饌者以其君之行事皆在阼階上今近阼北者以其設饌在戶西近北今君亦近北是示親監饌故也賓立于階西疑立【注】不立階上以主君離阼也疑正立也自定之貌今文曰西階【音義】疑魚乞反又魚力反注同宰夫自東房薦豆六設于醬東西上韭菹以東醓醢昌本昌本南麋臡以西菁菹鹿臡【注】醓醢醢有醓昌本昌蒲本菹也醢有骨謂之臡菁蓂菁菹也今文臡皆作麋【音義】醓他感反臡奴兮反醢有骨者也字林作䐶人兮反菁子丁反劉音精蓂以丁反【疏】【注】釋曰云醓醢醢有醓者按周禮醢人云朝事之豆韭菹醓醢醓醢已下依此爲次彼注云醓肉汁也則此醓醢是肉之汁昌本者彼注云昌蒲根又按彼注齏菹之稱菜肉通又云細切爲齏全物若牒爲菹又按彼經爲菹者經言菹不言齏菹者即是齏也彼言昌本亦即齏也此注云菹者齏菹麤細爲異通而言

之。鱅亦得爲菹。故云菹也。云醢有骨謂之臡者。案爾雅釋器云。肉謂之醢。有骨者謂之臡。又鄭司農云。有骨爲臡。無骨爲醢也。云菁蕪菁菹也者。即今之蔓菁也。

士設俎于豆南。西上。牛。羊。豕。魚在牛南。腊。腸胃亞之。【注】亞。次也。不言綼錯。俎尊也。【音】綼。側耕反。【疏】【注】釋曰。云不言綼錯。俎尊者。上設豆綼陳之。下設黍稷錯陳之。此設俎不綼不錯者。俎尊故也。

膚以爲特。【注】直豕與腸胃東也。特膚者。出下牲賤。【疏】【注】釋曰。云出下牲賤者。以豕在牛羊之下賤。膚。豕之所出。故云出下牲賤。特之於俎東也。

旅人取匕。甸人舉鼎。順出。奠于其所。【注】以其空也。其所謂當門。【疏】釋曰。前旅人以匕入加於鼎。退出。今還使之取匕。前士舉鼎入。今不使士舉鼎出者。以其士載訖。遂設俎於賓前。事未畢。故甸人舉鼎而出也。

宰夫設黍稷六簋于俎西。二以並。東北上。黍當牛俎。其西稷。錯以終。南陳。【注】並。併也。今文曰併。

古文簋皆作軌大羹湆不和實于鐙宰右執鐙左執蓋由門入升自阼階盡階不升堂授公以蓋降出入反位

注　大羹湆煑肉汁也大古之羹不和無鹽菜瓦豆謂之鐙宰謂大宰宰夫之長也有蓋者餕自外入爲風塵今文湆爲汁又曰入門自阼階無升

音義　和戶臥反鐙音登大古音泰

疏　釋曰云以蓋降出入反位者宰位在東夾北西面南上今以蓋降出送於門外乃更入門反於東夾北位也　注　釋曰云大羹湆煑肉汁也大古之羹者謂是大古五帝之羹云不和無鹽菜者大古質故不和以鹽菜對鉶羹調之以鹽菜者也云瓦豆謂之鐙詩云于豆于登毛亦云木曰豆瓦曰登云宰謂大宰宰夫之長者以單言宰諸侯三卿無大宰以司徒兼大宰大宰之下有宰夫故云宰夫之長也

賓辭坐遷之

注　亦東遷所

疏　注　釋曰言亦者亦前醬東遷所以醬既東遷所今於

醬西遷之。明亦東遷所移之故醬處也。

宰夫設鉶四于豆西。東上。牛以西羊。羊南豕。豕以東牛。【注】鉶。菜和羹之器。【疏】【注】釋曰。云鉶菜和羹之器者。下記云牛藿羊苦豕薇。是菜和羹。以鉶盛此羹。故云之器也。據羹在鉶言之。謂之鉶羹。據器言之。謂之鉶鼎。正鼎之後設之。謂之陪鼎。據入庶羞言之。謂之羞鼎。其實一也。

飲酒實于觶。加于豐。【注】豐所以承觶者也。如豆而卑。

宰夫右執觶。左執豐。進設于豆東。【注】食有酒者。優賓也。設于豆東。不舉也。燕禮記曰。凡奠者於左。【疏】【注】釋曰。云食有酒者優賓也者。按下文宰夫執漿飲賓。與受。惟用漿酳口。不用酒。今主人猶設之。是優賓也。引燕禮者。彼據酒主人奠於薦右。賓不飲。取奠於薦左。此酒不用。故亦奠於豆東。西義雖異。不舉是同。故引為證也。按燕禮無此文。鄉飲酒鄉射記皆云。凡奠者於左。舉者於右。不引之而引燕禮記者。此必傳寫者之誤。鄭本引鄉飲酒鄉射之等也。

宰夫東面坐。啓簋會。各

卻于其西。【注】會，簋蓋也。亦一一合卻之，各當其簋之西。【疏】【注】釋曰：云「亦一一合卻之」者，卻者，仰也。簋蓋有六，兩兩皆相重而仰之，謂之卻合，故云一一卻合之，各當其簋之西，爲兩處。亦者，亦少牢，故少牢云佐食啓會蓋二以重，設于敦南也。〔一〕贊者負東房，南面告具于公。【注】負東房，負房戶而立也。南面者，欲得鄉公與賓也。【疏】釋曰：自此盡醬湆不祭，論賓所祭饌之事。【注】釋曰：經直云負東房，鄭知負房戶而立者，以公在東序內，賓在戶西，雖告具于公，且欲使賓聞之，故知於房近西，是以鄭云得鄉公與賓也。公再拜，揖食。【注】再拜，拜賓饌具。賓降拜。【注】荅公拜。公辭，賓升，再拜稽首。【注】不言成拜，降未拜。賓升席，坐取韭菹，以辯擩于醢，上豆之間祭。【注】擩猶染也。今文無于。【音義】擩，人悅反，劉而縣反，又而誰反。贊者東面，坐取黍實于左手，辯，又取稷，辯，反于右手興以授賓賓祭之【注】取授以右手便也賓亦興受坐祭之於豆祭也獨云贊興優賓也少儀曰受立授立不坐【疏】【注】釋曰此所授者皆謂遠賓者故葅醢及鉶皆不授以其近賓取之易故不言按曲禮云殽之序辯祭之故知雖不授亦祭可知也經直云祭知祭之於豆祭者按少牢云尸取韭葅辯擩于三豆祭于豆間故知于豆祭也云獨云贊興優賓者欲見賓坐而不興是優賓其實俱興也引少儀者欲見贊與賓亦興之義以其賓坐贊亦坐故也

三牲之肺不離贊者辯取之壹以授賓【注】肺不離者刌之也不言刌刌則祭肺也此舉肺不離而刌之便賓祭也祭離肺者絕肺祭也壹猶稍也古文壹作一【音義】刌寸本反【疏】【注】釋曰云肺不離者刌之也者按少儀云牛羊之肺離而不提心鄭云提猶絕也刌離之不絕中央少者此即爲食而舉肺也少牢云舉肺一長終肺祭肺三皆切之是祭肺

切。舉肺不切也。云不言刌，刌則祭肺也者，是與祭肺同。其實舉肺云祭離肺者，絕肺祭也者，此鄭解舉肺將祭之時，絕末而祭之，與祭肺異也。凡舉肺有二名，一名離肺，亦名舉肺；祭肺亦名刌肺也。

賓興受，坐祭。注 於是云賓興受坐祭，重牲也。賓亦每肺興受，祭於豆祭。

捝手，扱上鉶以柶，辯擩之，上鉶之間祭。注 扱以柶，扱其鉶菜也。捝，拭也。拭以巾。音義 捝，始銳反。疏 釋曰：此云上著其異於餘者。餘祭於上豆之間，此鉶別自祭鉶間。注釋曰：云捝拭也拭以巾者，案內則，左佩紛帨，帨即佩巾也。而云捝拭以巾，似帨不名巾者，本名帨者，以拭手為名，其實名巾，故鄭舉其實稱也。此有四鉶而云扱上鉶辯擩，則唯有一柶，優賓，故用一柶而已。少牢二鉶，祭神，故宜各有柶也。

祭飲酒於上豆之間。魚、腊、醬、湇不祭。注 不祭者，非食物之盛者。疏 注釋曰：此不祭者，以在正饌之內，以其有三牲之體，魚腊湇醬非盛者，故不祭也。若入庶羞則祭之。故下文云士羞庶羞皆有

乾隆四年校刊

儀禮注疏卷九　公食大夫禮　十三

大。又云：辯取庶羞之大。與一以授賓，賓受，兼一祭之。少儀云：祭膴。膴，詁爲大。魚肉之臠，是亦祭之也。○宰夫授公飯粱，公設之于湆西，賓北面辭，坐遷之。【注】既告具矣，而又設此，殷勤之加也。遷之，遷而西之，以其東上也。【疏】釋曰：自此盡降出，論設加饌粱與庶羞之事。【注】釋曰：云遷之，遷而西之，以其東上也，知粱東上者，下文宰夫膳稻于粱西，是以粱在東爲上也。公與賓皆復初位。【注】位，序內階西。【疏】【注】釋曰：按上公設醬時，立于序內，賓立於階西，此云公與賓復初位，故知公還在序內，賓還在階西也。宰夫膳稻于粱西。【注】膳猶進也。進稻粱者以簠。【疏】【注】釋曰：知進稻以簠者，下記云簠有蓋冪，鄭注云稻粱將食乃設，去會於房，蓋以冪。上文設黍稷就云郤會，此稻粱不云郤會者，尤於房去之故也。士羞庶羞，皆有大蓋，執豆如宰。【注】羞，進也。庶，衆也。進衆珍味可進者也。大，以肥美者特爲臠，所以祭也。魚或謂之膴。膴，大也。唯醢醬無大。如宰。如其進大羹湆，右執豆，左執蓋。【音義】臠，力轉反。膴，火奴反。【疏】釋曰：云"皆有大"者，中有二物、三物之肉，兼有魚也。【注】釋曰：云"魚或謂之膴，膴，大也"者，有司徹云："尸俎五魚，侑、主人皆一魚，皆加膴祭于其上。"是也。少儀云："膴，祭也。"云"唯醢醬無大"者，鄭注周禮醢人作醢之法，先膊乾其肉，乃後莝之，雜以粱麴及鹽，漬以美酒，塗置甀中，百日則成矣。何大臠之有也。醬則醢也，亦無大臠也。

先者反之，由門入，升自西階。【注】庶羞多，羞人不足，則相授於階上，復出取也。【疏】釋曰：反之者，以其庶羞十六豆，羞人不足，故先至者反取之。下文云"先者一人升，設于稻南"，其人不反，則此云先者反之，謂第二已下爲先者也。

先者一人升，設于稻南簋西，閒容人。【注】簋西，黍稷西也。必言稻南者，明庶羞加，不與正豆併也。閒容人者，賓當從閒往來也。【疏】【注】釋曰：簋西黍稷西也。必言稻南者。

乾隆四年校刊

以其黍稷西之北有稻。故庶羞設黍稷西南。南陳之。是稻與庶羞俱是加。故南北相繼。俱在黍稷正饌之西。是不與正豆併也。云閒容人者。賓當從閒往來也者。下文賓左擁簠粱。右執湆以降。公辭。升反奠于其所。是賓往來也。旁四列西北上【注】不統於正饌者。雖加自是一禮。是所謂羹胾中別。【疏】【注】釋曰。云所謂羹胾中別者。按曲禮云。左殽右胾。彼云殽骨體也。此肉謂之羹。亦一也。殽為正饌。胾為切肉則庶羞。彼云左殽右胾。與此正饌在東。庶羞在西。間容人同。故謂所謂羹胾中別也。膷以東臐膮牛炙【注】膷臐膮今時臛也。牛曰膷。羊曰臐。豕曰膮。皆香美之名也。古文膷作香。臐作薰。【音義】膷音香。臐許云反。膮呼堯反。炙章夜反。臛火各反。又火沃反。炙南醢以西牛胾醢牛鮨【注】先設醢。綪之以次也。內則謂鮨為膾。然則膾用鮨。今文鮨作鰭。【音義】鮨巨之反。注鰭音同。【疏】【注】釋曰。此云先設醢綪之以次。而特牲注云以有醢不得縪也。與此先設醢縪之以次遳者。大凡醢配胾是其、正。而醢卑于胾。今牛羊豕胾皆在醢下者。直是縪之故。非尊卑之列。特牲以有一醢。若縪之。當醢在胾上。不成錯。故不得縪。少牢四豆。羊胾醢。故得縪而錯與此同也。鮨南羊炙。以東羊胾醢豕炙。炙南醢。以西豕胾芥醬魚膾。【注】芥醬。芥實醬也。內則曰。膾春用蔥。秋用芥。衆人騰羞者盡階不升堂。授以蓋降出。【注】騰當作媵。媵送也。授授先者一人。【音義】媵以證反。又繩證反。贊者負東房告備于公。【注】復告庶羞具者。以其異饌。【疏】釋曰。自此盡兼一祭之。論贊告饌具賓祭之事。○贊升賓。【注】以公命命賓升席。【疏】釋曰。前設饌訖。贊者告具于公。公再拜揖食。此使贊升賓者。以其禮殺故也。是以上文正饌公先拜。賓荅拜。此賓先拜公。公荅拜為異也。賓坐席末取粱即稻祭于醬湆閒。【注】即。就也。祭稻粱不於豆祭，祭加豆於加。【疏】【注】釋曰：云「祭稻粱不於豆祭，祭加豆於加」者，按下文云「賓三飯以湆醬」，注云：「每飯歠湆，以肴擩醬，食正饌也。三飯而止。」又云「不以湆醬」，注云：「不復用正饌也。」則此湆醬是正饌，而云加者，但湆醬與粱皆是加，故公親設之，下文爲正饌。而此云加者，爲湆醬雖是加，以在正饌之上，得與正饌爲本，故名正饌，其實是正饌之加，故公親設之也。

贊者北面坐，辯取庶羞之大，興，一以授賓。賓受，兼壹祭之。【注】壹壹受之而兼一祭之，庶羞輕也。自祭之於膷臐之間，以異饌也。【疏】【注】釋曰：「壹壹受之而兼一祭之，庶羞輕也」者，決上三牲之肺祭之，今此祭庶羞并之，故云輕也。云「自祭之於膷臐之間，以異饌也」者，不云於豆祭，而云於膷臐之間，以祭豆於加故也。

賓降拜。【注】拜庶羞。【疏】釋曰：自此盡魚腊不與，論賓正食受侑幣至於食終之事。

公辭，賓升，再拜稽首，公答再拜。賓北面自間坐，左擁簠粱，右執湆以降。【注】自間坐，由兩饌之閒也擁抱也必取粱者公所設也以之降者堂尊處欲食於階下然也公辭賓西面坐奠于階西東面對西面坐取之栗階升北面反奠于其所降辭公注奠而後對成其意也降辭公敬也必辭公者為其尊而親臨己食侍食贊者之事疏注釋曰云成其意者謂成其食降階下之意故奠乃對此決下文大夫相食賓執粱與湆之西序端主人辭賓反之而不奠也公許賓升公揖退于箱注箱東夾之前俟事之處疏注釋曰按爾雅有東西廂曰廟其夾皆在序外故也知是俟事之處者正以此文公揖退于廂而俟賓食即待事之處也擯者退負東塾而立注無事賓坐遂卷加席公不辭注贊者以告公公聽之重來優賓疏注釋曰知贊者以告公公聽之者公既在序外賓食在戶西若不告公公何以知之明知贊者

告公也。云重來優賓者。若公來則勞賓，不來則賓不勞。故難重來。而不來則優饒賓也。賓三飯。以湆醬。【注】每飯歠湆，以殽擩醬，食正饌也。三飯而止。君子食不求飽。不言其殽，優賓。【音義】三飯，扶晚反，注同。歠，昌悅反。【疏】【注】釋曰：每飯歠湆以殽擩醬者。按曲禮：三飯，主人延客食胾，然後辯殽。鄭注云：先食胾，後食殽。殽尊，此先食殽者，彼鄭云：大夫士與客燕食之法，其禮食宜放公食大夫禮云。若然，此爲禮食，故先食殽。彼大夫士與客燕食，則先食胾，故不同。又按昏禮同牢云：贊爾黍，授肺脊，皆食以湆醬，皆祭舉，食舉也。注云：皆食，食黍也。以，用也。用者，謂歠湆咂醬，而不食殽。此公食賓禮，解體折節，明食殽可知。彼豚解者，皆不食。故彼不食殽也。是以彼又云：三飯卒食。注：同牢示親，不主爲食起，三飯而成禮也。故不食殽也。但湆言歠，涗故也。醬言擩，醎故也。云三飯而止，君子食不求飽者，解三飯而止，故下宰夫進醬，是不求飽，故引論語學者食不求飽爲證也。云不言其殽優賓者，按特牲、少牢，尸食時舉殽，皆言次第。此不言者，任賓取之，是優賓也。宰夫執觶漿飲與其豐以進。【注】此進漱也。非

（松厓云左酒右醬弟子職文）

爲卒食爲將有事緣賓意欲自潔淸【音義】漱，所又反。賓挩手。興受【注】受觶宰夫設其豐于稻西【注】酒在東，漿在西，是所謂左酒右漿【疏】觶【注】釋曰：云酒在東者，案上飲酒賓于觶，宰夫設于豆東，是酒在東也。云漿在西者，即此經設於稻西是也。云是所謂左酒右漿者，按曲禮云酒漿處右，鄭云此言若酒若漿兩有之，則左酒右漿。云兩有者，據此公食而言左酒右漿也。庭實設【注】乘皮。賓坐祭，遂飲，奠於豐上【注】飲漱。○公受宰夫束帛以侑，西鄉立【注】束帛，十端帛也。侑猶勸也。主國君以爲食賓殷勤之意未至，復發幣以勸之，欲用深安賓也。西鄉立，序內位也。受束帛于序端【疏】【注】釋曰：云西鄉立序內位也者，按上文公設醬，公立于序內西鄉，此經亦云西鄉立，故知亦在序內位也。云受束帛于序端者，按聘禮公受几於序端，故今云公之所受者，皆約之受於序端。

乾隆四年校刊

賓降筵北面【注】以君將有命也北面於西階上【疏】【注】釋曰云以君將有命者謂有束帛侑食之命故賓降筵北面於西階上以待主君之命擯者進相幣【注】爲君釋幣辭於賓【音義】相息亮反賓降辭幣升聽命【注】降辭幣主國君又命之升聽命釋許辭【疏】【注】釋曰云主國君又命之升知者約聘禮禮賓賓降辭幣公降一等辭栗階升聽命是也降拜【注】當拜受幣公辭賓升再拜稽首受幣當東楹北面【注】主國君南面授之當東楹者欲得君行一臣行二也退西楹西東面立【注】俟主國君送幣也退不負序以將降【疏】【注】釋曰按聘禮賓三退負序注云三退三逡巡也不言辟者以執圭將進授之彼皆當楣再拜故賓退負序此亦爲公拜送幣但在楹西耳故賓在階西不負序以將降故也公壹拜賓降也公再拜【注】賓不敢俟成拜介

逆出【注】以賓事畢賓北面揖執庭實以出【注】揖執者示親受公降立【注】俟賓反上介受賓幣從者訝受皮【注】從者府史之屬訝迎也今文曰梧受【音義】梧五故反【疏】【注】釋曰云從者府史之屬知非士介者此子男小聘使大夫士介一人而已介已受賓幣故知訝受者非士介是府史之屬也

○賓入門左沒霤北面再拜稽首【注】便退則食禮未卒不退則嫌更入行拜若欲從此退【疏】【注】釋曰云便退則食禮未卒不退則嫌者此鄭探解賓意食禮自有常法三飯之後當受侑幣更入以終食禮故送庭實而後入是以鄭云便退則食禮未卒解經賓入之意云不退則嫌者謂有食之嫌解再拜稽首將辭之意是以更入行拜若欲從此退者待公設辭留賓之意也公辭【注】止其拜使之卒食揖讓如初升【注】如初入也賓再拜稽首公答再拜【注】賓拜拜主國君之

厚意賓揖介入復位【疏】【注】釋曰上文云介逆出下更云介逆出明知中間介復入可知但復入之節當此賓入之時也○賓降辭公如初【注】將復食賓升公揖退于箱賓卒食會飯三飲【注】卒已也已食會飯三漱漿也會飯謂黍稷也此食黍稷則初時食稻粱【疏】【注】釋曰知會飯是黍稷者見上文云宰夫東面坐啓簋會各卻於其西此云食會飯故知會飯者是黍稷也前賓三飯不云會以其簋盛稻粱以其稻粱無會故鄭云此食黍稷則初時食稻粱矣不以醬湆【注】不復用正饌也初時食加飯用正饌此食正飯用庶羞互相成也後言湆或時後用【疏】【注】釋曰云初時食加飯用正饌此食正飯用庶羞互相成也者按上文賓三飯以湆醬注云每飯歠湆以殽擩醬是正饌稻粱是其加此云卒食會飯三飲不以醬湆鄭意以黍稷是其正庶羞是其加互相成而已言相成者既非互文直取饌食互相成而已云後言湆或時後用者前

文賓三飯以湆醬，先言湆後言醬，是先用湆，此後言湆，或容前三飯後用湆，故作文有先後也。捝手，興，北面坐取粱與醬以降，西面坐奠于階西。注示親徹也。不以出者，非所當得，又以已得侑幣。疏注釋曰：云「不以出者」，決士昏禮奠取脯出以授從者，彼是已所當得；此非直已得侑幣，下文有司卷三牲之俎歸于賓館，亦是已所當得。鄭不言三牲而言侑幣者，據已得者而言之。東面再拜稽首。注卒食拜也。不北面者，異於辭。疏注釋曰：云「卒食拜也，不北面者」，按上文賓受侑幣出，更入門左，沒霤，北面再拜稽首，其時辭欲退，公留之卒食，故決之。以其待公留，故北面；此卒食禮終，故東面，為意有異，故面位不同。是以鄭云「不北面者，異於辭也」。公降，再拜。注答之也。不辭之使升堂，明禮有終。○介逆出，賓出，公送于大門內，再拜，賓不顧。注初來揖讓而退，不顧，退禮略也。示難進易退之義。擯者以

乾隆四年校刊

儀禮注疏卷九　公食大夫禮

賓不顧告公。公乃還也。【疏】【注】釋曰。云擯者以賓不顧告公公乃還也者。知擯者告公者。按經公送于大門內。公不見賓矣。而云賓不顧。明知擯者告公。公還入宴寢也。此擯者告賓不顧。即論語云賓退必復命曰賓不顧矣。但彼據聘享訖。此據食禮訖。事雖不同。復命云賓不顧矣。即不異。

有司卷三牲之俎歸于賓館。【注】卷猶收也。無遺之辭也。三牲之俎正饌尤尊。盡以歸賓。尊之至也。歸俎者實于篚。它時有所釋故。【音義】它。土多反。本又作他。【疏】【注】釋曰。云歸俎者實于篚者。此食禮無所俎。而言卷三牲之俎。不言用俎。牲云實于篚。按士虞禮亦無所俎。尸舉牲體皆盛於篚。吉凶雖不同。無所俎是一。故知同用篚也。云他時有所釋故者。解三牲之俎言卷。案特牲及士虞。尸卒食取俎歸於尸。釋三个。是有所釋。此無所釋。故稱卷也。彼注云。釋猶遺也。遺者君子不盡人之歡。不竭人之忠也。

魚腊不與。【注】以三牲之俎無所釋故也。禮之有餘爲施惠。不言腸胃膚者。

而諸一作則諸朝下有不字外作內

在魚腊下。不與可知也。古文與作豫。[音義]與音預。○明日。賓朝服拜賜于朝。拜食與侑幣皆再拜稽首。[注]朝謂大門外。[音義]食音嗣。[疏]釋曰。自此盡訝聽之。論賓拜謝主君之事。[注]釋曰。云朝謂大門外者。以其經云拜賜于朝。無賓入之文。又聘禮以柩造朝。亦無喪入之文。皆言朝。故云朝謂大門外也。若然。案閔二年左氏傳云。季友將生。使卜楚丘之父卜之。曰男也。其名曰友。在公之右。間於兩社。爲公室輔。注。兩社。周社亳社之間。朝廷執政所在。但諸侯左宗廟右社稷。在大門之內。而諸侯外朝在大門外者。但外朝在大門外。兩社之間遙繫外朝而言執政所在耳。又此食禮拜侑幣。聘禮歸饔餼。直言拜饔與餼不拜束帛者。彼使人致之故不拜。此食禮若親賜故升之。訝聽之。[注]受其言。入告出報也。此下大夫有士訝。[疏][注]釋曰。云此下大夫有士訝者。此篇是子男使下大夫小聘。又案周禮掌訝。大夫有士訝。故云此下大夫有士訝也。○上大夫八豆八簋六鉶九俎魚腊皆二

乾隆四年校刊

俎。【注】記公食上大夫異於下大夫之數。豆加葵菹蝸醢。四四爲列。俎加鮮魚鮮腊。三三爲列。無特。【音義】蝸，力禾反。【疏】【注】釋曰：云「豆加葵菹蝸醢」者，案周禮醢人朝事之豆云韭菹醓醢、昌本麋臡、菁菹鹿臡、茆菹麋臡。案上文下大夫六豆，用鹿臡以上，仍有茆菹麋臡在。今上大夫八豆，不取茆菹麋臡而取饋食之豆葵菹蝸醢者，鄭以特牲、少牢參之。彼二篇俱以饋食爲始，皆用周禮饋食之豆。特牲兩豆用饋食葵菹蝸醢，少牢四豆，二豆與特牲同，兩豆用朝事之豆韭菹醓醢。注云：「韭菹醓醢，朝事之豆也。而饋食用之，豐大夫禮。」以此觀之，故此公食大夫兼用饋食之豆，亦是豐大夫禮也。云「俎加鮮魚鮮腊」者，上文下大夫七俎，牛、羊、豕、魚、腊、腸胃與膚。此云九俎，明加鮮魚鮮腊。云「無特」者，陳饌要方，上七俎者東西兩行爲六俎，一俎在特于俎東。此九俎爲三行，故無特。雖無特，膚亦爲下。

魚、腸胃、倫膚若九若十有一，下大夫則若七若九。

【注】此以命數爲差也。九謂再命者也。十一謂三命者也。

七。謂一命者也。九或上或下者。再命謂小國之卿。次國之大夫也。卿則曰上。大夫則曰下。大國之孤視子男。疏釋曰。云此以命數爲差也者。案周禮典命。公侯伯之卿三命。大夫再命。士一命。子男之卿再命。大夫一命。士不命。則諸侯之臣分爲三等。三命再命一命。一命與不命同。此經魚腸胃倫膚亦分爲三等。有十一有九有七。則十一當三命。九當再命。七當一命。若然。惟有上下二文者。以公侯伯之大夫與子男之卿同再命。卿爵尊爲上。大夫爵卑爲下。則上言若九者子男之卿也。下言若九者公侯伯之大夫也。故鄭云卿則曰上。大夫則曰下。云大國之孤視子男者。欲見此經唯見三命以下。案周禮典命。大國之孤四命。又大行人云。大國之孤執皮帛以繼子男。又云其他皆視小國之君。若然。孤與子男同十三。侯伯十五。上公十七。差次可知。

庶羞西東毋過四列。注謂上下大夫也。古文毋爲無。疏釋曰。上文云庶羞旁四列。此上大夫饌內言庶羞西東毋過四列。則東西橫行。上下大夫皆四以爲行。下大夫四四十六。東西四行。

乾隆四年校刊

南北亦西行。上大夫東西四行。南北五行矣。上大夫庶羞二十。加於下大夫以雉兔鶉鴽。【注】鴽無母。【音義】鶉音淳。鴽音如。無音牟。【疏】【注】釋曰。云鴽無母者。案爾雅釋鳥云。鴽鴾母。郭氏曰。鶴也。青州人呼曰鴾母。莊子曰、田鼠化爲鶉。淮南子云。蝦蟆所化也。月令曰。田鼠化爲鴽。然則鴽鶉一物也。○若不親食。【注】謂主國君有疾病。若他故。【疏】釋曰。自此盡聽命。論主君不親食。使大夫致禮於賓館之事。【注】釋曰。疾病之外別云他故者。君有死喪之事。故聘禮云。主人畢歸禮。賓唯饔餼之受。謂畢致饗食。但賓不受之。使大夫各以其爵朝服以侑幣致之。【注】執幣以將命。豆實實于甕。陳于楹外。二以竝。北陳。簋實實于筐。陳于楹內兩楹間。二以竝。南陳。【注】陳甕筐於楹間者。象授受於堂中也。南北相當。以食饌同列耳。甕北陳者。變於食。甕數如豆。醢芥醬從焉筐米四今文竝作併【音義】罋烏送反【疏】【注】釋曰云南北相當以食饌同列耳者案上文正食之時黍稷亦南陳今於楹間陳筐米亦南陳是正食及此饌陳是同列也云罋北陳者變於食者上文正食之時宰夫自東房薦豆六設于醬東西上陳之今於楹間二以併北陳故云變於食也云罋數如豆者以菹醢各異物不可同罋故罋數如豆上大夫八豆則八罋下大夫六豆則六罋云醢芥醬從焉者以其三牲不殺生列於門內醢經百日乃成不由不殺故有醢庶羞之醢同是醬類故使之相從但庶羞之醢更無別種宜同一罋芥醬宜亦一罋知有芥醬者以其有生魚故知有也云筐米四者上文上大夫八簋今乃生致之黍稷宜各一筐稻粱又二筐故云筐米四

庶羞陳于碑內【注】生魚也魚腊從焉上大夫加鮮魚鮮腊雉兔鶉鴽不陳于堂辟正饌【疏】【注】釋曰云生魚者上文魚膾是魚之中膾者皆是生魚也案鄭注周禮云燕人膾魚方寸切其腴以啗所貴是也此則全生不膾何者本膾在豆與胾炙俱設今胾炙在牲未殺膾全不破可知若然庶羞之內眾羞俱

有鄭獨云生魚者以其截炙在牲不殺於此無矣雖有乾腊雉兔之等以生魚爲主故云生魚也云魚腊從焉者雖無三牲之肉有乾魚腊可知云上大夫加鮮魚鮮腊雉兔鶉鴽者以其下大夫七鼎無鮮魚鮮腊上大夫九鼎加鮮魚鮮腊可知雉兔鶉鴽亦生致之矣云不陳于堂辟正饌者以其庶羞本在堂上正饌之西今在碑內故云辟正饌也若然不陳於碑南者以其本合在堂今宜在堂故在碑北

庭實陳于碑外【注】執乘皮者也不參分庭一在南者以言歸宜近內【疏】【注】釋曰執乘皮者不參分庭一在南者以言歸宜近內者庭實正法皆參分庭一在南而陳之故昏禮記云納徵執皮者參分庭一在南今云碑外繼碑而言近北矣彼參分庭一在南陳之者謂在主人之庭參分庭一陳之擬與賓向外故近南此陳於客館擬與賓入內故鄭云以言歸故在內也

牛羊豕陳于門內西方東上【注】爲其踐汙館庭使近外【疏】釋曰案上庶羞與庭實在碑之內近內陳之此牛羊豕陳於門內繼門言之【注】釋曰云爲其踐汙館庭使近外也若然致饔餼牛羊豕亦

在此。此云使近外者。以饔餼有腥有熟。故略其生者。賓近門是其常。此既不殺。牛羊豕宜近内。故決之也。

朝服以受。如受饗禮。注 朝服。食禮輕也。疏 注 釋曰。云朝服食禮輕者。以其歸饔餼時。卿韋弁。賓皮弁受。此食禮。賓朝服受。不皮弁。故云食禮輕。

無儐。注 以己本宜往。疏 注 釋曰。云以己本宜往者。明主君無故。速賓在廟行食禮。而有侑幣。賓無儐法。主君有故致食禮。并有侑幣。亦不合有儐。故云以己本宜往。

明日。賓朝服以拜賜于朝。訝聽命。注 賜亦謂食侑幣。疏 注 釋曰。云亦者。亦上君親食賓拜食與侑幣。今亦然。故云亦。○

大夫相食。親戒速。注 記異於君者也。速。召也。先就告之。歸具。既具。復自召之。疏 釋曰。自此盡大夫之禮。論主國大夫食賓之禮。別於主君之事。注 釋曰。云記異於君者。案下文。其他皆如公食大夫之禮。故知自此已下皆記異於君法。是以此經大夫親戒速。決君不親戒速。此則異於君也。以其下諸文皆異。故云記異於君者也。云先就告之。歸具。既具。復自召之者。

以其戒與兩有，皆親爲之，故此解與鄉飲酒鄉射同。故彼二文皆云：戒賓既歸，布筵設尊，乃親速賓，是也。**迎賓于門外，拜至，皆如饗拜。**【注】饗大夫相饗之禮也。今亡。古文饗或作鄉。**降盥，受醬、湆、侑幣、束錦也，皆自阼階降堂受授者升一等。**【注】皆者，謂受醬、受湆、受幣也。侑用束錦，大夫文也。降堂，謂止階上。今文無束。**賓止也。**【注】主人三降，賓不從。【疏】注釋曰：云「主人三降」者，案上文，鄭注此，鄭云主人三降，即上三者，不數主人降盥者。案鄉飲酒所言降盥者，皆爲洗爵，故賓從降。此降盥不爲洗爵，故鄭不數之。按聘禮致饔餼，賓降堂受老束錦，大夫止，注云：「止不降，使之餘尊。」此賓不降者，雖賓主敵，以主人降堂不至地，故賓止不降也。**賓執粱與湆之西序端。**【注】不敢食於尊處。【疏】注釋曰：此兩大夫敵，故之西序端。上公食大夫降階下，臣卑故也。**主人辭，賓反之。**

松厓云案下文公作大夫則大夫相食亦公命也故稽首

卷加席。主人辭。賓反之。辭幣。降一等。主人從。注從辭賓降。受侑幣。再拜稽首。主人送幣。亦然。注敵也。疏注釋曰。案郊特牲云。大夫之臣不稽首。非尊家臣。以辟君也。又案左氏傳。哀十七年。公會齊侯盟于蒙。孟武伯相齊侯稽首。公拜。齊人怒。武伯曰。非天子。寡君無所稽首。若然。臣於君乃稽首。不敵相施當頓首。今言敵而稽首者。以食禮相尊敬。雖敵亦稽首。與臣拜君同故也。辭於主人。降一等。主人從。注辭謂辭其臨己食。卒食。徹于西序端。注亦親徹。東面再拜。降出。注拜亦拜卒食。其他皆如公食大夫之禮。疏釋曰。云其他謂豆數俎體陳設皆不異上陳。但禮異者。謂親戒速。君則不親迎賓。公不出。此大夫出大門。公受醬湆幣不降。此大夫則降也。公食大夫。大夫降食於階下。此言西序端上。公食卷加席。公不辭。此則辭之。皆是異也。○若不親食。則公作大夫朝服以侑幣致之。注作使也。大夫有

乾隆四年校刊

故君必使其同爵者爲之致禮。列國之賓來，榮辱之事君臣同。賓受于堂，無儐。【注】與受君禮同。【疏】【注】釋曰：云與受君禮同者，聘禮賓受致饔餼幣。云堂中西北面。注：趨主君之命也。堂中西，中央之西。此雖無儐，受幣亦與之同也。

【記】不宿戒。【注】食禮輕也。此所以不宿戒者，謂前期三日之戒，申戒爲宿，謂前期一日。【疏】【注】釋曰：祭祀散齊七日爲戒，致齊三日爲宿。此則與祭祀異。此不宿戒者，謂不爲三日之戒，又不爲一日之宿。故鄭云此所以不宿戒者，謂前期三日之戒，申戒爲宿，謂前期一日也。若然，必知三日之戒、一日之宿者，大射前期三日，宰夫戒宰及司馬，又少牢筮人君有前期一日之宿，此雖人君禮，以食禮輕，故知無三日之戒、一日之宿。既無前日之事，宜與鄉飲酒、鄉射禮同，當日爲之，故皆不言日數。故下注云：食賓之朝夙興戒之，賓則從戒而來，不復召，是也。戒不速。【注】食賓之朝夙興戒之，賓則從戒者而來，不復召。○不授几。

【注】異於醴也。【疏】【注】釋曰：決聘禮禮賓時公親授几也。無作席。【注】公不坐。亨于門外東方。【注】必於門外者，大夫之事也。東方者，主陽。【疏】【注】釋曰：案上經甸人、亨人之等，亨人是士官，不得言大夫之事。言大夫之事者，解亨在門外之禮也。燕禮注云「亨於門外，臣所掌也」，言臣亦是大夫事。少牢廩爨、饔爨皆在門外，亦大夫事。特牲云「主婦視饎爨于西堂下」者，以其無廩人主之，故在內。若然，鄉飲酒雖是大夫之事，以其取祖陽氣之始，故亦於門內。司宮具几與蒲筵常，緇布純，加萑席尋，玄帛純，皆卷自末。【注】司宮，大宰之屬，掌宮廟者也。丈六尺曰常，半常曰尋。純，緣也。萑，細葦也。末，經所終，有以識之。必長筵者，以有左右饌也。今文萑皆為莞。【音義】純，諸閏反，又諸允反。萑音丸。緣，以絹反。莞音官，或音丸。【疏】【注】釋曰：云「司宮，太宰之屬，掌宮廟者」，按燕禮云「司宮尊于東楹之西」，注「司宮，天子曰小宰，聽酒人之成要

乾隆四年校刊

松厓云大宰之屬有宮伯宮正

者也。注雖不同。其義一也。但燕禮司宮云設尊。故以小宰解之。此司宮設几席。故以太宰之屬解之。案大宰之下有宮人。掌宮中除汙穢之事。即此司宮。彼不言設几席者。以天子具官。別有司几筵。又有小宰。諸侯兼官。故司宮兼司几筵及小宰也。云丈六尺曰常。半常曰尋者。此皆無正文。按周禮考工記云。車有六等之數。云軫崇四尺謂之一等。又云。戈長六尺六寸。旣建而迆之。崇於軫四尺謂之二等。人長八尺。崇於戈四尺。謂之三等。殳長尋有四尺。崇于人四尺。謂之四等。車戟常。崇于殳四尺。謂之五等。酋矛常有四尺。崇于戟四尺。謂之六等。自軫至矛皆以四尺爲差。以是約之。即知常是丈六尺。尋是八尺也。云萑細葦者。以類言之。其實全別。是以詩云葭菼。注云葭蘆菼薍。則葦一名蘆。一名薍。一名萑。一名菼。此萑又與莞席之莞不同。彼莞謂蒲也。云有以識之者。席無異物爲記。但織之自有首尾。可爲記識耳。云必以長筵者。以有左右饌者。賓在戶牖之間南面。上陳饌之時。正饌在左。庶羞在右。陳饌雖不在席上。皆陳於席前。當席左右。其間容人。故謂長筵也。

宰夫筵出自東房。注筵本在房。宰夫敷之也。天子諸侯左右房。

松厓云前疾誤爲前疾以疾疾形相似故也

疏注釋曰。上云司宮具几筵。具之在房。宰夫敷之而已。天子諸侯左右房。以其言東房對西房。若大夫士直有東房而已。故直云在房也。○賓之乘車在大門外西方北面立。注賓車不入門。廣敬也。凡賓即朝。中道而往。將至。下行而後車還立于西方。賓及位而止。北面。卿大夫之位當車前。凡朝位賓主之間。各以命數爲遠近之節也。疏注釋曰。云賓車不入門廣敬也者。曲禮云。客車不入大門。與此同。覲禮云。偏駕不入王門。偏駕。謂同姓金輅之等。乘墨車以朝。墨車亦云不入大門。與此亦同。云凡賓即朝中道而往者。內則云。男子由右。女子由左。車從中央。故賓乘車中道。云而後車還立于西方者。案少儀云。僕於君子始乘則式。君子下行。然後還立。注云。還車而立以俟其上去。是還立于西方鄉外。云賓及位而止北面者。案玉藻云。賓立不當門。彼亦謂聘使也。云卿大夫之位當車前者若。案大行人云。上公立當軹。侯伯立當前疾。子男立當衡。又云大國之孤朝位當車前者。則卿大夫立。亦與孤

乾隆四年校刊

同一節兼云大夫者小聘曰問使下大夫立與孤卿同
當車前故連言也云凡朝位賓主之間各以命數爲遠
近之節者案大行人云上公朝位賓主之間九十步侯
伯七十步子男五十步注云朝位謂大門外賓下車及
王車出迎所立處又云凡諸侯之卿其禮各下其君二
等以下及大夫士皆如之若然如諸侯則依命數臣下
其君一等則不得依命數矣而云依命數者依命數據
君而言其臣依君命數而降之故鄭總以命數言之也

○鉶芼牛藿羊苦豕薇皆有滑 注 藿豆葉也苦苦荼也
滑堇荁之屬今文苦爲芐 音義 芼亡報反荁音丸芐音戶爾雅云地黃也劉一音遐嫁反 疏 注釋曰云滑堇荁之屬者案士虞記云鉶芼用苦若薇有滑夏用葵冬用荁鄭注云荁堇類也
乾則滑夏秋用生葵冬春用乾荁此經云皆有滑不言
所用之物故取士虞記解之云之屬者其中兼有葵也

○贊者盥從俎升 注 俎其所有事 疏 注釋曰直言此者豆亦從下升不言
從豆升者贊者不佐祭豆直佐祭俎故云俎其所有事
是以上經云三牲之肺不離贊者辯取之壹以授賓若

然。黍稷亦贊祭。不從黍稷升者。黍稷設之在後故也。黍稷雖後升先祭者。以其先食黍稷後食肉故也。○

簠有蓋冪。【注】稻粱將食乃設。去會於房。蓋以冪。冪巾也。

今文或作幕。【音義】作幕音莫【疏】【注】釋曰。簠簋相將。簋既有會。明簠亦有會可知。但黍稷先設。故郤會於敦南。簠盛稻粱。將食乃設。故鄭云去會于房蓋以冪。冪巾也。至於陳設。冪亦去之。經云有蓋冪者。據出房未設而言。

凡炙無醬。【注】已有鹹和也。【疏】釋曰。云凡者。欲解儀禮一部之內。牛羊豕炙。皆無醬配之。【注】釋曰。云已有鹹和者。若今人食炙然。

○上大夫蒲筵加萑席。其純皆如下大夫純。【注】謂三命大夫也。孤爲賓則莞筵紛純。加繅席畫純也。【疏】【注】釋曰。經云上大夫。不辨命數。則子男之卿再命。其席亦同下大夫。鄭言謂三命大夫者。欲見公侯伯之卿三命。亦與子男下大夫同。公之孤四命。其席則異。鄭據三命而言。云孤爲賓則莞筵紛純加繅席畫純者。案周禮司几筵云。筵國賓于牖前。莞筵紛純。加繅席畫純。左彤几。

乾隆四年校刊

與此記三命已下席不同。故知彼國賓詔筵孤也。無正文。故云則也。○卿擯由下。【注】不升堂也。【疏】【注】釋曰。此謂上擯擯詔賓主升降周還之事。故云不升堂。上贊下大夫也。【注】上謂堂上擯贊者事相近。以佐上下爲名。【疏】釋曰。按上經云。贊者告具於公而贊賓食。故云上贊。使下大夫爲之。○上大夫庶羞酒飲漿飲庶羞可也。【注】於食庶羞宰夫又設酒漿以之食庶羞可也。以優賓。【疏】【注】釋曰。按上經云。上大夫庶羞二十豆。此記人復記之者。欲見上大夫食加飯之時。得兼食庶羞。又食會飯及庶羞之時。宰夫更設酒飲漿飲。故鄭云於食庶羞宰夫又設酒漿以之食庶羞可也。所以然者。優賓故也。拜食與侑幣皆再拜稽首。【注】嫌上大夫不稽首。

儀禮注疏卷九

經一千七百五十三字

注二千八百七字

儀禮注疏卷九考證

賓不拜送遂從之疏覲禮使者勞賓侯氏送於門外再拜遂從之○監本侯氏二字錯在門外下又脫送字又從字譌作送今據覲禮原文改正

設洗如饗疏設洗訖乃饗故食禮如之是如其近者也○監本饗作後食食禮作鄉前如其近者作先饗後食臣學健按此釋注中如其近者之意舊刻譌繆難通細玩經注應如此

又疏聘禮云公于賓一食再饗則食在饗前矣○臣紱按此下疑有闕文蓋難而未解似當云而此云先

饗者饗與食互相先後也卽用聘禮注補之意方完足

小臣東堂下南面西上宰東夾北西面南上注宰宰夫之屬也○臣紱按下大羹湆節注宰謂大宰宰夫之長也聘禮注則云宰夫宰之屬也此乃以宰爲宰夫之屬似覺相違古文無南上則一人而已此宰其內宰與

此宰謂宰夫之屬補二字便可通

拜也公降一等疏解經辭曰云云一段○監本誤刊于上賓西階東北面答拜節之下臣龍官按以經注次之應移此

賓栗階升不拜○石經無賓字

士舉鼎去鼏于外○鼏石經作羃敖繼公云羃當作鼏

陳鼎于碑南南面○石經少一南字敖繼公云碑下脫一南字此已經後人增補者仍之

南順出自鼎西○敖繼公云南字衍文○臣紱按此順出與下句入舉鼎順出同敖說是也

宰夫右執觶疏主人奠于薦右賓不飲取奠于薦左○監本左右互譌今据鄉飲鄉射經文改之

宰夫膳稻于粱西○敖繼公云膳當作設字之誤也膳設二字以聲相近而誤

先者反之由門入升自西階○監本析經文爲二節以疏誤作注列於先者反之之下今依朱子本正之而合經爲一節

左擁簠梁○簠字監本譌作簋今依石經及朱子本改正

賓降辭幣升聽命○敖繼公云經似有脫文蓋賓降辭幣則公當辭其降且不許其辭然後賓升而聽命也

揖讓如初升○監本升字在下節之首 臣紘按升字義當與上揖讓如初句相屬

無儐○石經儐作擯李如圭云擯當作儐則監本作儐

是也下兩無儐同

其他皆如公食大夫之禮疏釋曰云其他謂豆數俎體

陳設云云一段○監本誤刻大字作注今改正

記不宿戒疏故知無三日之戒一日之宿○無字監本

譌作有臣龍官按注意及上下文宜作無

鉶芼牛藿○石經牛字作半

儀禮注疏卷九考證

五月十六日閲是日江寧府考

儀禮注疏卷十

漢鄭氏注　唐陸德明音義　賈公彦疏

覲禮第十

覲禮○至于郊王使人皮弁用璧勞矦氏亦皮弁迎于帷門之外再拜【注】郊謂近郊去王城五十里小行人職曰凡諸矦入王則逆勞于畿則郊勞者大行人也皮弁者天子之朝朝服也璧無束帛者天子之玉尊也不言諸矦言矦氏者明國殊舍異禮不凡之也郊舍狹寡爲帷宫以受勞掌舍職曰爲帷宫設旌門【音義】勞力到反【疏】釋曰自此盡乃出論侯氏至近郊天子使使者勞侯氏之事【注】釋曰云郊謂近郊者案聘禮云至於近郊君使卿勞

故知此郊者亦近郊也。知近郊去王城五十里者，成周與王城相去五十里，而君陳序云分正東郊成周，鄭云今河南洛陽相去則然，是近郊五十里也。引小行人職者，約近郊勞是尊者，宜遣小行人。小行人既勞于畿，明近郊使大行人也。案大行人上公三勞，侯伯再勞，子男一勞。此雖不辨人數，案小行人云凡諸侯入王則逆勞于畿，不辨尊卑，則五等同有畿勞。其子男唯有此一勞而已，侯伯又加遠郊勞，上公又加近郊勞，則此云近郊，據上公而言。若然，聘禮使臣聘而云近郊勞者，臣禮異於君禮，君禮宜先遠，臣禮宜先近故也。若然，書傳略說云天子之子十八曰孟侯者，於四方諸侯來朝，迎於郊。孝經注亦云天子使世子郊迎者，皆異代禮，非周禮也。案玉人職云案十有二寸，棗栗十有二列，諸侯純九，大夫純五，夫人以勞諸侯。注云夫人謂王后，勞諸侯皆九勞，大夫皆五。此文不見者，以其聘禮於聘客主國夫人尚有勞，以二竹簋方，明后亦有，略言王勞，不言后，文不具也。云皮弁者，天子之朝朝服者，司服云眡朝則皮弁，故知在朝服皮弁，至入廟乃裨冕也。云璧無束帛者，天子之玉尊者，此對諸侯玉卑，故聘禮云束帛加璧，是諸侯臣所執。小行人合六幣云璧以帛，琮以錦，琥以繡。璜以黼。是諸侯所執以致享。皆有束帛配之。諸侯玉卑故也。此乃行勞所用。以享禮況之耳。云不言諸侯言侯氏者明國殊舍異禮不凡之也者。言諸侯則凡之總稱。言侯氏則指一身。不凡之也。而所勞之處。或非一國。舍處不同。故不總言諸侯而云侯氏也。云郊舍狹寡爲帷宮以受勞者。周禮。十里有廬。三十里有宿。五十里有市。市有館。郊闕之所各自有舍。或來者多。館舍狹寡。故不在館舍以帷爲宮以受勞禮也。云掌舍職曰爲帷宮設旌門者。謂爲帷宮則設旌旗以表四門。彼天子所舍。平日之事。引之者。證諸侯行亦有帷宮設旌爲門之事也。案聘禮。使卿勞。賓受於門內。司儀。諸侯之臣相爲國客。亦是受勞於館。不爲帷宮者。彼臣禮。卿行旅從。徒衆少。故在館。此諸侯禮。君行師從。徒衆多。故於帷宮。襄二十八年左氏傳云。子產相鄭伯以如楚。舍不爲壇。注云。至敵國郊除地封土爲壇以受郊勞。又外僕言曰。先大夫相先君適四國。未嘗不爲壇。今子草舍。無乃不可乎。子產曰。大適小則爲壇。小適大苟舍而已。焉用壇。彼亦是諸侯相朝。當爲壇以爲帷宮受勞之事也。使者

不答拜。遂執玉。三揖至于階。使者不讓。先升。侯氏升聽

命降再拜稽首遂升受玉【注】不答拜者爲人使不當其禮也不讓先升奉王命尊也升者升壇使者東面致命矦氏東階上西面聽之【疏】【注】釋曰云升者升壇者以帷宫無堂可升故知升者升壇也云使者東面致命侯氏東階上西面聽之者知使者面位如此者竝約下文就館賜侯氏車服而知也

左還而立矦氏還璧使者受矦氏降再拜稽首使者乃出【注】左還還南面示將去也立者見矦氏將有事於己俟之也還玉重禮【疏】釋曰直云使者左還不云拜送玉者凡奉命使皆不拜送若卿歸饔餼不拜送幣亦斯類也若身自致者乃拜送下文賓便者及聘禮私覿私面皆拜送幣是也【注】釋曰云左還還南面示將去也者以其東面致命而左還明左還還者南鄕面也未降而南面示將去故也云立者見侯氏將有事於己俟之者經云而立即云侯氏還璧故知立者見侯氏將有還玉之事於己故俟之不降云還玉重禮者案

聘義圭璋還之璧琮加束帛報之所以輕財重禮彼以璧琮不還則爲輕財者以其璧琮加束帛故爲輕財不還此以天子之璧不加束帛尊之與圭璋同故亦還之爲重禮也

侯氏乃止使者使者乃入侯氏與之讓升侯氏先升授几侯氏拜送几使者設几答拜

注 侯氏先升賓禮統焉几者安賓所以崇優厚也上介出止使者則已布席也

疏 釋曰自此盡遂從之論侯氏儐使者遂從入廟之事 注 釋曰云侯氏先升賓禮統焉者行賓禮是賓客之禮是以賓在館爲主人主人先升使者爲賓賓後升故云禮統焉謂賓統有此堂也云几者安賓所以崇優厚者案大宰云贊玉几注云立而設几優尊也此使者亦不坐而設几故云所以崇優厚也聘禮卿勞受儐不設几者諸侯之卿卑故不與此同也云上介出止使者則已布席者經不云上介出止使者鄭云上介出止使者案至館皆不敢當皆使上介出請事又見此經云使者乃入始云侯氏與之讓升是侯氏不出故知使上介止使者也云則已布席者以其經不云布席

乾隆四年校刊

而云設几。几不可設於地，明有席。席之所設，唯在此時。案聘禮受聘，云几筵既設，是几筵相將，故云上介出止使者則已布席也。

侯氏用束帛乘馬儐使者，使者再拜受。侯氏再拜送幣。

（音義：乘馬，繩證反。下乘馬皆同。）

【注】儐使者，所以致尊敬也。拜者各於其階。

【疏】注釋曰：云儐使者所以致尊敬也者，案聘禮，使卿用束帛勞賓，賓不還束帛，儐使者，賓儐卿以束錦。此使者以玉勞侯氏，侯氏還玉，仍亦儐使者，是致尊敬天子之使故也。知拜各於其階者，此賓與使行敵禮，若鄉飲酒、鄉射賓主拜各於其階也。

使者降，以左驂出。侯氏送於門外，再拜。侯氏遂從之。

【注】騑馬曰驂。左驂設在西者，其餘三馬，侯氏之士遂以出，授使者之從者于外。從之者，遂隨使者以至朝。

（音義：左驂，七南反。騑，芳非反。之從，才用反。）

【疏】注釋曰：知左驂設在西者，陳四馬與人，以西爲上。案聘禮，禮賓時，賓執左馬以出，此亦以左驂出，故知左驂設在西也。又知其餘三馬，侯氏之士遂以出，授使者之從者于外者，亦案聘禮，禮賓，賓執左馬以出，記云：主人之庭賓則主人遂以出賓之士訝受之此侯氏在館如主人明三馬亦侯氏之士以出授使者從者可知云從之者遂隨使者以至朝者亦如聘禮云下大夫勞賓使者遂以賓入至於朝其義同故知義然也〇天子賜舍【注】以其新至道路勞苦未受其禮且使卽安也賜舍猶致館也所使者司空與小行人爲承擯今文賜作錫【疏】釋曰自此盡乘馬論賜侯氏舍館侯氏儐使之事【注】釋曰云賜舍猶致館者猶聘禮賓至於朝君使卿致館此不言致館言賜舍者天子尊極故言賜舍也云所使者司空與者聘禮使卿致館此亦宜使卿知是司空非卿者周禮以天地春夏秋冬六卿無致館之事司空主營城郭宮室館亦宮室之事故知所使者司空也但司空亡無正文故云與以疑之知小行人爲承擯者案聘禮致館賓主人各擯介故知此亦陳擯介必知使小行人爲承擯者案小行人云及郊勞眡館將幣爲承而擯是其義也曰伯父女順命于王所賜伯父舍【注】此使者致館辭【音義】女音汝【疏】釋曰此及

下經皆云伯父者案下文謂同姓大國舉同姓大國則同姓小國及異姓之國禮不殊也侯氏再拜稽首【注】受館儐之束帛乘馬【注】王使人以命致館無禮猶儐之者尊王使也侯氏受館於外既則儐使者於內【疏】【注】釋曰云王使人以命致館無禮猶儐之者尊王使也者決聘禮卿無禮致館賓無束帛儐卿此王使亦無禮致館其賓猶儐使者用束帛乘馬故云尊王使也云侯氏受館於外者案聘禮大夫帥至館卿致館而云賓迎再拜卿退賓送再拜則聘禮致館不在外此不見大夫帥至館即云天子賜舍是侯氏受舍于外可知與聘禮異也知既則儐使者於內者以其既受館則爲己所有明儐使者在內可知也○天子使大夫戒曰某曰伯父帥乃初事【注】大夫者卿爲訝者也掌訝職曰凡訝者賓客至而往詔相其事戒猶告也其爲告使順循其事也初猶故也今文帥作率【音義】訝五嫁反【疏】

釋曰自此盡再拜稽首論天子使大夫戒侯氏期日使行覲禮之事【注】釋曰知大夫是卿爲訝者以其周禮秋官掌訝職云諸侯有卿訝故知大夫卿爲訝者云其爲告使順循其事也初猶故者以其四時朝覲自是尋常故使恒循故事之常也

侯氏再拜稽首【注】受覲日也○諸侯前朝皆受舍于朝同姓西面北上異姓東面北上【注】言諸侯者明來朝者衆矣顧其入覲不得並耳受舍于朝受次于文王廟門之外聘禮記云宗人授次次以帷少退於君之次則是次也言舍者尊舍也天子使掌次爲之諸侯上介先朝受焉此覲也言朝者覲遇之禮雖簡其來之心猶若朝也分別同姓異姓受之將有先後也春秋傳曰寡人若朝于薛不敢與諸任齒則周禮先同姓【疏】

釋曰：此一經論前朝一日，諸侯各遣上介受次於朝之事。【疏】釋曰：云「言諸侯者，明來朝者衆矣」者，上注云言侯氏者，明國殊舍異禮不凡之，於此言諸侯凡之者，以其諸國同時遣上介，故言來朝者衆矣。若其行禮，自有前後，故鄭云「顧其入覲，不得竝耳」。云「受舍於朝，受次于文王廟門之外」者，以其春夏受贄於朝，無迎灋；受享於廟有迎禮。秋冬受贄受享皆在廟，竝無迎灋，是以大門外無位。既受覲於廟，故在廟門外受次。知在文王廟門外者，案聘禮云「不腆先君之祧，既拚以俟」，則諸侯待朝聘之賓皆在大祖之廟，以其諸侯無二祧，遷主所藏皆在始祖之廟，故以始祖爲祧。案天子待覲遇亦當在祧，祭灋云「天子七廟，有二祧」，又案周禮守祧職云「掌守先王先公之廟祧」，鄭注：「遷主所藏曰祧。」穆之遷主藏於文王廟，昭之遷主藏於武王廟。今不在武王廟而在文王廟者，父尊而子卑，故知在文王廟也。若然，先公木主藏於后稷廟，受覲遇不在后稷廟者，后稷生非王，故不宜在焉。云「言舍者，尊舍也」者，此賓以帷爲次，非屋舍，尊天子之次，故以屋舍言之，是尊舍也。若天子春夏受享，諸侯相朝聘，迎賓客者皆有外次，即聘禮記「宗人授次」是也。有外次於大門外者，則無廟門外之內次。天子覲遇在廟者。有廟門外之內次。無大門外之外次。此文是也。云天子使掌次爲之者。案周禮掌次云。掌王次舍之灋。以待張事。故知使掌次爲之。諸侯兼官無掌次。使館人爲之。故聘禮云館人布幕于寢門外。鄭注云。館人掌次舍帷幕者是也。云諸侯上介先朝受焉者。知使上介者。案下文諸侯覲於天子爲宮方三百步。上介皆奉其君之旂置于宮。明知此亦使上介也。云其來之心猶若朝也者。案周禮大宗伯云。春曰朝。秋曰覲。鄭注云。朝之言朝也。欲其來之早。覲之言勤。欲其勤王事。各舉一邊而言。其實早來勤王通有也。故鄭云其來之心猶若朝。故變覲言朝也。云分別同姓異姓受之將有先後者。案此經同姓西面異姓東面。案下曲禮云。天子當依而立。諸侯北面而見天子曰覲。彼此皆是覲禮。彼諸侯皆北面不辨同姓異姓。與此不同者。此謂廟門外爲位時。彼謂入見天子時。故鄭注云。覲者位於廟門外而序入。入謂北面見天子時。引春秋者。案隱十一年經書滕侯薛侯來朝。左傳曰。爭長。薛侯曰。我先封。滕侯曰。我周之卜正也。薛庶姓也。我不可以後之。公使羽父請於薛侯曰。君與滕君辱在寡人。周諺有之曰。山有木。工則度之。賓有禮。主則擇之。周之宗盟。異姓爲後。寡人若朝于薛。不敢與

集釋本注末有今文冕皆作絻六字

諸任齒君若辱貺寡人則願以滕君爲請薛侯許之乃長滕侯也若然彼服注云爭長先登授玉此位在門外引之者以其在先即先登外內同故引以爲證○侯氏裨冕釋幣于禰注將覲質明時也裨冕者衣裨衣而冠冕也裨之爲言埤也天子六服大裘爲上其餘爲裨以事尊卑服之而諸侯亦服焉上公衮無升龍侯伯鷩子男毳孤絺卿大夫玄此差司服所掌也禰謂行主遷主矣而云禰親之也釋幣者告將覲也其釋幣如聘大夫將受命釋幣于禰之禮既則祝藏其幣歸乃埋之於祧西階之東音義裨婢支反劉音卑禰乃禮反埤婢支反一音卑鷩必列反毳尺銳反絺丁禮反劉本作希張里反疏釋曰此經明諸侯之在館內將覲於王先釋幣告於行主之禮注釋曰知將覲質明時者案聘禮賓厥明釋幣于禰故知此亦質明

時也。云裨之爲言埤者，讀從詩政事一埤益我。取裨陪之義。云天子六服大裘爲上，其餘爲裨者。天子吉服有九，而言六服者，據六冕而言。以大裘爲上，無埤義。衮冕以下皆爲裨，故云其餘爲裨。云以事尊卑服之者，鄭司服所云，王祀昊天上帝則大裘而冕，祀五帝亦如之，祀先王則衮冕，以下至羣小祀則玄冕。羣，據天子而言。故云以事尊卑服之。云而諸侯亦服焉者，亦據司服而言。諸侯唯不得有大裘，上公則衮冕以下，故鄭云此差司服所掌也。云上公衮無升龍者，案白虎通引禮記曰：天子乘龍，載大旗，象日月升龍。傳曰：天子升龍，諸侯降龍。以此言之，上得兼下，下不得僭上。則天子升降俱有，諸侯直有降龍而已。若然，彼升龍交承人旗之下。知不施於旌旗而據衣服者，案司常云：交龍爲旂。又云：諸侯建旂。注云：諸侯畫交龍，一象其升朝，一象其下復。則旌旗升降俱有，而白虎通云諸侯降龍者，據衣服而言。案玉藻諸侯玄冕以祭，不得服衮冕以下，是以鄭注司服云：諸侯自祭於其家則降。若然，諸侯自家祭降，魯與二王之後皆不得用衮冕鷩冕毳冕，則此等及孤卿大夫絺冕玄冕者，是入君廟及入天子之廟，故服也。今云諸侯告禰用裨冕者，將入天子之廟，故服以告禰。謂若曾子問云諸侯禪冕以朝。鄭注云：爲將廟受，亦斯之類也。云禰謂行主遷主矣者，案禮記曾子問云「師行必以遷廟主行乎？孔子曰：天子巡守，以遷廟主行，載于齊車，言必有尊也」。彼雖據天子，其諸侯行亦然，以其皆有遷廟木主。若然，大夫無木主，聘禮賓釋幣于禰者，大夫雖無木主，以幣帛主其神，亦爲行主也。而云禰親之者，以其在外唯有遷主可事，故不言遷主而云禰也。云其釋幣如聘大夫將受命釋幣于禰之禮者，案聘禮將行釋幣于禰，此禮無文，故約與之同。乃受命卽出行，故云將受命釋幣于禰，皆是告將行，無祭祀。知旣則祝藏其幣歸乃埋之於祧西階之東者，此無正文，案聘禮祝告，祝又入取幣，降，卷幣實于篚，埋于西階東，此亦與彼同。云祧者，諸侯遷主藏於始祖之廟，諸侯旣以始祖之廟爲祧，遷主歸還入祧廟，故知此幣埋于祧西階之東也。○乘墨車，載龍旂、弧韣，乃朝以瑞玉，有繅。【注】墨車，大夫制也。乘之者，入天子之國，車服不可盡同也。交龍爲旂，諸侯之所建。弧所以張縿之弓也，弓衣曰韣。瑞玉謂公桓圭，侯信圭。伯躬圭。子穀璧。男蒲璧。繅所以藉玉。以韋衣木。廣袤各如其玉之大小。以朱白蒼爲六色。今文玉爲璧。繅或爲璪。【音義】韣音獨。繅音早。縿所銜反。文所感反。信音申。【疏】釋曰：自此盡乃出，論諸侯發館至天子廟門之外以次行覲禮之事。【注】釋曰：云墨車大夫制也者，案周禮巾車職云：孤乘夏篆，卿乘夏縵，大夫乘墨車，士乘棧車，庶人乘役車。故知墨車大夫制也。必言墨車大夫制者，對王路、金路、象路之等天子諸侯之制也。云乘之者入天子之國車服不可盡同者，巾車云：同姓金路，異姓象路，四衛革路，並得與天子同。據在本國所乘。下記云：偏駕不入王門。偏駕金路、象路等是也。既不入王門，舍於客館，乘此墨車以朝也。云交龍爲旂，諸侯之所建者，司常職文也。云弧所以張縿之弓也者，爾雅說旌旗正幅爲縿，故以此弧弓張縿之兩幅，故云張縿之弓也。云弓衣曰韣者，案月令云：后妃帥九嬪御，乃禮天子所御，帶以弓韣，授以弓矢于高禖之前，言帶以弓韣，韣是弓衣可知。云瑞玉謂公桓圭之等，皆大宗伯典瑞職文。云繅所以藉玉，至爲六色，其義疏已

乾隆四年校刊

見於聘禮記

天子設斧依於戶牖之間，左右几。

【注】依，如今綈素屏風也，有繡斧文，所以示威也。斧謂之黼。几，玉几也。左右者，優至尊也。其席莞席紛純，加繅席畫純，加次席黼純。

【音義】依，於豈反。綈，大西反。屏，步丁反。莞音官。純，諸允反，劉之閏反。

【疏】注釋曰：云「依如今綈素屏風也」者，案爾雅「牖戶之間謂之扆」，以屏風爲斧文置於依地。孔安國顧命傳云「扆，屏風，畫爲斧文，置戶牖間」是也。言綈素者，綈，赤也；素，白也。漢時屏風以綈素爲之，象古者白黑斧文，故鄭以漢灋爲況。云「有繡斧文，所以示威也」者，案周禮繢人云「青與赤謂之文，赤與白謂之章，白與黑謂之黼，黑與青謂之黻，五色備謂之繡」。此白黑斧以此方繡次爲之，故云「有繡斧文，所以示威也」。云「斧謂之黼」者，據繡次言之，白與黑謂之黼，即爲此黼字也；據文體形質言之，刃白而銎黑，則爲此斧字，故二字不同也。云「几，玉几也」者，案周禮司几筵云「左右玉几」，故知此几是玉几也。注「左右有几，優至尊也」，亦與此同。又案大宰云「贊玉几」，鄭注云「玉几所依也，立而設几優尊者，但几唯須其一。又几坐時所以馮依。今左右及立兩設之，皆是優至尊也。兩注相兼乃具。云「其席莞席」以下，亦司几筵文。案彼云：大朝覲、大饗射，凡封國命諸侯，王位設黼依，依前南鄉設莞席紛純等。鄭注云：紛純者，紛如綬，有文而狹。繅席者，削蒲蒻展之，編以五采，若今合歡矣。畫純者，謂畫雲氣。次席者，桃枝席，有次列成文。此次席即顧命所謂篾席也。篾謂竹青，據竹而言。次謂次列，據文體而說。是以顧命云：牖間南嚮敷重篾席。孔傳曰：桃枝竹。義與鄭同。

天子衮冕，負斧依。

【注】衮衣者，裨之上也。繢之繡之爲九章，其龍天子有升龍，有降龍。衣此衣而冠冕，南鄉而立，以俟諸侯見。

【音義】繢，戶內反。鄉，許亮反。

【疏】釋曰：云「負斧依」者，負謂背之，南面也。【注】釋曰：云「衮衣者，裨之上也」者，但裨衣者，自衮冕至玄冕五者皆裨衣，故云裨之上也。上文云裨衣者，總五等諸侯，指其衣有三等，不得定其衣號，故總言裨衣。此據天子一身，故指其衣體言衮冕。云「繢之繡之爲九章」者，衣繢而裳繡，衣在上爲陽，陽主輕浮，故對方爲繢次；裳在下爲陰，陰主沈深，故北方刺之爲繡

集釋以告下有於字

次是以尚書衣言作績，裳言紩繡，爲九章者，鄭注司服云：冕服九章，登龍於山，登火於宗彝，尊其神明也。九章，初一曰龍，次二曰山，次三曰華蟲，次四曰火，次五曰宗彝，皆畫以爲績；次六曰藻，次七曰粉米，次八曰黼，次九曰黻，皆絺以爲繡，則衮之衣五章，裳四章，凡九也。云南鄉而立者，此文及司几筵雖不云立，案下曲禮云天子當宁而立，又云當扆而立，在朝在廟皆云立，故知此南面而立以俟諸侯之見也。

嗇夫承命，告于天子。注 嗇夫蓋司空之屬也。爲末擯，承命於侯氏下介，傳而上，上擯以告天子。天子見公，擯者五人；見侯伯，擯者四人；見子男，擯者三人。皆宗伯爲上擯。春秋傳曰：嗇夫馳。

疏 注釋曰：云嗇夫蓋司空之屬也者，無正文，知司空屬者，案五官之内無嗇夫之名，故知是司空之屬。但司空職亡，故言蓋以疑之。云末擯承命於侯氏下介傳而上上擯以告於天子者，案周禮司儀職，兩諸侯相朝皆爲交擯，則此諸侯見天子交擯可知。此所陳擯介當在廟之外門東，陳擯從北鄉南；門西陳介從南鄉北。各自爲上下。此經先云嗇夫承命告于天子。則命先從侯氏出。下文天子得命。呼之而入。命又從天子下至侯氏。卽令入。故下注云君乃許入。若然。此覲遇之禮略。唯有此一辭而已。無三辭之事。司儀云交擯三辭者。據諸侯自相見於大門外灋。其天子春夏受享於廟。見於大門外。亦可交擯三辭矣。云天子見公擯者五人以下。竝大門外行人文。云皆宗伯爲上擯者。案大宗伯職云。朝覲會同則爲上相。鄭注云。相詔王禮也。出接賓曰擯。入詔禮曰相。若四時常朝。則小行人爲承擯。故小行人職云。將幣爲承而擯。此文嗇夫爲末擯。若子男三擯此則足矣。若侯伯四擯。別增一士。若上公五擯。更別增二士。若時會殷同。則肆師爲承擯。故肆師職云。大朝覲佐擯。鄭注云。爲承擯。是其義也。引春秋傳者。案左氏傳昭十七年夏六月朔。日有食之。叔孫昭子救日食。引夏書云。辰不集于房。瞽奏鼓。嗇夫馳。庶人走。鄭引者。欲見嗇夫是卑官。得爲末擯之意也。

天子曰。非他。伯父實來。予一人嘉之。伯父其入。予一人將受之。

【注】言非他者。親之辭。嘉之者。美之之辭也。上擯又傳此而下。

集釋本有而字張淳據周顯德監本客作之又釋文卑見無者字

至齊夫侯氏之下介受之傳而上。上介以告其君。君乃許入。今文實作寔。嘉作賀。【疏】釋曰。此經直云伯父其入。不云迎之。禮記郊特牲云。覲禮。天子不下堂而見諸侯。故無迎灋。若然。案夏官齊僕云。掌馭金路以賓。朝覲宗遇饗食皆乘金路。其灋儀各以其等爲車送逆之節者。覲遇雖無迎灋。至於饗卽與春夏同。故連言之。

侯氏入門右。坐奠圭。再拜稽首。【注】入門右。執臣道。不敢由賓客位也。卑者見尊。奠摯而不授。【疏】【注】釋曰。云卑者見尊奠摯而不授者。案士昏禮云。壻執鴈升奠鴈。又云。若不親迎則婦入三月然後壻見。主人出門。壻入門奠摯再拜出。鄭注云。奠摯者。壻有子道。不敢授也。又士相見。凡臣見於君。奠摯再拜。與此奠圭。皆是卑者不敢授而奠之。

擯者謁。【注】謁猶告也。上擯告以天子前辭欲親受之。如賓客也。其辭所易者曰伯父其升。【疏】【注】釋曰。云其辭所易者曰伯父其升者。此又不見謁告之辭。鄭注云上擯告以天子前辭者謂擯者謁以上辭云天子曰非他伯父實來予一人嘉之伯父其入予一人將受之是擯者於門外傳王辭告之使入此擯者謁告還用彼辭所改易者唯改入字爲升故云伯父其升也以其喚使升堂親受之也侯氏坐取圭升致命王受之玉侯氏降階東北面再拜稽首擯者延之曰升升成拜乃出【疏】擯者請之侯氏坐取圭則遂左降拜稽首送玉也從後詔禮曰延延進也【疏】【注】釋曰云侯氏坐取圭則遂左者以經侯氏得擯者之告坐取圭即言升致命無出門之文明知遂向門左從左堂塗升自西階致命也云從後詔禮曰延延進也者以其賓升堂擯者不升若特牲少牢祝延尸使升尸升祝從升與此文同皆是從後詔禮之事○四享皆束帛加璧庭實唯國所有【注】四當爲三古書作三四或皆積畫此篇又多四字字相似由此誤也大行人職曰諸侯廟中將幣

集釋無地字唯下有國字

皆三享其禮差又無取於四也初享或用馬或用虎豹之皮其次享三牲魚腊籩豆之實龜也金也丹漆絲纊竹箭也其餘無常貨此地物非一國所能有唯所有分爲三享皆以璧帛致之【疏】釋曰自此盡事畢論侯氏行覲禮訖相隨卽行三享之事

【注】釋曰云四當爲三古書作三四或皆積畫此篇又多四字字相似由此誤也者知四當爲三者諸文唯謂三享無四享之事所以誤作四者由古書作三四之字或皆積畫者堯典云帝曰咨三岳皋陶云外薄三海泰誓序云作泰誓三篇是古書三四皆積畫也云此篇又多四字者下有四傳擯又云路下四亞之又云束帛四馬四門四四尺四字既多積畫四又似三由此誤爲四字也引大行人者欲證三享爲正文云其禮差又無取於四也者案聘禮小聘曰問不享大聘雖有享不言數明一享而已案大行人五等諸侯皆同三享若然三與一及不享是其禮之差是無取於四之義故從三爲正云初享或用馬或虎豹之皮者案下經先陳馬聘禮特言

皮。故知初享以此二者爲先。言或者。聘禮記云皮馬相間可也。又聘禮經。夕幣時。皮則北首。展幣時。更云馬則幕南北面。此下經亦用馬。案郊特牲云。虎豹之皮。示服猛也。是其或用馬。或用虎豹之皮。爲初享也。云其次享三牲魚腊籩豆之實以下。皆禮器文。是以禮器云。大饗其王事與。三牲魚腊四海九州之美味也。籩豆之薦。四時之和氣也。內金示和也。束帛加璧尊德也。龜爲前列先知也。金次之。見情也。丹漆絲纊竹箭。與衆共財也。其餘無常貨。各以其國之所有則致遠物也。彼諸侯國爲王禘祭而致之。與此因覲致之同。以其因覲即助祭。因祭即致享物。若不當三年禘祭。即特致三享也。云皆以璧帛致之者。案聘禮。束帛加璧享君。束錦加琮享夫人。小行人亦云。璧以帛。琮以錦。是五等諸侯享天子與后。此云璧帛致之者。據享天子而言。若享后即用琮錦。但三享在庭分爲三段。一度致之。據三享而言。非謂三度致之爲皆也。凡享者貢國所有。或因朝而貢。或歲之常貢。歲之常貢則小行人云春入貢。及大宰九貢是也。因朝而貢者則大行人云侯服歲一見其貢祀物之等。是也。皆有璧帛以致之。案小行人云。合六幣。圭以馬。璋以皮。璧以帛。琮以錦。琥以繡。璜以黼。此六物者。以和諸侯之好故注云合同也六幣所以享也五等諸侯享天子用璧享后用琮其大各如其瑞皆有庭實以馬若皮皮虎豹之皮用圭璋者二王之後也二王後尊故享用圭璋而特之禮器曰圭璋特義亦通於此其於諸侯亦用璧琮耳子男於諸侯則享用琥璜下其瑞也凡二王後諸侯相享之玉大小各降其瑞一等若如此言鄭知五等享玉各如其瑞者見玉人云璧琮九寸諸侯以享天子言九寸據上公琮以享后不言者文不具公依命數與瑞等則侯伯子男之享玉亦如其瑞可知又知五等自相享各降其瑞一等者又見玉人職云瑑琮八寸諸侯以享夫人鄭云獻於所朝聘君之夫人兼言聘者欲見聘使亦下君之瑞一寸與君同直言瑑琮享夫人不言瑑璧以享君亦文不具若然侯伯子男自相享各降其瑞一寸可知圭璋據二王後享天子與后者五等諸侯既用璧琮二王後尊明用圭以享天子用璋以享后可知又知二王後自相享亦用璧琮者以五等諸侯降於享天子明二王後退用璧琮可知子男自相享用琥璜者以其子男瑞用璧享天子可與瑞同自相享不得與瑞等降用琥璜可知若然子男之臣自相聘亦享用琥璜不得踰君故也又知五等之臣聘享之玉皆降

其君一寸者。又見玉人云。瑑圭璋八寸。璧琮八寸以頫聘。八寸據上公之臣。則侯伯子男之臣。各降其君一寸可知。案孝經緯援神契云。二王後稱公。大國稱侯。則二王之後爲公。而前則謂公者。案典命云。上公九命爲伯。其國家宮室車旗衣服禮儀皆以九爲節。鄭注云。上公者。謂王之三公。有德者加命爲二伯。二王之後亦爲上公。若然。典命云。王之三公八命。有功加一命爲二伯。則周公召公是也。本國猶稱侯。則魯侯燕伯是也。

奉束帛匹馬卓上。九馬隨之。中庭西上。奠幣再拜稽首。注卓讀如卓王孫之卓。卓猶的也。以素的一馬以爲上。書其國名。後當識其何産也。馬必十四者。不敢斥王之乘。用成數。敬也。疏釋曰。云中庭西上者。案昏禮云。參分庭一在南。又聘禮云。庭實皮則攝之。注云。參分庭一在南。又米䈰設于中庭。鄭注云。言當中庭者。南北之中也。則此云中庭。亦是南北之中。不參分庭一在南者。以其三享司陳。須入庭深設之故也。注釋曰。云卓讀如卓王孫之卓。卓猶的也者。以音字既同而讀從之。卓王孫是司馬相如之妻文君之父也。於十馬之內以素的一馬以爲上，故訓卓爲的也。云「書其國名，後當識其何產也」者，謂若晉有鄭之小駟，復有屈產之類是也。云「馬必十匹」者，不敢斥王之乘，用成數，敬也」者，此爲庭實，故用十匹。案《康王之誥》，二伯率諸侯而入，皆布乘黃朱而陳四匹者，彼據二王之後，以國所有享新王，享物陳於庭，用圭以馬致享，馬不得上堂，亦陳於庭，直以圭升堂致命，乘馬若乘皮，故以四爲禮，非所享之物，故用四馬，與此異也。

擯者曰：「予一人將受之。」【注】亦言王欲親受之。

【疏】注釋曰：云「亦言王欲親受之」者，亦上親受之也。

侯氏升致命，王撫玉，侯氏降自西階，東面授宰幣，西階前再拜稽首，以馬出授人，九馬隨之。【注】王不受玉，撫之而已，輕財也。以馬出，隨侯氏出授王人於外也。王不使人受馬者，至于享，王之尊益君，侯氏之卑益臣。

【疏】釋曰：云「授宰幣」，王既撫玉，不受幣，幣卽束帛加璧，并玉言幣，故小行人合六幣。皮馬與玉皆爲幣。此單言宰。卽大宰。大宰主幣。故周禮大宰職云。大朝覲會同贊玉幣玉獻玉几玉爵。注云。助王受此四者是也。注釋曰。云王不受玉撫之而已輕財也者。案聘義圭璋還之爲重禮。璧琮受不還爲輕財。是以圭璋親受。璧琮初卽不親。爲輕財故也。云以馬出隨侯氏出授人於外也者。謂侯氏牽馬而出。云馬隨侯氏之後出。授王人。云王之尊益君侯氏之卑益臣者。春夏受贄於朝。無迎法。王猶在朝。至受享又迎之而稱賓主。至覲禮受享皆無迎法。不下堂而見諸侯。已是王尊爲君。禮臣卑爲臣。禮王猶親受其玉。今至于三享貢國所有行供奉之節。故使自執其馬。王不使人受之於庭者。是王之尊益君。侯氏之卑益臣故也。聘禮享用皮及賓私覿馬。皆使人受之者。見他國之君不臣人之臣。故與此異也。若然。聘禮享君尚有幣問卿大夫。此諸侯覲天子。享天子訖。亦當有幣問公卿大夫。是以隱七年左氏傳云。初。戎朝于周。發幣于公卿。而凡伯不賓。服注云。戎以朝禮及公卿大夫發陳其幣。凡伯以諸侯爲王卿士。不答賓主之禮。敬報於戎。是以冬天王使凡伯來聘。還。戎伐之於楚丘以歸。是諸侯朝天子亦有幣及公卿大夫之事也。

事畢。注三

乾隆四年校刊

享訖○乃右肉袒于廟門之東乃入門右北面立告聽
事注右肉袒者刑宜施於右也凡以禮事者左袒入更
從右者臣益純也告聽事者告王以國所用爲罪之事
也易曰折其右肱无咎疏釋曰自此盡降出論侯氏受
刑王免之降出之事注釋曰
刑袒於右者右是用事之便又是陰陰主刑以不能用
事故刑袒於右也云凡以禮事者左袒左袒者無問吉
凶禮皆袒左知者士喪禮云主人出南面左袒扱諸面
之右檀弓云延陵季子葬其子於嬴博之間葬訖左袒
故云凡以該之引易曰折其右肱无咎者案易豐卦
九三云折其右肱无咎凡卦爻二至四三至五兩體交
互各成一卦先儒謂之互體故鄭隨其義而注云三艮
爻艮爲手互體爲巽巽又爲進退手而便於進退右肱
也猶大臣用事於君君能誅之故无咎引之者證刑理
宜於右之義云告聽事者告王以國所用爲罪之事也
者加得字解之當云告王以國所用爲者有得罪之事
也正是罪之一辭解擬受刑之意又解云告王以己無

罪。引下文伯父無事辭之不辭之甚也。擯者謁諸天子天子辭於侯氏曰。伯父無事歸寧乃邦。注謁告也寧安也乃猶女也侯氏再拜稽首乚出自屏南適門西遂入門左北面立王勞之。再拜稽首擯者延之曰升升成拜降出。注王辭之不卽左者當出隱於屏而襲之也天子外屏勞之勞其道勞也。音義勞力報反疏注釋曰云當出隱於屏而襲之也者以屏外不見天子天子爲隱向者右袒今王辭以無事故宜襲也云天子外屏者據此文出門乃云屏南即是外屏云天子外屏取禮緯之文故禮緯云天子外屏諸侯內屏大夫以簾士以帷是也○天子賜侯氏以車服迎于外門外再拜。注賜車者同姓以金路異姓以象路服則衮也鷩也毳也古文曰迎于門外也。疏釋曰自此盡亦如之論王使人賜侯氏車服之事【注】釋曰：云「同姓金路，異姓象路」者，案《周禮·巾車》掌五路，自玉路至木路。玉路以祀，尊之，不賜諸侯。金路云「同姓以封」，象路云「異姓以封」，革路云「以封四衛」，木路云「以封蕃國」。鄭云同姓謂王子母弟，率以功德出封，雖爲侯伯，其畫服猶如上公，賜魯侯、鄭伯服則衮冕，得乘金路以下，與上公同，則太公與杞、宋雖異姓，服衮冕，乘金路矣。異姓謂舅甥之國與王有親者，得乘象路。異姓侯伯、同姓子男皆乘象路以下。四衛謂要服以內庶姓與王無親者，自侯伯子男皆乘革路以下。蕃國據九州外爲總名，皆乘木路而已。鄭直言金路、象路者，略之也。云「服則衮也，鷩也，毳也」，據《司服》而言。案《司服》上陳王之吉服有九，下云公之服自衮冕而下如王之服，侯伯自鷩冕而下如公之服，子男自毳冕而下如侯伯之服也。

路先設，西上，路下四，亞之，重賜無數，在車南。【注】路，謂車也。凡君所乘車曰路。路下四，謂乘馬也。亞之，次車而東也。《詩》云：「君子來朝，何錫予之？雖無予之，路車乘馬。又何予之？玄衮及黼。」重，猶善也。

所加賜善物多少由恩也春秋傳曰重錦三十兩【疏】釋曰云凡君所乘車曰路者鄭注周禮云路大也君之居以大爲名是以云路寢路門之等引春秋者閔二年左氏傳云狄人伐衛又云及狄人戰于熒澤衛師敗績遂滅衛夜與國人出狄入衛遂從之又敗諸河宋桓公逆諸河宵濟立戴公以廬於曹齊侯使公子無虧帥車三百乘甲士三千人以戍曹歸公乘馬祭服五稱牛羊豕雞狗皆三百與門材歸夫人魚軒重錦三十兩鄭引之證重賜無數在車南也

諸公奉篋服加命書于其上升自西階東面大史是右【注】言諸公者王同時分命之而使賜侯氏也右讀如周公右王之右是右者始隨入於升東面乃居其右古文是爲氏也【音義】篋苦協反大音泰【疏】【注】釋曰云言諸公者王同時分命之而使賜侯氏也者以其言諸非一之義以諸侯來覲者衆各停一館故命諸公分往賜之云右讀如周公右王之右者案襄公二十一年左氏傳晉欒盈出奔

楚范宣子殺羊舌虎，囚伯華。於是祁奚老矣，聞之，乘馹而見宣子。祁奚曰：夫謀而鮮過，惠訓不倦者，叔向有焉，社稷之固也。猶將十世宥之，以勸能者。今壹不免其身，以棄社稷，不亦惑乎？鯀殛而禹興，伊尹放太甲而相之，而卒無怨色；管蔡爲戮，周公右王。若之何其以虎也棄社稷？鄭引此者，證大史是右，是佐公而在公右之義也。云是右者，始隨入於升東面，乃居其右者，大史卑，明始時隨公後升，訖，公東面，大史乃居其右，故云是右，謂於是乃居公右，而並東面，知並立者，以其在公右宣王命故也。

侯氏升西面立，大史述命。〔注〕讀王命書也。

侯氏降兩階之閒，北面再拜稽首。〔注〕

受命，升成拜。〔注〕大史辭之降也。春秋傳曰：且有後命，以伯舅耋老，毋下拜。此辭之類。〔音義〕耋，大結反，又音鐵。〔疏〕〔注〕釋曰：引春秋者，僖九年經：夏，公會宰周公、齊侯、宋子、衛侯之等于葵丘。傳云：王使宰孔賜齊侯胙，曰：天子有事于文武，使孔賜伯舅胙。齊侯將下拜，孔曰：且有後命，天子使孔曰：以伯舅耋老，加勞，賜一級，無下拜。對曰：天威不違顏咫尺，小白余敢貪天子之命無下拜恐隕越于下以遺天子羞敢不下拜下拜登受鄭引之者證此大史述王辭侯氏下拜亦如此故鄭云此辭之類也但彼以齊侯年老故未降已辭此下拜禮也故降拜乃辭之彼齊侯不升成拜者亦以年老故也

大史加書于服上侯氏受【注】受篋服

使者出侯氏送再拜儐使者諸公賜服者束帛四馬儐大史亦如之【注】既云拜送乃言儐使者以勞有成禮略而遂言【疏】【注】釋曰云既云拜送乃言儐使者以勞有成禮略而遂言者經云侯氏送再拜者事勢宜終故連言之其實儐使者在拜送前必以之儐後略言者以儐有成禮可依故後略言案上篇以來每有儐禮皆是成禮也

○同姓大國則曰伯父其異姓則曰伯舅同姓小邦則曰叔父其異姓小邦則曰叔舅【注】據此禮云伯父同姓大邦而言【疏】釋曰案周禮冢宰職云掌建邦之六典以佐王治邦國注云大曰邦小曰國邦

惠云齊桓稱伯舅晉文曰叔父

之所居亦曰國者，彼經或邦國連言，或單言國，則邦國連言，據諸侯。單言國，據王。以邦在國上，故云大曰邦，小曰國。惟王建國，是王之所居亦曰國。彼對文，則例散文則通。故此大國言國，小國言邦也。注釋曰：鄭云據此禮云伯父同姓大邦而言者，鄭欲解稱伯父叔父，不要同姓爲宗之意也。據此云伯父者，即上文云伯父，此文即云同姓大國則曰伯父，是以云據此禮云伯父同姓大邦而言也。若據文則不要同姓與大國。案下曲禮，東西二伯不問同姓異姓，皆稱伯父。州牧而稱叔父，鄭云牧尊于大國之君而謂之叔父，辟二伯，亦以此爲尊，是也。又云同姓大國則曰伯父者，惟據此禮所云伯父而言，不據他文，故鄭此注決爲不定之意。

○饗禮，乃歸。注 禮，謂食燕也。王或不親，以其禮幣致之，略言饗禮，互文也。掌客職曰：上公三饗三食三燕，侯伯再饗再食再燕，子男一饗一食一燕。疏 注釋曰：云禮謂食燕也者，案聘禮及諸文，言饗皆單云饗，無云禮，鄭所引掌客五等饗食燕，三者具有。今饗下有禮，故以禮爲食燕也。云王或不親，以其禮幣

致之鄭言此者欲解經變食燕而言饗禮見王有故不
親食燕則以禮幣致之故言饗禮云略言饗禮互文者
直言饗見王無故親饗之若王有故亦以酬幣之禮致
之食燕之禮見王有故以侑幣之禮致之亦宜有王無
故親食燕故云互文也引掌客者見五等諸侯饗食燕
皆具有證經之禮是食燕之義也以此文爲互則饗食
燕皆有酬幣侑幣是以掌客職三饗三食三燕云云即
云若弗酌則以幣致之鄭注云若弗酌謂君有故不親
饗食燕彼是諸侯自相待法此鄭引之證經天子待諸
侯法則天子待諸侯三者皆有幣可知案掌客云王巡
守從者三公眡上公之禮卿眡侯伯之禮大夫眡子男
之禮則天子使公卿大夫存頫省至諸侯之國諸侯與
之饗食禮皆有幣與諸侯同可知也若大國之孤聘於
天子及鄰國其饗食燕有侑幣酬幣亦與子男同故大
行人云凡大國之孤執皮帛以繼小國之君出入三積
不問一勞又云其他皆眡小國之君鄭注云他謂貳車
及介牢禮賓主之間擯者將幣祼酢饗食之數故知饗
食燕亦有幣也案聘禮云若不親食使大夫各以其爵
朝服致之以侑幣如致饗無儐致饗以酬幣亦如之是
親饗食之有幣可知又云燕與俶獻無常數又不言致

乾隆四年校刊

燕以幣則無致燕之禮親燕燕亦無酬幣鹿鳴序云燕羣臣嘉賓也既飲食之又實幣帛筐篚以將其厚意則飲食據饗食有幣若然發首云燕羣臣嘉賓者文王於羣臣嘉賓恩厚燕之無數故先言其實無幣也若然天子燕己臣及四方卿大夫諸侯燕己臣及四方卿大夫皆無酬幣也○諸侯覲於天子爲宮方三百步四門壇十有二尋深四尺加方明于其上

注四時朝覲受之於廟此謂時會殷同也宮謂壝土爲埒以象墻壁也爲宮者於國外春會同則於東方夏會同則於南方秋會同則於西方冬會同則於北方八尺曰尋十有二尋則方九十六尺也深謂高也從上曰深司儀職曰爲壇三成成猶重也三重者自下差之爲三等而上有堂焉堂上方二丈四尺上等中等下等每面

十二尺方明者上下四方神明之象也上下四方之神者所謂明神也會同而盟明神監之則謂之天之司盟有象者猶宗廟之有主乎王巡守至于方嶽之下諸侯會之亦爲此宮以見之司儀職曰將會諸侯則命爲壇三成宮旁一門詔王儀南鄉見諸侯也【音義】壝以垂反埒音劣重直龍反監工銜反守音狩【疏】釋曰自此盡四傳擯論會同王爲壇見諸侯之事【注】釋曰云四時朝覲受之於廟者案曲禮下經言之春夏朝宗在朝不在廟而言四時朝覲皆在廟者朝宗雖在朝受享則在廟故并言之云此謂時會殷同也者以司儀職云將合諸侯則令爲壇三成與此爲一事則合者合諸侯也故知此爲壇見諸侯謂時會殷同時也案大宗伯云時見曰會殷見曰同鄭注云時見者言無常期諸侯有不順服者王將有征討之事則既朝覲王爲壇於國外合諸侯而命事焉春秋傳曰有事而會不協而盟是也殷猶衆也十二歲

王如不巡守則六服盡朝朝禮既畢王亦爲壇合諸侯以命政焉所命之政如王巡守殷見四方四時分來終歲則遍若如注則時會殷同亦有朝覲在廟而獨云四時朝覲在廟者以其周禮大行人諸侯依服數來朝時會無常期假令當方諸侯有不順服則順服者皆來朝覲王其中則有當朝之歲者復有不當朝之歲者若當朝之歲者自於廟朝覲若不當朝之歲者當在壇朝若十二年王不巡守則殷朝亦云既朝乃於壇者六服之內若以當歲者即在廟則依服數十二歲合有侯服年年朝者在廟朝覲其五服自甸男采衞要五服若以十二歲王巡守總合朝服不得獨在廟在壇朝故鄭會同皆言既朝覲乃爲壇於國外也朝事儀亦在壇朝而先言帥諸侯拜日亦謂帥已朝者諸侯而言也云爲宮者於國外春會同則於東方云云者經直言爲壇鄭知逐四方爲之者案司儀云將合諸侯則令爲壇三成鄭注云合諸侯謂有事而會也爲壇於國外門命事天子春帥諸侯拜日於東郊則爲壇於國東夏禮日於南郊則爲壇於國南秋禮山川丘陵於西郊則爲壇於國西冬禮月與四瀆於北郊則爲壇於國北既拜禮而還加方明於壇上而祀焉鄭引此文下及朝事儀而言故知爲壇

皆依方爲之。但四方之壇並在四郊之内，以其拜日之等於近郊，退來就壇，明壇在近郊之内，但去城不知遠近。或四方皆依成數，東方八里，南方七里，西方九里，北方六里。四方依其定分，案職方，王會同或出畿在諸侯之國，故職方氏令諸侯俱待之事，則無常數。云八尺曰尋者，依考工記云，殳長尋有四尺，從彰差之，知尋長八尺。云三重者，自下差之爲三等，而上有堂焉，堂上方二丈四尺，上等、中等、下等，每面十二尺者，此以下基九十六尺，上下三等，每等兩相各丈二尺，共二丈四尺，三等總七丈二尺，通堂上二丈四尺，合九丈六尺也。云方明者上下四方神明之象也者，謂合木爲上下四方，故名方明。此則神明之象，故名則。此約解得名方明神之義也。云所謂明神也者，所謂秋官司盟之職，云北面詔明神。既盟則貳之，是也。云則謂之天之司盟，有象者，案春秋襄十一年經書公會晉侯、宋公之等伐鄭，鄭人懼，行成。秋七月同盟于亳，范宣子曰：不慎，必失諸侯。乃盟，載書曰：凡我同盟，毋蘊年，毋壅利，毋保姦，毋留慝，救災患，恤禍亂，同好惡，獎王室。或間茲命，司慎司盟，名山名川，明神殛之。注云：二司，天神。司慎，察不敬者；司盟，察盟者。是爲天之司盟也。云有象者，猶宗廟之有主乎者，以其宗廟木主亦上下四方爲之故云猶宗廟之有主無正文約同之故云乎以疑之雖同四方爲之但宗廟主止一神而已此下文以六色爲六神用六玉禮之有此別但取四方同而已云王巡守至於方嶽之下諸侯會之亦爲此宮以見之者案下文祭天燔柴祭山丘陵升祭川沈祭地瘞鄭注云升沈必就祭者也則是謂王巡守及諸侯之盟祭也是王巡守在方岳亦爲此宮可知是以以司儀注云王巡守殷國而同則其爲宮亦如此與以其與宮同也案司儀云王合諸侯令爲宮據時會而言其巡守據王就方岳殷國此王有故不行諸侯同來此者其壇文約與時會同故云與以疑之是以鄭注大宗伯云殷同王亦爲壇於國外亦時會有文者也引司儀者彼此同是一事但文有詳略此不言者取司儀以足之云南鄉見諸侯也者王在堂上公於上等侯伯於中等子男於下等奠玉拜皆升堂授玉乃降也

方明者木也方四尺設六色東方青南方赤西方白北方黑上玄下黃設六玉上圭下璧南方璋西方琥北方璜東方圭

注 六色象其神六玉

以禮之。上宜以蒼璧，下宜以黃琮，而不以者，則上下之神非天地之至貴者也。設玉者，刻其木而著之。【音義】琥，音虎。琮，才宗反。

【疏】【注】釋曰：云"上宜以蒼璧，下宜以黃琮"者，案大宗伯云"蒼璧禮天，黃琮禮地，青圭禮東方，赤璋禮南方，白琥禮西方，玄璜禮北方"。據彼文，上宜用蒼璧，下宜用黃琮。今於四方還依宗伯，唯上不用璧，下不用琮，故鄭云"而不以者，則上下之神非天地之至貴者也"。案宗伯注，此禮天以冬至，謂天皇大帝在北極者也；禮地以夏至，謂神在崑崙者也。鄭云"非天地之貴"，其天地之貴，即昊天、崑崙是也。既非天地之貴，即日月之神，故下云"祭天燔柴，祭地瘞"，鄭注"天地謂日月也"。若然，日月用圭璧者，典瑞云"圭璧以祀日月"，故用圭璧也。四方用圭璋之等，案大宗伯注云"禮東方以立春，謂蒼精之帝，而大昊、句芒食焉"，餘三方皆據天帝、人帝、人神，則此亦非彼神也。以其下文有日月、四瀆、山川、丘陵之神，迎拜以爲明神，故知非天帝、人帝之等。是以司盟云"凡邦國有疑，會同，則掌其盟約之載及其禮儀，北面詔明神"，鄭注云"有疑，不協也。明神，神之明察者，謂日月山川也"。

覲禮加方明於壇上，所以依之也。是鄭解方明之神明日月山川之等，非天帝也。若然，四方禮神還用圭璋琥璜，非天神還用禮玉者，尊此明神而與天神同，故用之也。云「刻其木而著之」者，雖無正文，以意言之，以其非置於坐，以禮神於上下，猶南北爲順，刻木於四方亦順，不刻木安於中則不可，故知義然也。

上介皆奉其君之旂，置于宮，尚左。公、侯、伯、子、男皆就其旂而立。

注置於宮者，建之，豫爲其君見王之位也。諸公中階之前北面東上，諸侯東階之東西面北上，諸伯西階之西東面北上，諸子門東北面東上，諸男門西北面東上。尚左者，建旂，公東上，侯先伯，伯先子，子先男，而位皆上東方也。諸侯入壝門，或左或右，各就其旂而立。王降階，南鄉見之，三揖，土揖庶姓，時揖異姓，天揖同姓。見揖，位乃定。

古文尚作上。【疏】【注】釋曰：云上介皆奉其君之旂置于宮尚左者。此雖不言前期，鄭云豫爲其君見王之位也，則亦前期一日可也。公侯就旂，據臨朝之時也。此旂鄭雖不解，鄭注夏官中夏辨號名，此表朝位之旂與銘旌及在軍徽幟同，皆以尺易刃，小而爲之也。云中階之前已下，皆朝事儀明堂位文，以朝事儀論會同之事，明堂位周公朝諸侯于明堂，不在宗廟，皆與此同，故鄭依之也。言上者，皆以近王爲上。云尚左者，建旂公東上，侯先伯，伯先子，子先男，而位皆上東方者，以其侯伯別階相對，子男雖隔門亦相對，皆以東爲上，故云侯先伯，子先男也。云諸侯入壝門，或左或右，各就其旂而立者，案下注云諸侯初入門，王官之伯帥之，則此云諸侯入壝門，或左或右者，是二伯初帥之，各依左右。若康王之誥云大保帥西方諸侯入應門左，畢公帥東方諸侯入應門右，皆北面。此雖無應門，亦二伯帥諸侯初入宮門，或左或右，亦皆北面立定，乃始各就其旂而立。王乃降南面見之而揖，必知王有降揖之事者，燕禮大射，公降揖羣臣使定位，故知王亦然。又知王土揖庶姓之等者，此是司儀職，王在壇揖諸侯之事，彼與此同。鄭彼注云：土揖，推手小下之也。時揖，平推手也。天揖，推手小舉之。以推手曰揖，引手曰撎，故爲此解也。若然，覲禮天子不下堂而見諸侯，今王降者，以在壇會同相見，與覲異故也。以其覲禮廟門設擯，此則堂壝門設擯，是以雖繼覲禮之下，覲禮無降揖法，此與諸侯對面相見，故有降揖之事。

四傳擯。

【注】王既揖五者，升壇設擯，升諸侯以會同之禮。其奠瑞玉及享幣，公拜於上等，侯伯於中等，子男於下等。擯者每延之升堂致命，王受玉撫玉，降拜於下等，及請事勞，皆如覲禮。是以記之云「四傳擯」者，每一位畢，擯者以告，乃更陳列而升其次。公也，侯也，伯也，各一位；子男使門而俱東上，亦一位也。至庭乃設擯，則諸侯初入門，王官之伯帥之耳。古文傳作傳。

【音義】使，古洽反。作傳，音付。

【疏】【注】釋曰：如奠瑞玉及享幣，公拜於上等，侯伯於中等，子男於下等，擯者每延之升堂致命，王受玉撫

今大戴禮朝事篇無儀字

降拜於下等者。三等拜禮皆司儀職文。擯者延之。升王以下。約上覲禮之法。云王受玉。謂朝時。撫玉。謂享時。是以司儀三等之下云其將幣亦如之。鄭云。將幣享也。又云及請事勞皆如覲禮者。請事。請上文侯氏奠圭。擯者請侯氏王欲親受之。勞。謂侯氏受刑後王勞之。故云皆如覲禮。云公也侯也伯也各一位者。以其面位同。故各自設擯。云子男使門而俱東上亦一位也者。以其雖爲門柎去近。又同北面東上。故共一位設擯。故有四傳擯。云至庭乃設擯者。對上覲禮門外設擯。案此上經諸侯各就其旂而立。乃云四傳擯。則在諸侯之北。故知至庭乃設擯。云則諸侯初入門王官之伯帥之耳者。約顧命而知之。

天子乘龍載大旂象日月升龍降龍。出拜日於東門之外。反祀方明。【注】此謂會同以春者也。馬八尺以上爲龍。大旂。大常也。王建大常。縿首畫日月。其下及旒交畫升龍降龍。朝事儀曰。天子冕而執鎮圭。尺有二寸。繅藉尺有二寸。搢大圭。乘大路建大常十有二旒樊纓十有二就貳車十有二乘帥諸侯而朝日於東郊所以教尊尊也退而朝諸侯由此二者言之已祀方明乃以會同之禮見諸侯也凡會同者不協而盟司盟職曰凡邦國有疑會同則掌其盟約之載書及其禮儀北面詔明神既盟則藏之言北面詔明神則明神有象也象者其方明乎及盟時又加於壇上乃以載辭告焉詛祝掌其祝號【音義】樊步干反約如字又於妙反詛莊慮反【疏】釋曰自此盡西門外論將見諸侯先禮日月山川之事【注】釋曰云此謂會同以春者也者案下文於南門西門北門之外禮日月四瀆會同以夏秋冬此云拜日於東門之外故知會同以春者也云馬八尺以上爲龍者是周禮廋人職文案彼云馬八尺以上爲龍七尺以上爲騋六尺以上爲馬五尺以上爲駒云大

旂大常也者案周禮司常云日月爲常交龍爲旂則旂與常別此既象日月則是大常而云大旂者九旂各有定稱亦有通名故桓二年臧哀伯云三辰旂旗服氏注云九旂之總名故大常亦謂之大旂是以諸侯建交龍爲旂亦謂之常大行人云五等諸侯亦曰建常九旂亦是通稱也云王建大常縿首畫日月其下及旒交畫升龍降龍知義然者以其先言日月後言龍故知縿首畫日月依爾雅說旂旗云正幅爲縿長尋曰旒謂旂旗身也其下屬旒乃畫升龍降龍案左傳云三辰旂旗服注云三辰謂日月星孔君尚書傳亦云畫日月星於衣服旌旗鄭注司服亦云王者相變至周而以日月星畫於旌旗所謂三辰旂旗昭其明也若然大常當有星所以司常及此直云日月不云星者既言三辰則日月星俱有周禮司常不言星者司常九旂皆以二字爲名故略不言星是以此文亦略不言星案文大常之上又有交龍則諸侯交龍爲旂無日月王之大常非直有日月兼有交龍司常不言交龍亦是於文略引朝事儀以下至朝諸侯此亦同法故引之證此拜日於東門之事云天子冕而執鎮圭者案玉藻天子玄冕拜日於東門之外則知此亦玄冕也搢大圭者則周禮玉人職大圭長

三尺。杼上。終葵首是也。云乘大路者。則周禮玉路也。以周之玉路因殷之大路。飾之以玉。故猶以大路爲名。云樊纓十有二就者。案巾車鄭注云。樊馬大帶。纓馬鞅。就成也。以五采罽飾之。一帀爲一成。樊與纓各飾爲十二帀十二就也。云貳車十有二乘者。案周禮大行人云。上公貳車九乘。侯伯七乘。子男五乘。而天子十二以爲節。故十二乘。貳車者。飾皆與正路同。當亦飾之以玉。使人乘之。少儀云。乘貳車則式。佐車則否。是也。云帥諸侯朝日於東郊者。朝日即拜日。一也。以其朝必有拜。云所以教尊尊也者。天子至尊。猶往朝日。是教天下尊敬其所尊者。故云教尊尊也。云退而朝諸侯者。朝日於東郊。退就壇。使諸侯朝。已。云由此二者言之。已祀方明乃以會同之禮見諸侯也者。言二者。諸侯朝事儀。與此覲禮其朝事儀。朝日退乃始朝諸侯。此覲禮加方明於壇上。公侯伯子男就其旂而立。王乃四傳擯見之。是已祀方明乃始見諸侯。二者同。故云由此二者言之。若然。朝事儀直有朝日禮畢退見諸侯。此覲禮祀方明禮畢乃朝諸侯。不同者。以其邦國有疑則有盟事。朝日既畢。乃祀方明於壇。祀方明禮畢。退去方明於下。天子乃升壇與諸侯相見。朝禮既畢。乃更加方明於壇。與諸侯行盟誓之禮。若邦國無疑。王帥諸侯朝日而已。無祀方明之事。是以朝事儀直云。朝日教尊尊。而朝諸侯。不言祀方明之事。鄭云已祀方明者。據此覲禮上下有盟誓而言。此天子乘龍及下文禮日之等。若有盟誓。文當在宮方三百步之上。今退文在下者。欲見盟誓非常。尋常無盟誓之事。直朝日而已故也。云凡會同者不協而盟者。左氏傳云。有事而會。不協而盟。引此者。解此經反祀方明之意。反祀方明者。爲不協而盟故也。故引司盟證之。云既盟則藏之者。盟誓既訖。寫此盟辭頒之於六官。司盟之官覆寫一通自藏。擬後覆驗。云言北面詔明神則明神有象也。象者其方明乎。鄭言此者。司盟云。詔明神。不言方明。此文直言方明。不言明神。鄭欲合爲一事。故云言北面詔明神。則明神有形象可告。以其方明有四方四色。是其象。無正文。以義約爲一事。故言乎以疑之。云及盟時又加於壇上。乃以載辭告焉者。對前祀方明加於壇上。祀訖退而乃朝諸侯訖。又加於壇上。以載辭告之。云詛祝掌其祝號者。案春官詛祝職云。掌盟詛類造攻說禬禜之祝號。注云。八者之辭。皆所以告神明也。盟詛主要誓。大事曰盟。小事曰詛。又云作盟詛之載辭以叙邦國之信。是也。

禮日於南門外。禮月

乾隆四年校刊

與四瀆於北門外，禮山川丘陵於西門外。注此謂會同以夏冬秋者也。變拜言禮者，容祀也。禮月於北郊者，月太陰之精，以爲地神也。盟神必云日月山川焉者，尚著明也。詩曰：「謂予不信，有如皦日。」春秋傳曰：「縱子忘之，山川神祇其忘諸乎？」此皆用明神爲信也。疏注「釋曰」：知此謂會同夏秋冬者，以經禮日之等各於其門外，上經禮日於東門之外，已是春會同明，知此是夏秋冬也。既所禮各於門外，亦各合於其方，是以司儀云「將合諸侯，則令爲壇三成，宮旁一門」，鄭注云「天子春率諸侯拜日於東方，則爲壇於國東；夏禮日於南郊，則爲壇於國南；秋禮山川丘陵於西郊，則爲壇於國西；冬禮月四瀆於北郊，則爲壇於國北」，云「變拜言禮者，容祀也」者，言拜無祀，祀則兼拜。上經云「拜日」，無盟誓，不加方明於壇，直拜日致尊尊而已。此經三時皆言禮，見有盟誓之事，加方明於壇，則有祀，明與四瀆及山川之事，故言禮，是以或言拜，或言禮。云禮月於北郊者，月太陰之精，以爲地神也者，鄭據經三時先北後西，不以次第，以其祭地於北郊，祭月四瀆亦於北郊，與地同。但日者，太陽之精，故於東郊南郊於陽方而禮之。以月是地神，四瀆與山陵俱是地神，以山陵出見爲微陰，故配西方；四瀆爲極陰，故月同配北方。又以月尊，故先言之。而又祭於北郊也。云盟神必云日月山川爲著者，爲其著明也者，以山川是著見，日月是其明，故同爲明神也。引詩者，日明，詩人以爲明證。引春秋者，定元年三月，孟懿子會城成周，宋仲幾不受功，郳云云。士彌牟曰：晉之從政者新，子姑受功，歸，吾視諸故府。仲幾曰：縱子忘之，山川鬼神其忘諸乎？引之者，山川神爲盟神義也。不言月者，諸文無以月爲盟神之事，故不引據此覲禮言月，以月明爲盟神可知。

祭天燔柴。祭山丘陵升。祭川沈。祭地瘞。

注　升沈必就祭者也。就祭則是謂王巡守及諸侯之盟祭也。其盟揭其著明者。燔柴升沈瘞，祭禮終矣，備矣。郊特牲曰：郊之祭也，迎長日之至也，大報天而主日也。宗伯職曰以實柴祀日月星辰，則燔柴祭天謂祭日也。柴爲祭日，則祭地瘞者祭月也。日月而云天地，靈之也。王制曰：王巡守至于岱宗，柴。是王巡守之盟，其神主日也。春秋傳曰：晉文公爲踐土之盟，而傳云山川之神。是諸侯之盟，其神主山川也。月者，太陰之精，上爲天使，臣道莫貴焉。是王官之伯會諸侯而盟，其神主月與。古文瘞作殪。【音義】揭，苦蓋反。【疏】釋曰：上論天子在國行會同之禮，於國之四郊拜禮於日月山川之神，以爲盟主，已備於上。今更言祭日月山川者，據天子巡守於四岳，各隨方向祭之，以爲盟主，故重見此文。【注】釋曰：云升沈必就祭者也者，對上經山川丘陵但於四郊望祭之，故不言升沈之事。此經言升沈，必是就山川丘陵，故言升沈。案爾雅云：祭山曰庋縣，祭川曰浮沈。不言升，此山丘陵云升者，升即庋縣也。此祭川直言沉不言浮者。以牲體或沉或浮。不言浮。亦文略也。云就祭則是謂王巡守及諸侯之盟祭也者。此經主爲天子春東郊夏南郊皆禮日。即此經祭天燔柴也。秋西郊。即此經祭山丘陵升是也。冬北郊。即此經祭川沈祭地瘞也。以其川即四瀆也。鄭兼言諸侯之盟者。以其諸侯自盟亦祭山川爲神主。故兼言之。此經兼有王官之伯以月爲神主。不言者無正文。故不言也。云其盟揭其著明者。亦如上釋以日月爲明山川爲著也。云燔柴升沈瘞祭禮終矣者。案周禮禋祀實柴槱燎是歆神始禮。未終而言禮終者。以其祭禮有三始。樂爲下神始。禋柴爲歆神始。牲體爲薦饌始。燔柴在樂爲下神之後。是下神之禮終。故云禮終。案爾雅。祭天曰燔柴。祭地曰瘞埋。柴與瘞相對。則瘞埋亦是歆神若然。則升沈在柴瘞之間。則升沈亦是歆神之節。皆據樂爲下神之後而爲祭禮終矣。或可周禮此三者爲歆神。至祭祀之後更有此柴瘞升沈之事。若今時祭祀訖。始有柴瘞之事者也。引郊特牲者。案易緯。三王之郊。一用夏正春分以後始日長。於建寅之月郊天。云迎長日之至者。預迎之。又云大報天而主日也者。鄭注云。大猶徧。謂郊天之時。祭尊可以及卑。日月以下皆祭。以日爲主。又云大宗伯職曰以實柴祀日月星辰者。此所引不取月與星辰之義。直取日而已。
與此經燔祭文同。鄭引此諸文者。欲證此經祭天燔柴
是祭日。非正祭天神。以其日亦是天神。故以祭天言之。
是以鄭云則燔柴祭天謂祭日也。又云柴爲祭日。則祭
地瘞者祭月也者。以其前文天子在國外祀日月。燔祭
既是日。祭地是月可知。亦非正地神也。云日月而云天
地靈之者。以其尊之。欲爲方明之主。故變日月而云天
地。是神靈之也。云王制曰王巡守至於岱宗柴。是王巡
守之盟其神主日也者。案彼注以爲告至。案舜典。歲二
月東巡守至於岱宗柴。注爲考績燔燎柴。此又爲祭日
柴。不同者。但巡守至岱宗之下有此三種之柴。告至訖。
別有考績。皆正祭之神。別有祭日以爲方明之主。尚書
與王制并此文唯有柴之文。故注不同。互見爲義。明皆
有是以此引王制之柴以爲祭日。引春秋者。僖公二十
八年。晉文公敗楚於城濮。爲踐土之盟。傳云。山川之神。
引之。證諸侯之盟用山川爲主。此不言宋仲幾者。所引
之言皆是諸侯之事。云月者太陰之精。主爲天使臣道
莫貴焉者。鄭注周禮九嬪職。引孔子云。日者天之明。月
者地之理。陰契制。故月上屬爲天使。婦從夫放月紀。此
二處俱是緯文。鄭言此者。證王官之伯臣中最尊。奉王

使出與諸侯盟。其神主月。以其無正文。故言與以疑之。
鄉來所解。諸侯以山川爲主。王官之伯以月爲主。案襄
十一年左傳云。秋七月諸侯同盟於亳。云司愼司盟名
山名川。彼非直有山川。兼有二司。則此所云日月山川
者。兼有此二司可知。文王官之伯。非直奉王使出會
諸侯而盟。若受弓矢之賜。得專征伐。亦與諸侯爲盟。

記几俟于東箱。注王即席。乃設之也。東箱東夾之前。相翔待事之處。

疏釋曰。云王即席乃設之也者。案公食大夫記。宰夫筵出自東房。則此天子禮
几筵亦在東房。其席先敷。其几且俟于東箱。待王即席
乃設之。謂若聘禮賓即席乃授几。若然。公食大夫宰夫
設筵加席几。同時預設者。公親設湆。可以略几。故以几
與席同時設之。若爲神。几筵亦同時而設。故聘禮几筵
設。擯者出請命。云東箱東夾之前者。案上文覲在文
廟中。案鄭周禮注。宗廟路寢制如明堂。明堂有五室四
堂。無箱夾。則宗廟亦無箱夾之制。此有東夾者。此周公
制禮。據東都乃有明堂。此文王廟仍依諸侯之制。是以
有東夾室。若然。樂記注云文王廟爲明堂制者。彼本無
制字。直云文王廟爲明堂。云相翔待事之處者。翔謂翱

翔無事故公食賓將食辭於公親臨己食公〇偏駕不
拚退於箱以俟賓食是相翔待事之處也
入王門【注】在旁與己同曰偏同姓金輅異姓象輅四衛
革輅蕃國木輅駕之與王同謂之偏駕不入王門乘墨
車以朝是也偏駕之車舍之於館與【疏】注釋曰云在旁
與己同曰偏者
依周禮巾車掌王五輅玉輅以祀不賜諸侯金輅以賓
同姓以封象輅以朝異姓以封革輅以即戎以封四衛
木輅以田以封蕃國此玉輅者天子所乘爲正四輅者
諸侯乘之爲偏偏是也者據諸侯在旁與王同爲偏云不入王
門乘墨車以朝是也者據上文而言云偏駕之車舍之
於館與者偏駕旣云不入王門又云乘墨車而至門外
諸侯各停於館明舍在館
無正文故言與以疑之〇奠圭于繅上【注】謂釋於地
也【疏】釋曰此解侯氏入門右奠圭釋於地時當以繅藉
承之乃釋於地此繅謂以韋衣木版朱白蒼與朱
綠畫之者非謂絢組尺爲繫
者彼所以繫玉使固者也

經八百四十四字

注二千六百三十一字

乾隆四年校刊

儀禮注疏卷十　覲禮記

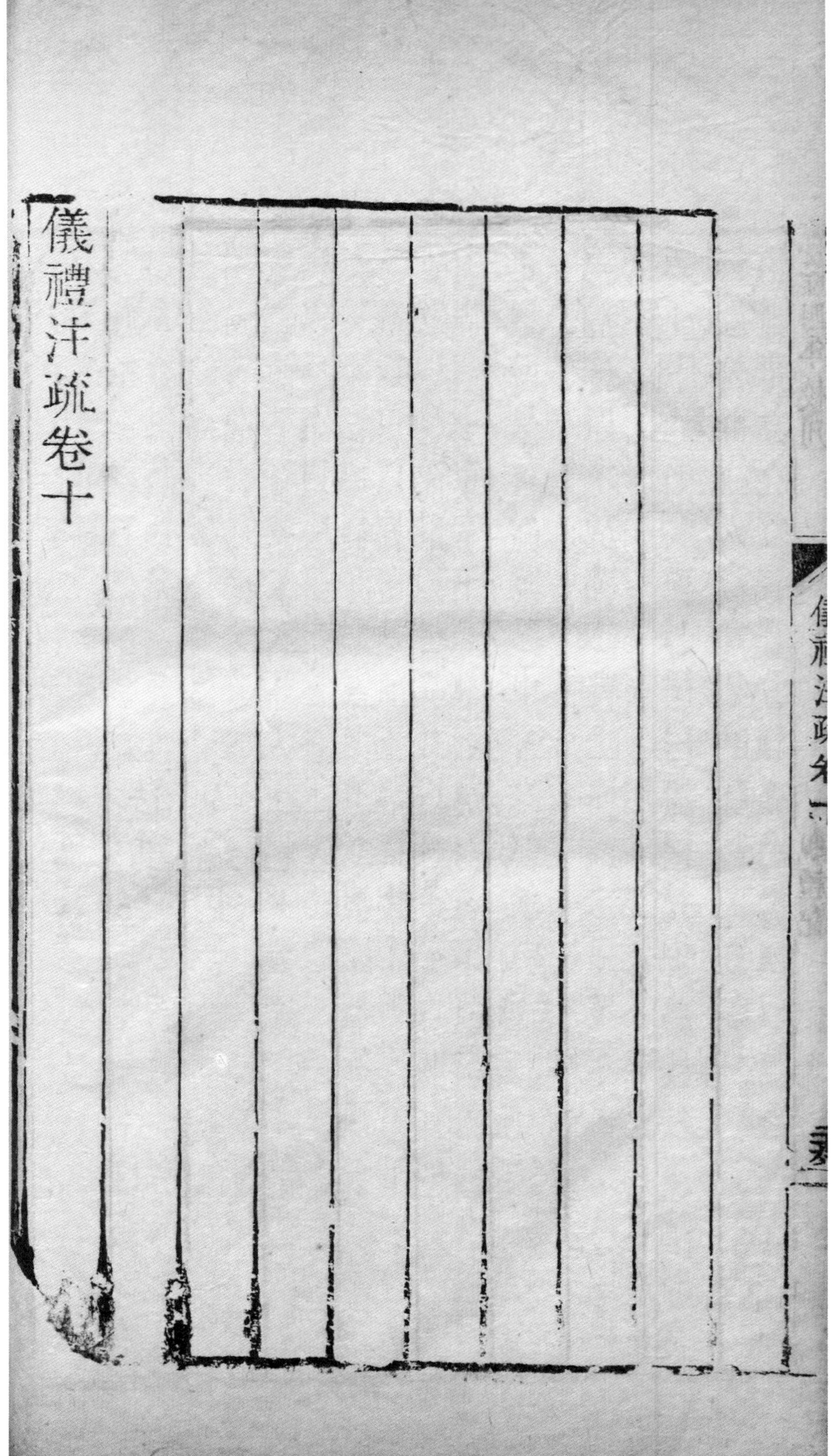

儀禮注疏卷十

儀禮注疏卷十考證

使者不答拜○答字石經竝作荅

曰伯父女順命于王所○石經無曰字

嗇夫承命告于天子○敖繼公云或言嗇夫微者不可以與國君接而直告至尊嗇字疑大字之誤

天子曰非他○曰字石經作伯

四享皆束帛加璧疏夕幣時皮則北首○北字監本譌作左今據聘禮改正

侯氏升致命疏聘義圭璋還之為重禮璧琮受不還為輕財○受不還監本作不授還臣紱按聘義但言已

聘而還圭璋不言及璧琮賈葢約其文耳

歸寧乃邦○邦字監本譌作拜今依石經及朱子本改

正

使者出俟氏送再拜疏皆是成禮也○監本皆字下有

是成篇之法五字臣學健按此冗複無義當是衍文

同姓大國則曰伯父疏東西二伯不問同姓異姓皆稱

伯父州牧而稱叔父○臣紱按異姓焉得有稱伯父

之理顯與曲禮原文不合但此賈氏失解非寫刻之

譌未便遽改也

饗禮乃歸注上公三饗三食三燕○三饗監本譌作三

享○臣紱按享者以下享上之稱饗則以上饗下及同等相饗之稱也故聘享之享與饗食燕之饗三禮未嘗混用惟左傳饗或作享今此三饗再饗一饗考掌客原文正之疏並同又按掌客職侯伯亦三饗此云再饗是鄭氏記憶之譌

諸侯覲於天子疏職方王會同或出畿在諸侯之國○臣紱按夏官職方氏無會同出畿之文

天子乘龍載大旂○旂監本譌作旆今依石經及敖本改正張淳云諸本旆作旂從諸本然則宋本固有作旆者矣

記几侯于東箱○几石經作侯

疏明堂有五室四堂無箱夾則宗廟亦無箱夾之制

○臣紱按明堂無箱夾可也宗廟若無箱夾何以行

禮總緣考工鄭注謂宗廟路寢制如明堂孔賈因之

遂多迷繆朱子已辨之

亦十六日閲雨昨日遊秦淮月色佳甚

儀禮注疏卷十考證

賈序及集釋通解續俱有此句

儀禮注疏卷十一

漢鄭氏注　唐陸德明音義　賈公彥疏

喪服第十一

喪服【疏】釋曰：題此二字於上者，與此一篇爲總目。○斬衰裳，苴絰、杖、絞帶，冠繩纓，菅屨者。【注】者者，明爲下出也。凡服，上曰衰，下曰裳。麻在首在要皆曰絰。絰之言實也，明孝子有忠實之心。首絰象緇布冠之缺項，要絰象大帶，又有絞帶象革帶。齊衰以下用布。【音義】衰，七回反。苴，七如反。絰，大結反。絞，戶交反。一如字。菅，古顏反。屨，九具反。爲，于僞反。要，一遙反。齊音咨，後同。【疏】釋曰：言斬衰裳者，謂斬三升布以爲衰裳。不言裁割而言斬者，取痛甚之意。知者，案三年問云：創鉅者其日久，痛甚者其愈遲。雜記縣子云：三年之喪如斬，期之喪如剡。謂哀有深

乾隆四年校刊

儀禮注疏卷十一　喪服

淺。是斬者痛深之義。故云斬也。若然。斬衰先言斬。下疏衰後言齊者。以斬衰先斬布後作之。故言先斬。疏衰先作之。後齊之。故後云齊。斬齊既有先後。是以作文有異也。云苴絰杖絞帶者。以一苴目此三事。謂苴麻爲首絰要絰。又以苴竹爲杖。又以苴麻爲絞帶。知此三物皆同苴者。以其冠繩纓不得用苴。明此三者皆用苴。又喪服小記云。苴杖竹也。言人解此杖是苴竹也。又絞帶與要絰象大帶與革帶。二者同在要。要絰既苴。明絞帶與要絰同用苴可知。又喪服四制云。苴衰不補。則衰裳亦同苴矣。云冠繩纓者。以六升布爲冠。又屈一條繩爲武。垂下爲纓。冠在首。退在帶下者。以其衰用布三升。冠六升。冠既加飾。故退在帶下。又齊衰冠纓用布。則知此繩纓不用苴麻。用枲麻。故退冠在下。更見斬義也。云菅屨者。謂以菅草爲屨。詩云。白華菅兮。白茅束兮。鄭云。白華已漚名之爲菅。濡韌中用。則此菅亦是已漚者也。已下諸章並見年月。唯此斬章不言三年者。以其喪之痛極莫甚於斬。故不言年月。表創鉅而已。是以衰說人功之疏。絰又言麻之形體。至於齊衰已下。非直見人功之疏。又見絰去麻之狀貌。舉齊衰云三年。明上斬衰三年可知。然此一經爲次若此者。以先喪而後服。故喪服在喪下。又先斬後乃爲衰裳。故斬文在衰裳之上。絰杖絞帶俱蒙於苴。故苴又在前。經中絰有二事。仍以首絰爲主。故絰文在上。杖者各齊其心。故在絞帶之前。冠纓雖加於首。以其不蒙於苴。故退文在下。屨乃服中之賤者。最後爲宜。聖人作文倫次然。注釋曰。云者者明爲下出也者。周公設經。上陳其服。下列其人。此經所陳服者。明爲下人所出。故服下出者。明臣子爲君父等所出也。案下諸章皆言者。鄭君一解。餘皆不釋。義皆如此也。云凡服上曰衰。下曰裳者。言凡者。鄭欲兼解五服。案下記云。衰廣四寸。長六寸。綴之於心。總號爲衰。非正當心而已。故諸言衰皆與裳相對。至於弔服三者亦謂之爲衰也。云麻在首在要皆曰絰。知一經而兼二者。以子夏傳要首二絰俱解。禮記諸文亦首要並陳。故士喪禮云。要絰小焉。故知一經而兼二文也。云絰之言實也。明孝子有忠實之心者。檀弓云。絰也者實也。明孝子有忠實之心。故爲制此服焉。案問喪云。斬衰貌若苴。齊衰貌若枲之等。皆是心內苴惡。貌亦苴惡。服亦苴惡。是服以象貌。貌以象心。是孝子有忠實之心。若服苴而貌美。心不苴惡者。是中外不相稱。無忠實之心者也。云首絰象緇布冠之缺項者。案士冠禮。緇布冠青組纓屬於缺。鄭注云。缺讀如有頍者弁之頍。緇布冠之無笄者。著頍圍髮際。結項中隅爲四綴以固冠也。此所象無正文。但喪服法吉服而爲之。吉時有二帶。凶時有二絰。以要絰象大帶。明首絰象頍。項可知。以彼頍項爲吉時緇布冠無笄。故用頍項以固之。今喪之首絰與冠繩纓別材而不相綴。今言象之者。直取絰法象頍項而爲之。至於喪冠亦無笄。直用六升布爲冠。一條繩爲纓。與此全異也。云要絰象大帶者。案玉藻云。大夫以下大帶用素。天子朱裏終裨。以玄黄士則練帶。裨下末三尺用緇。是大帶之制。今此要絰下傳名爲帶。明象吉時大帶也。云又有絞帶象革帶者。案玉藻韠之形制云。肩革帶博二寸。吉備二帶。大帶申束衣。革帶以佩玉佩及事佩之等。今於要絰之外別有絞帶。明絞帶象革帶可知。案士喪禮云。苴絰大搹要絰小焉。又云婦人之帶牡麻結本注云。婦人亦有苴絰。但言帶者。記其異。此齊衰婦人。斬衰婦人亦有苴絰。以此而言則婦人吉時雖云女鞶絲。以絲爲帶而無頍項。今於喪禮哀痛甚。亦有二絰與絞帶。以備喪禮。故此經具陳於上。男女俱言於下。明男女共有此服也。云齊衰以下用布者。即下齊衰章云削杖布帶是也。若然。案此經凶服皆依舊名。唯衰與絰特制別名者。案禮記檀弓云。有以故興物者。鄭云：衰絰之制，以絰表孝子忠實之心，衰明孝子有哀摧之義。故制此二者而異名，見其哀痛之甚，故也。

傳曰：斬者何？不緝也。苴絰者，麻之有蕡者也。苴絰大搹，左本在下，去五分一以爲帶。齊衰之絰，斬衰之帶也，去五分一以爲帶。大功之絰，齊衰之帶也，去五分一以爲帶。小功之絰，大功之帶也，去五分一以爲帶。緦麻之絰，小功之帶也，去五分一以爲帶。苴杖，竹也。削杖，桐也。杖各齊其心，皆下本。杖者何？爵也。無爵而杖者何？擔主也。非主而杖者何？輔病也。童子何以不杖？不能病也。婦人何以不杖？亦不能病也。

注　盈手曰搹。搹，扼也。中人之扼圍九寸，以五分一爲殺者，象五服之數也。爵謂天子諸侯卿大夫士也。無爵謂庶人也。擔猶假也。無爵者假之以杖，尊其爲主也。非主謂衆子也。【音義】緝，七入反。蕡，扶云反。搹，音革。去，起呂反。擔，市豔反。【疏】【傳】釋曰：云「斬者何」，問辭。以執所不知，故云者何。云「不緝也」，答辭。此對下疏衰裳齊。齊是緝，此則不緝也。云「苴絰者，麻之有蕡者也」，案《爾雅·釋草》云：「蕡，枲實。」孫氏注云：「蕡，麻子也。」以色言之謂之苴，以實言之謂之蕡。下言牡者，對蕡爲名。言枲者，對苴生稱也。是以云斬衰貌若苴，齊衰貌若枲也。若然，枲是雄麻，蕡是子麻。《爾雅》云「蕡，枲實」者，舉類而言。若圓曰簞，方曰笥。鄭注《論語》云簞笥，亦舉其類也。下傳云牡麻者，枲麻也。不連言絰，此苴連言絰者，欲見苴絰別於苴杖，故下傳別云苴杖。後傳牡麻不連言絰，此苴連言絰者，彼無他物之嫌，獨有絰，故不須連言絰也。云苴絰大搹，左本在下者，士喪禮文與此同，彼此皆云苴絰大搹。退言苴者，但絰連言苴絰。絰中有此二者，絰大搹先據首絰而言也。雷氏以搹搤不言寸數，則各從其人大小爲搤，非鄭義。據鄭注，無問人之大小，皆以九寸圍之爲正。若中人之跡尺二寸也。云左本在下者，本謂[illegible]

根。案士喪禮鄭注云，下本在左，重服統於內而本陽也。以其父是陽，左亦陽，言下是內，故云重服統於內。以言痛從心內發故也。此對爲母右本在上，輕服統於外而本陰也。云去五分一以爲帶者，以其首絰圍九寸，取五寸去一寸，得四寸，餘四寸，寸爲五分，總二十分，去四分，餘十六分，取十五分，五分爲一寸，爲三寸，添前四寸爲七寸，并一分，總七寸五分寸之一也。云齊衰之絰，斬衰之帶也者，以其大小同，故疊而同之也。云去五分一以爲帶者，謂七寸五分寸之一，中五分去一，爲齊衰之帶。今計之，以七寸中取五寸，去一寸，得四寸，餘二寸，寸分爲二十五分，二寸合爲五十分，餘一分者又破爲五分，添前爲五十五分，亦五分去一，總去一十一分，餘四十四分在。又二十五分爲一寸，餘十九分在，齊衰之帶總五寸二十五分寸之十九也。云大功之絰，齊衰之帶也，去五分一以爲帶者，就五寸中去一寸，得四寸，前二十五分破寸，今大功百二十五分破寸，則以十九分者各分破爲五分，十九分總破爲九十五，與百二十五分破寸相當，就九十五分中五分去一，去十九，餘七十六，則大功之絰五寸二十五分寸之十九，帶則四寸百二十五分寸之七十六。又云小功之絰，大功之帶也，去五分一以爲帶者又就四寸百二十五分寸之七十六中五分去一前百二十五分破寸今亦四倍加之以六百二十五分破寸然後五分去一爲小功帶又云緦麻之經小功之帶十五分一以爲帶則亦四倍加之前六百二十五分破寸今則三千一百二十五分破寸五分去一取四以爲緦麻之帶經帶之等皆以五分破寸既有成法何假盡言然斬衰有二齊衰有四大功小功成人與殤各有二等緦麻殤與成人章又不別若使經帶各依升數則參差難等是以子夏作傳五服各爲一節計之似周禮掌客云羣介行人宰史各以爵等爲牢禮之數鄭云以命數則參差難等略於臣用爵而已此經亦然也士喪禮云苴經大搹下本在左要經小焉鄭注云經帶之差自此出焉謂子夏言經帶之差出於士喪之經故鄭指而言之也但斬衰之經圍九寸者首是陽故欲取陽數極於九自齊衰以下自取降殺之義無所法象也云苴杖竹也削杖桐也者傳意見經唯云苴杖不出杖體所用故言苴杖者竹也下章直云削杖亦不辨木名故因釋之云削杖桐也若然經言苴杖因釋削杖唯上下二章不通於下是以兼釋之至於經帶五服自明故不兼釋然爲父所以杖竹者父者子之天竹圓亦象

天。竹又外内有節。象子爲父亦有外内之痛。又竹能貫四時而不變。子之爲父哀痛亦經寒溫而不改。故用竹也。爲母杖桐者。欲取桐之言同。内心同之於父。外無節象家無二尊。屈於父。爲之齊衰。經時而有變。又案變除削之使方者。取母象於地故也。此雖不言杖之麤細。案喪服小記云。經殺五分而去一。杖大如經。鄭注云。如要經也。鄭云如要經者。以其先云經五分而殺爲要經。其下即云杖大如經。明如要經也。如要經者。以杖從心已下。與要經同處。故如要經也。云杖各齊其心者。杖所以扶病。病從心起。故杖之高下以心爲斷也。云皆下本者本根也。案士喪禮下本。注云順其性也。云杖者何爵也者。自此以下有五問五荅。皆爲杖起文。云者何者。亦是執所不知。以其吉時五十以後乃杖。所以扶老。今爲父母之喪有杖有不杖。不知。故執而問之。云爵以爵荅之以其有爵之人必有德。有德則能爲父母致病深。故許其以杖扶病。云無爵而杖者何。問辭也。庶人無爵何亦得杖。云擔主也者。荅辭也。以其雖無爵無德。然以適子故假取有爵之杖爲之喪主。拜賓送賓成喪主之義也。云非主而杖者何。問辭也。云輔病也者。荅辭也。鄭云謂衆子。雖非爲主。子爲父母致病是同。亦爲輔病也。云童

乾隆四年校刊

子何以不杖者。案此子夏之問。辭有不同。或云者何。或云何以。或云何如。或云孰後。或云孰謂。或云何大夫。或云曷爲。有此七者。各有義意。凡言者何。皆謂執所不知故。隱元年公羊傳云。元年者何。何休云。諸据疑問所不知。故曰者何。卽此問杖者何是也。稱何以者。皆據彼決此。卽下云父爲長子何以三年。據期章爲衆子期。適庶皆子。長子獨三年。是據彼決此也。此卽公羊傳云何以不言卽位。何休云據文公言卽位。隱不稱卽位是也。云何如者。問比類之辭。卽下傳云何爲而可爲人後者。同宗則可爲人後。是其問比類也。云孰後者。不問比類。依不杖章子夏傳云。孰後。後大宗。禮有大宗小宗。故問爲誰後。云孰謂者。亦是問比類。但舊君有二等。一是待放之臣。二是致仕之臣。俱爲舊君。是以齊衰三月章云舊君傳曰爲舊君者孰謂也。仕焉而已者也。由其有二等故問此類也。卽公羊傳云王者孰謂謂文王。是也。云何大夫者。亦是據彼決此。卽齊衰三月章云大夫爲舊君傳曰。何大夫之謂乎。言其以道去君而猶未絶也。由其大夫有致仕者有待放者不同。故舉何大夫之問也。云曷爲者。亦是據彼決此。故不杖章云。大夫曷爲不降命婦也。云謂據大夫於姑姊妹出嫁宜降不降。故舉曷爲之問也。今云童子何以不杖。問辭也。不能病也。答辭也。此庶童子非直不杖。以其未冠。首加免而已。故問喪云免者以何爲也。曰不冠者之所服也。言何以者。據當室童子及成人皆杖。唯此庶童子不杖。故云何以決之也。知當室童子杖者。案問喪云。禮曰童子不緦。惟當室緦。緦者其免也。當室則免而杖矣。謂適子也。案雜記云。童子哭不偯。不踊不杖。不菲不廬。注云。未成人者不能備禮也。此獨云不杖。餘不言者。此上下皆釋杖。故言杖不云餘者。其實皆無。直有衰裳絰帶而已。又云。婦人何以不杖亦不能病也者。此亦謂童子婦人。若成人婦人正杖。知者。此喪服上陳其服。下陳其人。喪服之下男子婦人俱列。男子婦人同有苴杖。又喪大記云。三日子夫人杖。五日大夫世婦杖。諸經皆有婦人杖文。故知成人婦人正杖也。明此童子婦人者。案喪服小記云。女子子在室爲父母。其主喪者不杖。則子一人杖。鄭注云。女子子在室亦童子也。無男昆弟。使同姓爲攝主不杖。則子一人杖。謂長女也。許嫁及二十而笄。笄爲成人。成人正杖也。是其童女爲喪主則亦杖矣。若然。童子得稱婦人者。案小功章云。爲姪庶孫丈夫婦人之長殤。是未成人人稱婦人也。雷氏以爲此喪服妻爲夫。妾爲君。女子子在室爲父。女子子嫁反在父之室爲父三年。如傳所云婦人者皆不杖。喪服小記婦人不爲主而杖者唯著此一條。明其餘不爲主者皆不杖。此說非。何者。此四等婦人皆在杖科之内。何得不杖。又禮記諸文說婦人杖者甚衆。何言無杖也。注釋曰。云以五分一爲殺者象五服之數也者五服服之内升數至多。若經帶象升數降殺。參差難等。若五服服爲一節。則降殺易明。故鄭云象五服之數也。云爵謂天子諸侯卿大夫士也者。案白虎通云。天子爵號。又夏殷之士無爵。周之道爵及命士。卿大夫自然皆爵也。是天子以下皆曰爵也。

絞帶者繩帶也。冠繩纓條屬右縫冠六升外畢鍛而勿灰衰三升菅屨者菅菲也外納。注屬猶著也通屈一條繩爲武垂下爲纓著之冠也。布八十縷爲升。升字當爲登。登成也。今之禮皆以登爲升。俗誤已行久矣。雜記曰。喪冠條屬以別吉凶。三年之練冠亦條屬右縫。小功以下左縫。外畢者。冠前後屈而出縫於武也。【音義】屬。音燭。升。眾竝如字。鄭音登。縫。扶弄反。鍛。丁亂反。【疏】【傳】釋曰。云絞帶者繩帶也者。以絞麻爲繩作帶。故云絞帶也。王肅以爲絞帶如要絰焉。鄭不言。當依王義。雷氏以爲絞帶在要絰之下言之。則要絰五分去一爲絞帶。但首絰象頍項之布。又在首。要絰象大帶用繒。又在要。故須五分去一以爲帶。今絞帶象革帶。與要絰同在要。一則無上下之差。二則無粗細可象衰。而云要絰五分一爲絞帶。失其義也。但絰帶至虞後變麻服葛。絞帶虞後雖不言所變。案公士眾臣爲君服布帶。又齊衰已下亦布帶。則絞帶虞後變麻服布。於義可也。云冠繩纓條屬者。喪用繩爲纓。屬著也。著之冠垂之爲纓也。云外畢者。前後兩畢之末而向外攝之也。云鍛而勿灰者。以冠爲首飾。布倍衰裳而用六升。又加以水濯。勿用灰而已。冠六升勿灰。則七升已上故灰矣。故大功章鄭注云。大功布者。其鍛治之功麤沽之。則七升已上皆用灰也。云衰三升者。不言裳。裳與衰同。故舉衰以見裳。爲君義服衰三升半。不言者。以縷如三升半。成布三升。故直言三升。舉正以包義也。云菅屨者菅菲也者。周公時謂之屨。子夏時謂之菲。云外納者。案士喪

外納。鄭注云：納收餘也。王謂正向外編之。注釋曰
猶著也。通屈一條繩爲武垂下爲纓著之冠也者
記云：喪冠條屬以別吉凶。若然，吉冠則纓武別材
則纓武同材。是以鄭云通屈一條繩爲武，謂將一
從額上約之，至項後，交過兩廂各至耳，於武綴之
於頤下結之。云著之冠者，武纓皆上屬著冠，冠六
畢。是也。云布八十縷爲升者，此無正文，師師相傳
是以今亦云八十縷謂之宗，宗即古之升也。云今
皆以登爲升，俗誤已行久矣者，案鄭注儀禮之時
二禮並觀，疊古文者則從經今文，若疊今文者則
古文。今此注而云今之禮皆以登爲升，與諸注不
今古禮皆作升字，俗誤已行久矣也。若然，論語云
既升，升亦訓爲成，今從登不從升者，凡織維之法
縷相登上，乃成繒布，登義強於升，故從登也。引雜
記條屬者，欲見喪冠條屬，若吉冠則纓武異材。云三年之練
條屬者，欲見條屬以至大祥除衰杖。大祥除喪之
服縞冠，當纓武異材，從吉法也。云右縫小功已下
者，案大戴禮云：大功已上唯唯，小功已下額額然。
朝夕哭在阼階之下西面，弔賓從外入門北面見
勝已上哀重，其冠三辟積，鄉右爲之，從陰。陰唯唯

然順。小功緦麻哀輕。其冠亦三辟積。鄉左爲之。從陽。弔賓入門北鄉。望之頟頟然。逆鄉賓。二者皆條屬。但從吉從凶不同也。云外畢者冠前後屈而出縫於武也者。冠廣二寸。落頂前後。兩頭皆在武下鄉外出。反屈之。縫於武而爲之兩頭。縫畢鄉外。故云外畢。案曲禮云厭冠不入公門。鄭注云。厭猶伏也。喪冠厭伏。是五服同名。由在武下出反屈之。故得厭伏之名。檀弓云。古者冠縮縫。今也衡縫。故喪冠之反吉非古也。是吉冠則辟積無殺橫縫。亦兩頭皆在武上。鄉內反屈而縫之。不得厭伏之名。

居倚廬。寢苫枕塊。哭晝夜無時。歠粥。朝一溢米。夕一溢米。寢不脫絰帶。旣虞。翦屏柱楣。寢有席。食疏食。水飲。朝一哭。夕一哭而已。旣練。舍外寢。始食菜果。飯素食。哭無時。【注】二十兩曰溢。爲米一升二十四分升之一。楣謂之梁。柱楣。所謂梁闇。疏猶麤也。舍外寢。於中門之外。屋下壘墼爲之。不塗墍。所謂堊室也。素，猶故也。謂復平生時食也。斬衰不書受月者，天子諸侯卿大夫士虞卒哭異數。【音義】倚，於綺反。廬，力居反。苫，失占反。枕，之鴆反。塊，苦對反，本又作凷。說文云：塊，俗凷字。歠，昌悅反。粥，之六反，劉音育。溢，如字。王肅、劉逵、袁準、孔倫、葛洪皆云：滿手曰溢。與鄭異。柱，丁主反。楣，亡悲反。疏食，音嗣。闇，烏南反。壘，劣委反，又力水反。墼，古狄反，劉薄力反。堊，劉其既反。【疏】【傳】釋曰：云居倚廬者，孝子所居在門外東壁，倚木為廬。故既夕記云：居倚廬。鄭注云：倚木為廬在中門外東方，北戶。又喪大記云：凡非適子者，自未葬倚於隱者為廬。注云：不欲人屬目，蓋廬於東南角。若然，適子則廬於其北顯處為之，以其適子當應接弔賓，故不於隱者。若然，此下有臣為君則亦居廬。案周禮宮正云：大喪授廬舍，辨其親疏貴賤之居。注云：親者貴者居倚廬，疏者賤者居堊室。又雜記：朝廷卿大夫士居廬，都邑之士居堊室。見諸侯之臣為其君之禮。案喪大記云：婦人不居廬。若然，此經云居倚廬，專據男子生文。云寢苫枕塊，既夕文與此同。彼注云：苫，編藁。塊，堛也。彼又云不脫絰帶。鄭注云：哀戚不在於安。若然，在中門外者，哀親之在外。寢苫者。哀親之在草故也。此云衰三升枕塊據大夫已上。若士則大夫適子爲士者得行大夫禮。若正士則枕草。衰則縷三升半。成布三升。雜記所云齊衰平仲爲其父麤衰斬枕草。是也。但平仲謙爲父服士服耳。云哭晝夜無時者。哭有三無時。始死未殯已前哭不絶聲。一無時。既殯已後卒哭祭已前阼階之下爲朝夕哭。在廬中思憶則哭。二無時。既練之後無朝夕哭。唯有廬中或十日或五日思憶則哭。三無時也。卒哭之後未練之前。唯有朝夕哭。是一有時也。云歠粥朝一溢米夕一溢米者。孝子遭父母之喪。當爲父母致病。故喪大記云。水漿不入口。三日之後乃始食。必三日許食者。聖人制法不以死傷生。恐至滅性。故禮許之食。雖食猶節之使朝夕各一溢米而已也。曾子有母之喪。水漿不入口者七日。失禮之法。故子思非之。云先王制禮。過之者俯而就之。不至者跂而及之。故君子執親之喪。水漿不入於口者三日。杖而後能起。是禮之常法也。云寢不脫經帶者。案雜記。孔子云。少連大連善居喪。三月不解。鄭注云。不解倦也。又案既夕文與此同。鄭注云。哀戚不在於安。經帶在衰裳之上。而云不脫。則衰裳在內不脫可知。此據未葬前。故文在虞上。既虞後。寢有席。衰經脫

乾隆四年校刊

知也。云既虞翦屏拄楣者。案王制云。天子七月而葬。諸侯五月而葬。大夫士三月而葬。又案士虞禮。既葬反。日中而虞。鄭注。小喪三虞云。虞安也。葬時送形而往。迎魂而反。反哭之時。入廟中。上堂不見。入室又不見。乃至適寢之中。舊殯之處。爲虞祭以安之。禮記檀弓云。葬日虞不忍一日離也。是日也以虞易奠。是也。依公羊傳云。天子九虞。諸侯七虞。大夫五虞。士三虞。今傳言既虞。謂九虞七虞五虞三虞之後。乃改舊廬西鄉開戶。翦去戶傍兩廂屏之餘草。拄楣者。前梁謂之楣。楣下兩頭豎柱施梁。乃夾戶傍之屏也。云寢有席者。案閒傳云。既虞卒哭拄楣翦屏。苄翦不納。鄭云。苄今之蒲苹。即此寢有席。謂蒲席加於苫上也。云食疏食水飲者。未虞以前。朝一溢米夕一溢米而爲粥。今既虞之後。用粗疏米爲飯而食之。明不止朝一溢夕一溢而已。當以足爲度。云飲水者。未虞以前渴亦飲水。而在既虞後與疏食同。言水飲者恐虞後飲漿酪之等。故云飲水而已也。云朝一哭夕一哭而已者。此當士虞禮卒哭之後。彼云卒哭者。謂卒去廬中無時之哭。唯有朝夕於阼階下有時之哭。喪服之卒三無時哭。殯雖止卒哭之後未練之前。一節之閒。是有時之哭。故云而已。言其不足之意。云既練舍外寢者。

松崖云外寢即廬但變文名堊室而已

謂十三月服七升冠。男子除首絰而帶獨存。婦人除要帶而絰獨存。又練布爲冠。著繩屨。止舍外寢之中。不復居廬也。云始食菜果飯素食者。案喪大記。祥而食肉。間傳云。大祥有醯醬。中月而禫。禫而飲醴酒。始飲酒者先飲醴酒。始食肉者先食乾肉。曲禮云。父母之喪。有疾飲酒食肉。疾止復初。皆爲不以死傷生也。云哭無時者。此三無時哭中。謂練後堊室之中。或十日。或五日。思憶則哭。大記云。祥而外無哭者。禫而内無哭者。皆在哭無時之限也。**注**釋曰。云二十兩曰溢爲米一升二十四分升之一者。依算法。百二十斤曰石。則是一斛。若然。則十二斤爲一斗。取十斤。斤分之。升得一斤。餘二斤。斤爲十六兩二斤爲三十二兩。取三十兩。十升。升得三兩。添前一斤十六兩爲十九兩。餘二兩。兩爲二十四銖。二兩爲四十八銖。取四十銖。十升。升得四銖。餘八銖。一銖爲十絫。八銖爲八十絫。十升。升得八絫。添前則是一升得十九兩四銖八絫。於二十兩仍少十九銖二絫。則則取一升破爲十九兩四銖八絫。分十兩兩爲二十四銖。則爲二百四十銖。又分九兩兩爲二十四銖。則九兩者二百一十六銖。升四銖八絫。添前四百五十六銖。共得四百六十銖八絫。總爲二十四分。直取二百四十銖。餘二百二十銖八絫在。又取二百一十六銖。二十四分分得九銖。添前分得十九銖。猶有四銖八絫在。四銖銖爲十絫。總爲四十絫。通八絫。爲四十八絫。二十四分分得二絫。是一升爲二十四分。分得十九銖。添前四銖爲二十三銖。將二絫添前八絫則爲十絫。則十絫爲一銖。以此一銖添前二十三銖則爲二十四銖爲一兩。一兩添十九兩。總二十兩曰溢。云梋謂之梁所謂梁闇者。所謂書傳文。案喪服四制云。高宗諒闇三年。鄭注云。諒古作梁。楣謂之梁。闇讀如鶉鵪之鵪。闇謂廬也。廬有梁者。所謂拄楣也。即此拄楣者也。云舍外寢於中門之外屋下壘墼爲之不塗墍所謂堊室也者。今至練後不居舊廬。還於廬處爲屋。但天子五門。諸侯三門。得有中門。大夫士唯有大門內門兩門而已。無中門。而云中門外者。案士喪禮及既夕。外位唯在寢門外。其東壁有廬堊室。若然。則以寢門爲中門。據內外皆有哭位。其門在外內位中。故爲中門。非謂在外門內門之中爲中門也。言屋下壘墼爲之者。東壁之所舊本無屋。而云屋下爲之者。謂兩下爲屋。謂之屋下。對廬偏加東壁。非兩下謂之廬也。云不塗墍者。謂翦屏而已。不泥塗墍飾也。云所謂堊室者。閒傳云父母之喪。既虞。翦屏。期而小祥。居堊室。彼練後居堊室即此外寢。故鄭云所謂堊室也。云謂復平生時食也者，此食爲飼讀之，不得爲食讀之。知者，天子以下平常之食，皆有牲牢魚腊。練後始食菜果，未得食肉飲酒，何得平常時食？明專據米飯而言也。以其初據一溢米而言，既虞飯疏食，食亦米飯也。此既練後復平生時食，亦據米飯而言。以其古者名飯爲食，與公食大夫者同音也。云斬衰不書受月者云云。凡喪服所以表哀，哀有盛時殺時，服乃隨哀以降殺。故初服麤，至葬後練後大祥後漸細加飾。是以冠爲受，斬衰裳三升，冠六升，既葬後以其冠爲受，衰裳六升，冠七升。小祥又以其冠爲受，衰裳七升，冠八升。自餘齊衰以下受服之時，差降可知。然葬後有受服，有不受服。案下齊衰三月章及殤大功章皆云無受。正大功章即云三月受以小功衰，即葛九月者。今此斬衰章及齊衰章應言受月而不言，故鄭君特解之。案雜記云：天子七月而葬，九月而卒哭。大夫三月而葬，五月而卒哭。士三月而葬，是月而卒哭。是天子已下虞卒哭異數。尊卑皆葬訖反，日中而虞。天子九虞，諸侯七虞，大夫五虞，虞訖即受服。士三虞，待卒哭乃受服。必然者，以其大夫已上卒哭在後月，虞在前月，日已多，是以虞即受服，不得至卒哭。

士葬月卒哭。與虞同月。故受服待卒哭後也。今不言受月者。喪服總包天子以下。若言七月。唯據天子。若言五月。唯據諸侯。皆不該上下。故周公設經沒去受服之文。亦見上下俱合故也。

○父。

【疏】釋曰。周公設經。上陳其服。下列其人。即此文父已下。是為其人服。上之服者也。先陳父者。此章恩義並設。忠臣出孝子之門。義由恩出。故先言父也。又下文諸侯為天子。妻為夫。妾為君之等。皆兼舉著服之人於上。乃言所為之人於下。若然。此父與君直單舉所為之人者。餘者若直言天子。臣皆為天子。故舉諸侯也。若直言夫。則妾於君雖體不敵。亦有夫義。妾為君若直言君。與前臣為君文不殊。已外亦有嫌疑。故兼舉著服之人。子為父。臣為君。二者無嫌疑。故單舉所為之人而已。

傳曰。為父何以斬衰也。父至尊也。

【音義】為。于偽反。凡為服之例。放此意求之。

【疏】【傳】釋曰。傳曰為父何以斬衰也。父至尊也者。言何以者。問比例。以父母恩愛等。母則在齊衰。父則入於斬。此並不例。故問何以斬不齊衰。答云父至尊者。天無二日。家無二尊。父是一家之尊。尊中至極。故為之斬也。

○諸侯為天子。

【疏】釋曰。此文在父下君上者。以下文君中雖言天子。兼有諸侯及大夫。此天子不兼餘君。君中最尊上。故特著文於上也。傳曰天子至尊也。【疏】【傳】釋曰。不發問而直荅之者。義可知。故直荅而云天子至尊同於父也。○君【疏】釋曰。臣爲之服。此君內兼有諸侯及大夫。故文在天子下。鄭注曲禮云。臣無君猶無天。則君者臣之天。故亦同之於父爲至尊。但義故還著義服也。傳曰君至尊也【注】天子諸侯及卿大夫有地者皆曰君。【疏】【注】釋曰。卿大夫承天子諸侯。則天子諸侯之下。卿大夫有地者皆曰君。案周禮載師云。家邑任稍地。小都任縣地。大都任疆地。是天子卿大夫有地者。若魯國季孫氏有費邑。叔孫氏有郈邑。孟孫氏有郕邑。晉國三家亦皆有韓趙魏之邑。是諸侯之卿大夫有地者皆曰君。以其有地則有臣故也。天子不言公與孤。諸侯大國亦有孤。鄭不言者。詩云三事大夫。謂三公。則大夫中含之也。但士無臣。雖有地不得君稱。故僕隸等爲其長弔服加麻。不服斬也。○父爲長子【注】不言嫡子。通上下也。亦言立嫡以長。【音義】長。丁丈反。後長子長殤皆同。【疏】釋曰。君父尊外。次長子之

乾隆四年校刊

重。故其文在此。注釋曰。言長子通上下。則適子之號唯據大夫士。不通天子諸侯。若言太子。亦不通上下。案服問云。君所主夫人妻太子適婦。鄭注云。言妻見大夫已下亦爲此三人爲喪主也。則天子諸侯及大夫之子。不通士。若言世子。亦不通上下。唯據天子諸侯之子。是以鄭云不言適子通上下。非直長子通上下。冢子亦通上下。故內則云。冢子則太牢。注云。冢子猶言長子。通於下也。是冢子亦通上下也。云亦言立嫡以長者。欲見適妻所生皆名適子。第一子死。則取嫡妻所生第二長者立之。亦名長子。若言適子。唯據第一者。若云長子。通立適以長故也。

傳曰。何以三年也。正體於上。又乃將所傳重也。庶子不得爲長子三年。不繼祖也。注此言爲父後者然後爲長子三年。重其當先祖之正體。又以其將代己爲宗廟主也。庶子者。爲父後者之弟也。言庶者。遠別之也。小記曰。不繼祖與禰。此但言祖。不言禰。容祖禰共廟。疏傳釋曰云何以者亦是問比例以其俱是子不杖章父爲衆子期此章長子則爲之三年故發何以之傳也不問斬而問三年者長子重而三年輕長子非極尊故舉輕以問斬之輕者尚問明重者可知故舉輕以明重也云正體於上又乃將所傳重也者此是答辭也以其父祖適適相承爲上己又是適承之於後故云正體於上云又乃將所傳重者爲宗廟主是有此二事乃得三年云庶子不得爲長子三年不繼祖也者此明適適相承故須繼祖乃得爲長子三年也注釋曰云此言爲父後者然後爲長子三年者經云繼祖即是爲祖後乃得爲長子三年鄭云爲父後者然後爲長子三年不同者周之道有適子無適孫適孫猶同庶孫之例要適子死後乃立適孫乃得爲長子三年是爲父後者然後爲長子三年也云重其當先祖之正體者解經正體於上又云又以其將代己爲宗廟主也者釋經傳重也云庶子者爲父後者之弟也者謂兄得爲父後者是適子其弟則是庶子是爲父後者之弟不得爲長子三年此鄭據初而言其實繼父祖身三世長子四世乃得三年也云言庶者遠別之也者庶子妾子之號適妻所生第二者是衆子今同名庶子遠別於長子故與妾子同號也云小記曰不繼

乾隆四年校刊

祖與禰此但言祖不言禰容祖禰共廟者案祭法云適士二廟官師一廟鄭注云官師中下之士祖禰共廟則此容祖禰共廟據官師而言若然小記所云祖禰幷言者是適士二廟者也祖禰共廟不言禰直言祖舉尊而言也鄭注小記云言不繼祖禰則長子不必五世者鄭前有馬融之等解爲長子五世鄭以義推之已身繼祖與禰通已三世即得爲長子斬長子唯四世不待五世也此微破先師馬融之義也以融是先師故不正言而云不必而已也若然雖承重不得三年有四種一則正體不得傳重謂適子有廢疾不堪主宗廟也二則傳重非正體庶孫爲後是也三則體而不正立庶子爲後是也四則正而不體立適孫爲後是也案喪服小記云適婦不爲舅後者則姑爲之小功鄭注云謂夫有廢疾他故若死而無子不受重者婦既小功不大功則夫死亦不三年期可知也

○爲人後者

【疏】釋曰此出後大宗其情本疏故設文次在長子之下也案喪服小記云繼別爲大宗繼禰爲小宗大宗即下文爲宗子齊衰三月彼云後大宗者則此所後亦後大宗者也

傳曰何以三年也受重者必以尊服服之何如而可

爲之後。同宗則可爲之後。何如而可以爲人後。支子可也。爲所後者之祖父母妻妻之父母昆弟昆弟之子。若子。注若子者。爲所爲後之親如親子。疏傳釋曰。云何以三年者。以生已父母三年。彼不生已亦爲之三年。故發問。比例之傳也。云受重者必以尊服服之者。答辭也。雷氏云。此支當云。爲人後者爲所後之父闕。此五字者。以其所後之父或早卒。今所後其人不定。或後祖父。或後曾高祖。故闕之。見所後不定故也。云何如而可爲之後。問辭。同宗則可爲之後。答辭。此問亦問比類。以其取後取何人爲之。答以同宗則可爲之後。以其大宗子當收聚族人。非同宗則不可。謂同承別子之後。一宗之內。若別宗同姓亦不可。以其收族故也。又云何如而可以爲人後。問辭。云支子可也。答辭。以其他家適子當家自爲小宗。當收斂五服之內。亦不可闕。則適子不得後他。故取支子。支子則第二已下庶子也。不言庶子云支子者。若言庶子。妾子之稱。嫌謂妾子得後人。適妻第二已下子不得後人。是以變庶言支。支者取支條之義。不限妾子而已。若然。適子不得後人。無後亦當有立後之義也。云為所後者之祖父母已下之親至若子。謂如死者之親子。則死者祖父母。則當己曾祖父母齊衰三月也。妻謂死者之妻。卽後人之母也。妻之父母昆弟。昆弟之子。並據死者妻之父母。妻之昆弟。妻之昆弟之子。於後人為外祖父母及舅與內兄弟。皆如親子為之著服也。若然。上經直言為人後。不言為父。此經直言為所後者之祖父母及妻。及死者外親之等。不言死者緦麻小功大功及期之骨肉親者。子夏作傳。舉疏以見親。言外以包內。骨肉親者如親子可知也。○妻為夫。傳曰。夫至尊也。【疏】釋曰。自此已下論婦人服也。婦人卑於男子。故次之。案曲禮云。天子曰后。諸侯曰夫人。大夫曰孺人。士曰婦人。庶人曰妻。后以下皆以義稱。士庶人得其總名。妻者齊也。婦人無爵。從夫之爵。坐以夫之齒。是言妻之尊卑與夫齊者也。若然。此經云妻為夫者上從天子下至庶人。皆同為夫斬衰也。【傳】釋曰。傳言夫至尊者。雖是體敵齊等。夫者猶是妻之尊敬。以其在家天父。出則天夫。又婦人有三從之義。在家從父。出嫁從夫。夫死從子。是其男尊女卑之義。故云夫至尊同之於君父也。○妾為君。傳曰。君至尊

通典作女子子也

也。注 妾謂夫爲君者。不得體之。加尊之也。雖士亦然。疏 釋曰。妾賤於妻。故次妻後。案內則云。聘則爲妻。奔則爲妾。鄭注云。妾之言接。聞彼有禮。走而往焉。以得接見於君子。是名妾之義。但其並后匹適。則國亡家絕之本。故深抑之。別名爲妾也。旣名爲妾。故不得名壻爲夫。故加其尊名。名之爲君也。亦得接於夫。又有尊事之稱。故亦服斬衰也。傳 釋曰。云君至尊也者。旣名夫爲君。故同於人君之至尊。注 釋曰。云不得體之加尊之也者。以妻得體之。得名爲夫。妾雖接見於夫。不得體敵。故加尊之。而名夫爲君。是以服斬也。云雖士亦然者。案孝經。士言爭友。則屬隸不得爲臣。則士身不合名君。至於妾之尊夫。與臣無異。是以雖士妾得稱夫爲君。故云雖士亦然也。○女子子在室爲父。注 女子子者。子女也。別於男子也。言在室者。關已許嫁。疏 釋曰。自此盡爲父三年。論女子子爲父出反在室之事。制服又與男子不同。注 釋曰。云女子子者。子女也。別於男子也者。男子女子各單稱子。是對父母生稱。今於女子別加一字。故雙言二字。以別於男子者。云言在室者關已

乾隆四年校刊

許嫁者。鄭意經直云女子子爲父。得矣。而別加在室者。關已許嫁。關通也。通已許嫁。內則。女子十年不出。又云十有五年而笄。女子子十五許嫁而笄。謂女子子年十五笄。四德已備。許嫁與人。即加笄。與丈夫二十而冠同。死而不殤。則同成人矣。身既成人。亦得爲父服斬也。雖許嫁爲成人。及嫁。要至二十。乃嫁與夫家也。○布總箭笄髽衰三年。注 此妻妾女子子喪服之異於男子者。總束髮。謂之總者。既束其本。又總其末。箭笄。篠也。髽。露紒也。猶男子之括髮。斬衰括髮以麻。則髽亦用麻也。蓋以麻自項而前。交於額上。卻繞紒。如著幓頭焉。小記曰。男子冠而婦人笄。男子免而婦人髽。凡服。上曰衰。下曰裳。此但言衰不言裳。婦人不殊裳。衰如男子衰。下如深衣。深衣則衰無帶下。又無衽。音義 總。子孔反。笄。音雞。髽。側瓜反。篠。素了反。紒。音計。著。丁略反。幓。七消反。【疏】釋曰。上文不言布。不言三年。至此言之者。上以哀極。故沒其布名與年月。至此須言之故也。以其笄既用箭。則總不可不言用布。又上文經至練有除者。此經三者既與男子有殊。並終三年乃始除之矣。案喪服小記云。婦人帶惡笄以終喪。彼謂婦人期服者帶與笄終喪。此斬衰帶亦練而除。笄亦終三年矣。故以三年言之。【注】釋曰。云此妻妾女子子喪服之異於男子者。鄭據經上下婦人服斬者而言。若然。周公作經。槩妻妾而在女子子之下言之者。雷氏云。服者本爲至情。故在女子子之下爲文也。若然。經之體例。皆上陳服。下陳人。此服之異在下言之者。欲見與男子同者如前。與男子異者如後。故設文與常不例也。以上陳服下陳人。則上服之中亦有女子子。今更言女子子。是言其異者。若然。上文列服之中。冠繩纓非女子子所服。此布總笄髽等亦非男子所服。是以爲文以易之也。云謂之總者既束其本又總其末者。鄭解此經云布總者。只爲出紒後垂爲飾者而言。以其布總六升。與男子冠六升相對。故知據出見者而言。是以鄭云謂之總者既束其本又總其末也。云箭笄篠也者。案尚書禹貢云。篠簜既敷。孔云。篠竹箭。是

乾隆四年校刊

箭篠爲也。又云髽露紒也，猶男子之括髮者。髽有二種。案士喪禮曰：婦人髽於室。注云：始死，婦人將斬衰者去笄而纚，將齊衰者骨笄而纚。今言髽者，亦去笄纚而紒也。齊衰以上至笄猶髽。髽之異於括髮者，既去纚而以髮爲大紒，如今婦人露紒，其象也。其用麻布亦如著幓頭然。是婦人髽之制也。二種者，一是未成服之髽，即士喪禮所云者是也。將斬衰者用麻，將齊衰者用布。二者成服之後露紒之髽，即此經注是也。云斬衰括髮以麻則髽亦用麻者，案喪服小記云斬衰括髮以麻，免而以布。男子髻髮與免用布有文，婦人髽用麻布無文。鄭以男子髻髮婦人髽同在小斂之節，明用物與制度亦應不殊。但男子陽，以外物爲名，名爲括髮；婦人陰，以內物爲稱，稱爲髽爲異耳。鄭引漢法幓頭況者，古之括髮其髽之狀亦如此，故鄭注士喪禮云其用麻布亦如著幓頭也。引喪服小記者，彼男子冠婦人笄相對有二時：一者男子二十而冠，婦人許嫁而笄，吉時相對也；一者成服後男子喪冠，婦人箭笄，喪中相對也。今此小記所云，參上下文，是據喪中冠笄相對而言。引之者，證經箭笄是與男冠相對之物也。云男子免而婦人髽者，亦小記之文。此免既齊衰已下用布爲免，則髽是齊衰以下亦同用布爲髽。相對而言也。但男子陽多變。斬衰名括髮。齊衰以下名免耳。婦人陰少變。故齊、斬婦人同名髽。案士喪禮鄭注云。衆主人免者。齊衰將袒。以免代冠。免之制未聞。舊說以爲如冠狀。廣一寸。亦引小記括髮及漢幓頭爲說。則括髮及免與髽三者。雖用麻布不同。皆如著幓頭。幓頭不別。若然。成服以後。斬衰至緦麻皆冠如著幓頭。婦人皆露紒而髽也。云凡服上曰衰下曰裳此但言衰不言裳婦人不殊裳者。以其男子殊衣裳。是以衰綴於衣。衣統名爲衰。故衰裳並見。案周禮內司服王后六服。皆單言衣。不言裳。以連衣裳。不別見裳。則此喪服亦連裳於衣。衰亦綴於衣而名衰。故直名衰。無裳之別稱也。云衰如男子衰者。婦人衰亦如下記所云凡衰外削幅。幅以下之制。如男子衰也。云下如深衣者。如深衣六幅破爲十二。闊頭鄉下。狹頭鄉上。縫齊倍要也。云深衣則衰無帶下者。案下記云。衣帶下尺。注云。衣帶下尺者要也。廣尺足以掩裳上際也。今此裳既縫著衣。不見裏衣。故不須要以掩裳上際。故知無要也。云又無衽者。又案下記云。衽二尺有五寸。注云。衽所以掩裳際也。彼據男子陽多變。故衣裳別制。裳又前三幅後四幅。開兩邊露裏衣。是以須衽屬衣兩旁垂之以掩交際之處。此既下如深衣。縫之以合前後。兩邊不開。故不須衽以掩之也。案深衣云。續衽鉤邊。注云。續猶屬也。衽在裳旁者也。屬連之。不殊裳前後也。鉤邊。如今曲裾也。彼吉服深衣須有曲裾之衽。此婦人凶服之衰。下連裳。雖如深衣。不得盡如深衣并有衽。故鄭總云下無衽。則非直無喪服之衽。亦無吉服深衣之衽也。

傳曰。總六升。長六寸。箭笄長尺。吉笄尺二寸。

【注】總六升者。首飾象冠數。長六寸。謂出紒後所垂爲飾也。

【音義】長。直亮反。

【疏】【傳】釋曰。云箭笄長尺吉笄尺二寸者。此斬之笄用箭。下記云。女子子適人爲父母。婦爲舅姑。用惡笄。鄭以爲榛木爲笄。則檀弓南宮縚之妻之姑之喪。云蓋榛以爲笄是也。吉時大夫士與妻用象。天子諸侯之后夫人用玉爲笄。今於喪中唯有此箭笄及榛二者。若言寸數。亦不過此二等。以其斬衰尺。吉笄尺二寸。檀弓南宮縚之妻爲姑。榛以爲笄。亦云一尺。則大功以下不得更容差降。鄭注小記云。笄所以卷髮。既直同卷髮。故五服略爲一節。皆用一尺而已。是以女子子爲父母既用榛笄。卒哭之後。折吉笄之首歸於夫家。以榛笄之外無可差降。故用吉笄也。若然總不言吉而笄言之者，以其喪中有用吉笄之法，故小記折吉笄之首是也。注釋曰：云總六升者，首飾象冠數也者，上云男子冠六升，此女子子總用布，當男子冠用布之處，故同六升，以同首飾故也。十五升首飾尊，故吉服之冕三十升，亦倍於朝服十五升也。云長六寸，謂出紒後所垂爲飾也，鄭知者，若據其束本，人所不見，何寸數之有乎？故鄭以六寸據垂之者。此斬衰六寸，南宮縚妻爲姑總八寸，以下雖無文，大功當與齊同八寸，緦麻小功同一尺，吉總當尺二寸，與笄同也。

○子嫁，反在父之室，爲父三年。注謂遭喪後而出者。始服齊衰期，出而虞，則受以三年之喪受；既虞而出，則小祥亦如之；既除喪而出，則已。凡女行於大夫以上曰嫁，行於士庶人曰適人。疏釋曰：不言云子嫁者，上文已云女子子，別於男子，此承上，故不須具言，直云子嫁，是女子子可知。直云反爲父足矣，而云反在父之室者，以其出時父已死，初服齊衰，不與在室同，既服齊衰後反被出，更服斬衰，即與在室同，故須言在室也言三年者亦有事須言以其初死服麤服死後被出向父家更服斬衰三年與上在室者同故須言三年也【注】釋曰鄭知遭喪後被出者若父未死被出自然是在室與上文同何須設此經明是遭喪後被七出者云始服齊衰者以其遭父喪時未出即不杖期麻屨章云女子子嫁爲父母是也云出而虞則受以三年之喪受者若不被出則虞後以其冠爲受嫁女在室爲父五升衰裳八升總今未虞而出是出而乃虞虞後受服與在家兄弟同受斬衰斬衰初死三升衰裳六升冠既葬以其冠爲受受衰六升冠七升此被出之女亦受衰裳六升總七升與在室之女同故云受以三年之喪受也云既虞而出則小祥亦如之者未虞以前未被出至虞後受以出嫁之受以八升衰裳九升總今既虞後乃被出至家又與在室女同至小祥練祭在室之女受衰七升總八升此被出之女與之同故云既虞而出則小祥亦如之云既除喪而出則已者此謂既小祥而出者以其嫁女爲父母朞至小祥已除矣除服後乃被出不復爲父更著服故云既除而出則已也云凡女行於大夫以上曰嫁行於士庶人者曰適人者案齊衰三月章云女子子嫁者未嫁者爲曾祖父母傳曰嫁者嫁於大夫

松厓云非不降也爲君故

未嫁者成人而未嫁者是行於大夫曰嫁不杖章云女子子適人者爲其父母昆弟之爲父後者傳雖不解喪服本文是士故知行於士庶人曰適人庶人謂庶人在官者府史胥徒名曰庶人至於民庶亦可行士禮以禮窮則同之行大夫以上曰嫁若天子之女嫁於諸侯諸侯之女嫁於大夫出嫁爲夫斬仍爲父母不降知者以其外宗內宗及與諸侯爲兄弟者爲君皆斬明知女雖出嫁反爲君不降若然下傳云婦人不二斬猶曰不二天今若爲夫斬又爲父斬則是二天與傳違者彼不二天者以婦人有三從之義無自專之道欲使一心於其天此乃尊君宜斬不可以輕服服之不得以彼決此若然外宗內宗與諸侯爲兄弟服斬者豈不爲夫服斬乎明爲君斬爲夫亦斬矣

○公士大夫之衆臣爲其君布帶繩屨

注 士卿士也公卿大夫厭於天子諸侯故降其衆臣布帶繩屨貴臣得伸不奪其正

音義 厭一葉反

疏 注釋曰云士卿士也者以其在公之下大夫之上尊卑當卿之位故知是卿士也不言公卿言士者欲見公無正職大夫又承副於卿士之言

事。卿有職事之重。故變言士。見斯義也。云公卿大夫厭於天子諸侯故降其衆臣布帶繩屨者。鄭解公卿大夫天子諸侯並言之者。欲見天子諸侯下皆有公卿大夫。公卿大夫下皆有貴臣衆臣。若然。天子下公卿大夫。周禮典命及大宰具有其文。此諸侯下公卿典命大國立孤一人。是也。以其諸侯無公。故以孤爲公。燕禮云。若有諸公。則先卿獻之。鄭注云。諸公者大國之孤也。孤一人言諸者。容牧有三監。是以其孤爲公。言厭於天子諸侯。故降其衆臣布帶繩屨二事。其餘服杖冠絰則如常也。其布帶則與齊衰同。其繩屨則與大功等也。云貴臣得伸不奪其正者。下傳云室老士貴臣。故云貴臣得伸。得伸者。依上文絞帶菅屨。故云不奪其正也。傳曰。公卿大夫室老士貴臣。其餘皆衆臣也。君。謂有地者也。衆臣杖不以即位。近臣君服斯服矣。繩屨者。繩菲也。注室老家相也。士。邑宰也。近臣。閽寺之屬。君。嗣君也。斯。此也。近臣從君喪服無所降也。繩菲。今時不借也。音義相息亮反。閽，音昏。守門人也。[疏]傳釋曰：云室老士貴臣其餘皆衆臣也者，傳以經直云衆臣，不分別上下貴賤。故云室老士二者是貴臣，其餘皆衆臣也。云有地者衆臣杖，不以卽位，欲見公卿大夫或有地或無地。衆臣爲之皆有杖。但無地公卿大夫，其君卑，衆臣爲之皆得以杖與嗣君同卽阼階下朝夕哭位。若有地公卿大夫，其君尊，衆臣雖杖，不得與嗣君同卽阼階下朝夕哭位，下君故也。[注]釋曰：云室老家相也者，左氏傳云臧氏老，論語云趙魏老，是家臣稱老。云家相者，案曲禮云大夫不名家相長妾，以大夫稱家，是室老相家事者也。云士邑宰也者，雜記云大夫居廬，士居堊室。鄭注云士居堊室亦謂邑宰也。與此同，皆謂邑宰爲士也。若然，孤卿大夫有采邑者，其邑既有邑宰，又有家相。若魯三卿，公山弗擾爲季氏費宰，子羔爲孟氏之郕宰之類，皆爲邑宰也。陽貨、冉有、子路之等爲季氏家相，亦名家宰。若無地卿大夫，則無邑宰，直有家宰，則孔子爲魯大夫，而原思爲之宰，是直有家相者也。此等諸侯之臣而有貴臣衆臣之事。案周禮載師云：家邑任稍地，小都任縣地，大都任疆地。是天子公卿大夫有采地者也。案鄭志答云：天子之卿，其地見賜乃有。何由諸侯之臣正有此地？則天子

乾隆四年校刊

下有無地者也。有采地者。有邑宰。復有家相。無地者。直有家相可知。云近臣閽寺之屬者。周禮天子宮有閽人寺人。閽人掌守中門之禁。晨夜開閉。墨者使守門者也。寺人掌外內之通令。奄人使守后之宮門者也。是皆近君之小臣。又與衆臣不同。無所降其服。又得與貴臣等。不嫌相逼通也。是以喪服小記云。近臣君服斯服矣。其餘從而服。不從而稅。彼亦是近君小臣與大臣異也。云君嗣君也者。釋傳云君服。但其君已死矣。更有君爲死君之服。故知是嗣君。若然。案王制。畿內諸侯不世爵而世祿。彼則天子公卿大夫未爵命得有嗣君者。以世祿降。未得爵亦得爲嗣君。況其中兼畿外諸侯公卿大夫也。且詩云。維周之士。不顯亦世。左氏傳云。官有世功則有官族。皆是臣有世功子孫得襲爵。故雖畿內公卿大夫有嗣君也。云繩菲今時不借也者。周時人謂之屨。子夏時人謂之菲。漢時謂之不借者。此凶荳屨不得從人借。亦不得借人。皆是異時而別名也。

○疏衰裳齊。牡麻絰。冠布纓。削杖。布帶。疏屨。三年者。【注】疏猶麤也。【音義】牡，茂后反。【疏】釋曰。此齊衰三年章。以輕於斬。故次斬後。疏猶麤也。麤衰者。案

上斬衰章中。爲君三升半麤衰。鄭注雜記云。微細焉則
屬於麤。則三升正服斬。不得麤名。三升半成布三升。微
細則得麤稱。麤衰爲在三升斬內。以斬爲正。故沒義服
之麤。至此四升始見麤也。若然。爲父哀極。直見深痛之
斬。不見人功之麤。至於義服斬衰之等。乃見麤稱。至於
大功小功。更見人功之顯。緦麻極輕。又表細密之事。皆
爲哀有深淺。故作文不同也。斬衰先言斬者。一則見先
斬其布乃作衰裳。二則見爲父極哀。先表斬之深重。此
齊衰稍輕。直見造衣之法。衰裳既就。乃始緝之。是以斬
衰斬在上。齊衰齊在下。牡麻絰者。斬衰絰不言麻。此齊
衰絰見麻者。彼有杖。杖亦苴。故不得言麻。此絰文孤。不
兼杖。故得言麻也。云冠布纓者。案斬衰冠繩纓。退在絞
帶下。使不蒙苴。齊冠布纓無此義。故進之使與絰同處。
此布纓亦如上繩纓。以一條爲武。垂下爲纓也。云削杖
布帶者。並不取蒙苴之義。故在常處。但杖實是桐。不言
桐者。以斬衰杖不言竹。使蒙苴。故闕竹字。此既不取蒙
苴。亦不言桐者。欲見母比父削殺之義。故亦沒桐文也。
布帶者。亦象革帶。以七升布爲之。此即下章帶緣各視
其冠。是也。齊斬不言布。此纓帶言布者。以對斬衰纓帶
用繩。故此須言用布之事也。疏屨者。疏取用草之義。即

爾雅云疏不熟之疏。若然。注云疏猶麤者。直釋經疏衰而已。不釋疏屨之疏。若然。斬衰章言菅屨見草體者。以其重。故見草體。舉其惡貌。此言疏。以其稍輕。故舉草之總稱。自此以下。各舉差降之宜。故不杖章言麻屨。齊衰三月與大功同繩屨。小功緦麻輕。又沒其屨號。言三年者。以其爲母稍輕。故表其年月。若然。父在爲厭降至期。今既父卒。直伸三年之衰。猶不伸斬者。以天無二日。家無二尊也。是以父雖卒後。仍以餘尊所厭。直伸三年。不得伸斬也。云者者。亦如斬衰章文。明者爲下出也。傳曰。齊者何。緝也。牡麻者。枲麻也。牡麻絰。右本在上。冠者。沽功也。疏屨者。藨蒯之菲也。注沽猶麤也。冠尊。加其麤。麤功。大功也。齊衰不書受月者。亦天子諸侯卿大夫士虞卒哭異數。音義枲思似反。沽音古。後同。藨皮表反。劉扶表反。蒯苦怪反。草也。疏傳釋曰。緝則今人謂之爲緶也。上章傳先云斬者何不緝也。此章言齊。對斬。故亦先言齊者何緝也。云牡麻者枲麻也者。此枲對上章苴。苴是惡色。則枲是好色。故間傳

惠云三年無改父服未除而母卒不得伸母之尊最得禮意

云斬衰貌若苴，齊衰貌若枲也。云牡麻絰右本在上者，上章爲父左本在下者，陽統於內，則此爲母陰統於外，故右本在上也。云疏屨者，藨蒯之菲也者，藨是草名，案玉藻云，屨蒯席，則蒯亦草類。[注]釋曰：云冠尊加其麤，麤功大功也者，此鄭雖據齊衰三年而言，冠尊加服皆同。是以衰裳升數恆少，冠之升數恆多，冠在首尊，既冠從首尊，故加飾而升數恆多也。斬冠六升不言功者，六升雖是齊之末，未得沽稱，故不見人功。此三年齊冠七升，初入人功之境，故言沽功，始見人功。沽麤之義，故云麤功，見人功麤大不精者也。云齊衰不書受月者，亦天子諸侯卿大夫士虞卒哭異數者，其義說與斬章同，故云亦也。

○父卒則爲母。[注]尊得伸也。[疏]釋曰：此章專爲母，三年重於期，故在前也。直云父卒爲母足矣，而云則者，欲見父卒三年之內而母卒，仍服期，要父服除後而母死，乃得伸三年，故云則以差其義也。必知義如此者，案內則云：女子十有五而笄，二十而嫁，有故，二十三年而嫁。注云：故謂父母之喪。言二十三而嫁，不止一喪而已，故鄭并云父母喪也。若前遭母喪，後遭父喪，自然爲母期，爲父三年，二十三而嫁可知。若前遭父服未闋，即得爲母三年，則是有故二十四而嫁。不止二十三也。知者。假令女年二十。二月嫁娶之月將嫁。正月而遭父喪。并後年正月爲十三月小祥。又至後年正月大祥。女年二十二。欲以二月將嫁又遭母喪。至後年正月十三月大祥。女年二十三而嫁。此是父服將除。遭母喪猶不得爲伸三年。况遭父喪在小祥之前。何得即伸三年也。是父服未除不得爲母三年之驗一也。又服問注云。爲母。既葬衰八升。亦據父卒爲母。與父在爲母五升衰裳八升冠。既葬以其冠爲之受。衰八升同。是父卒爲母未得伸三年之驗二也。間傳云爲母既虞卒哭衰七升者。乃是父服除後爲母伸三年。初死衰四升冠七升。既葬以其冠爲之受。衰七升。與此經同。是父服除後爲母乃伸三年之驗三也。諸解者全不得此義。妄解則文說多塗。皆爲謬也。○繼母如

【注】釋曰。云尊得伸者。得伸三年。猶未伸斬。

母。【疏】釋曰。繼母本非骨肉。故次親母後。謂己母早卒。或被出之後。繼續己母。喪之如親母。故云如母。但父卒之後如母。明父在如母可知。下期章不言者。舉父沒後。明父在如母可知。慈母之義亦然。皆省文也。故皆舉後以明前也。若然。直言繼母。載在三年章內。自然如母可知。而言如母者。欲見生事死事一皆如己母也。傳

此從宋本增集說大夫士之妾下有無子二字又慈巳下有者字

曰繼母何以如母。繼母之配父。與因母同。故孝子不敢殊也。【注】因猶親也。【疏】【傳】釋曰。傳發問者。以繼母本是路人。今來配父。輒如己母。故發斯問。答云。繼母配父。即是胖合之義。既與己母無別。故孝子不敢殊異之也。〇慈母如母。【疏】釋曰。慈母非父胖合。故次後也。云如母者。亦生禮死事皆如己母。傳曰。慈母者何也。傳曰。妾之無子者。妾子之無母者。父命妾曰。女以爲子。命子曰。女以爲母。若是。則生養之。終其身如母。死則喪之三年。如母。貴父之命也。【注】此謂大夫士之妾也。不命則亦服庶母慈己之服可也。大夫之妾子。父在爲母大功。則士之妾子爲母期矣。父卒則皆得伸也。【音義】女音汝。下同。期音基。後放此。【疏】【傳】釋曰。傳別舉傳者。是子夏引舊傳證成己義故也。欲見慈母之義舊已如此。故須重之如己母也。云妾之無子者。謂舊有子今無者。失子之妾有恩慈深。則能養他子以爲己子者也。若未經有子。恩慈淺則不得立後而養他子。不云君命妾曰而云父者。對子而言父。故言父也。必先命母者。容子小未有所識。乃命之或養子是然。故先命母也。云若是則生養之終其身者。案內則云。孝子之身終。終身也者。非終父母之身。終其身也。彼終其身爲終孝子之身。此終其身下乃云如母死則喪之三年。則以慈母輕於繼母。言終其身。唯據終慈母之身而已。明三年之後不復如是。以小記云慈母不世祭。亦見輕之義也。云如母貴父之命也者。一非骨肉之屬。二非配父之尊。但唯貴父之命故也。傳所引唯言妾之子與妾相後者。案喪服小記云。爲慈母後者爲庶母可也。爲祖庶母可也。鄭云緣爲慈母後之義。父之妾無子者。亦可命己庶子爲後。又云。即庶子爲後。此皆子也。傳重而已。不先命之與適妻使爲母子也。若然此父命妾之文。兼有庶母祖庶母。但不命女君與妾子爲母子而已。【注】釋曰。鄭知此主謂大夫士之妾。妾子之無母。父命爲母子者。知非天子諸侯之妾與妾子者。案下記云。公子爲其母練冠麻衣縓緣。既葬除之。父沒乃天功。明天子庶子亦然。何有命爲母子爲之三年乎。故知主謂大夫士之妾與妾子也。云其使養之不命爲母子則亦服庶母慈己之服可也者。小功章云。君子子爲庶母之慈己者。注云。君子子者。大夫及公子之適妻子。彼謂適妻子備三母。有師母慈母保母。慈居中。服之則師母保母服可知。是庶母爲慈母。服小功。下云其不慈己則緦可也。是大夫之適妻子不命爲母子。慈己加服小功。若妾子爲父之妾慈己加服小功可知。若不慈己則緦麻矣。緦麻章云。士爲庶母。傳曰。以名服也。故此云不命爲母子則亦服庶母慈己者之服可也。云大夫之妾子父在爲其母大功者。大功章云。大夫之庶子爲其母是大功也。云士之妾子爲其母期矣者。期章云。父在爲母。不可言士之妾子爲其母。鄭知者。推究其理。大夫妾子厭降爲母大功。士無厭。明知衆人服期也。云父卒則皆得伸也者。士父在已伸矣。但大夫妾子父在大功者。父卒則與士皆得伸三年也。

○母爲長子。【疏】釋曰。長子卑。故在母下。但父爲長子在斬章。母爲長子在齊衰。以子爲母服齊衰。母爲之不得過於子爲己。故亦齊衰也。若然。長子與衆子爲母。父在期若夫在爲長子。豈亦不得過於子爲己服期乎。然者。子爲母有降屈之義。父母爲長子。本爲先祖之正體。無厭降之義故不得以父在屈至期明母爲長子不問夫之在否也傳曰何以三年也父之所不降母亦不敢降也【注】不敢降者不敢以己尊降祖禰之正體【疏】【傳】釋曰云何以三年者此亦問比例父母爲眾子期等是子此何以獨三年云父之所不降母亦不敢降也者斬章又云何以三年答云正體於上將所傳重不降也故於母亦云不敢降故答云父之所不降母亦不敢降若然夫不敢降妻亦不敢降而云父母者以其父母各自爲子故父母各云何以三年而問之是以答各據父母爲子而言不據夫妻也【注】釋曰云不敢以己尊降祖禰之正體者上傳於父已答云正體於上是以鄭解母不降亦與父同以夫婦一體故不降之義亦等

○疏衰裳齊牡麻絰冠布纓削杖布帶疏屨期者【疏】釋曰案下章不言疏衰已下者還依此經所陳唯言不杖及麻屨異於上者此章疏衰已下與前章不殊唯期一字與前三年有異今不直言其異而還具列之者以其此一期與前三年懸絕恐服制亦多不同故須重列七服

者也。但此章雖止一期。而禫杖具有。案下雜記云。期之
喪。十一月而練。十三月而祥。十五月而禫。注云。此謂父
在爲母。卽是此章者也。母之與父恩愛本同。爲父所厭
屈而至期。是以雖屈猶伸禫杖也。爲妻亦伸妻雖義合
妻乃天夫。夫爲夫斬衰。爲妻報以禫
杖。但以夫尊妻卑。故齊斬有異也。傳曰。問者曰。何冠也。
曰。齊衰大功。冠其受也。緦麻小功。冠其衰也。帶緣各視
其冠。【注】問之者。斬衰有二。其冠同。今齊衰有四章。不知
其冠之異同爾。緣如深衣之緣。今文無冠布纓。【音義】以緣。
絹反。【傳】釋曰。云問者曰何冠也者。此還子夏之問答。
注同。【疏】而言問者曰者。子夏欲起發前人使之開悟。故
假他問答己之言也。云曰齊衰大功冠其受也者。降服
齊衰四升冠七升。既葬以其冠爲受。衰七升冠八升。正
服齊衰五升冠八升。既葬以其冠爲受。衰八升冠九升。
義服齊衰六升冠九升。既葬以其冠爲受。受服衰九升
冠十升。降服大功衰七升冠十升。既葬以其冠爲受。受
衰十升冠十一升。正服大功衰八升冠十升。既葬以其

見宋本有

冠爲受。受衰十升冠十一升。義服大功衰九升冠十一升。既葬以其冠爲受。受衰十一升冠十二升。以其初死冠升與既葬衰升數同。故云冠其受也。大功亦然。云緦麻小功冠其衰也者。以其降服小功衰十升。正服小功衰十一升。義服小功衰十二升。緦麻十五升。抽其半七升半。冠皆與衰升數同。故云冠其衰也。義疏備於下記也。云帶緣各視其冠者。帶。謂布帶象革帶者。緣。謂喪服之內中衣緣用布緣之。二者之布升數多少。視猶比也。各比擬其冠也。然本問齊衰之冠。因答大功與緦麻小功。并答帶緣者。子夏欲因問博陳其義。是以假問答。異常例也。【注】釋曰。云問之者見斬衰有二其冠同者。下記云。斬衰三升。三升有半。冠六升。是其冠同也。云今齊衰有四章不知其冠之異同爾者。下記云。齊衰四升其冠七升。既葬以其冠爲受。受衰七升冠八升。唯見此降服齊衰。不見正服義服。及三月齊衰一章不見。以不知其冠之異同。故發此問也。云緣如深衣之緣者。案深衣目錄云。深衣連衣裳而純之以采。素純曰長衣。有表則謂之中衣。此既在喪服之內。則是中衣矣。而云深衣。以其中衣與深衣同是連衣裳。其制大同。故就深衣有篇目者而言之。案玉藻云。其爲長中。繼揜尺。注云。其爲長衣中衣則繼袂捝一尺若今褎矣深衣則緣而已若然中衣與長衣袂皆手外長一尺案檀弓云練時鹿裘衡長袪注云袪謂褎緣袂口也練而爲裘橫廣之又長之又爲袪則先時狹短無袪可知若然此初喪之中衣緣亦狹短不得如玉藻中衣繼袂捝一尺者也但吉時麛裘即凶時鹿裘吉時深衣即凶時中衣深衣目錄云大夫以上用素士中衣用布緣皆用采況喪中緣用布明中衣亦用布也其中衣用布雖無明文亦當視冠若然直言緣視冠不言中衣緣用采故特言緣用布何妨喪時中衣亦用布乎云今文無冠布纓者鄭注儀禮從經今文者注內疊出古文不從古文若從經古文者注內疊出今文不從今文此注既疊出今文明不從今文經古文有冠布纓爲正也

○父在爲母疏釋曰斬章直言父卽知子爲之可知今此言母亦知子爲之而言父在爲母者欲明父母恩愛等爲母期者由父在厭故爲母屈至期故須言父在爲母也

傳曰何以期也屈也至尊在不敢伸其私尊也父必三年然後娶達子之志也疏傳釋曰上章已論斬衰不同託故傳直言何以期而不三年決

之也。屈也者。答辭。以家無二尊。故於母屈而爲期。是以云至尊在不敢伸其私尊也。解父在母屈之意也。言不敢伸其私尊。明子於父母本尊。若然。不直言尊而言私尊者。其父非直於子爲至尊。妻於夫亦至尊。母則於子爲尊。夫不尊之。直據子而言。故言私尊也。若然。夫妻敵體而言屈。公子爲母練冠在五服之外。不言屈者。舉尊以見卑。屈可知。大夫妾子爲母大功。亦斯類也。云父必三年然後娶達子之志也者。子於母屈而期。心喪猶三年。故父雖爲妻期而除。三年乃娶者。通達子之心喪之志故也。不云心而言志者。心者萬慮之總。喜怒哀樂好惡六情皆是情。則爲志。母雖一期。哀猶未絕。是六情之中而哀偏在。故云志也。不云心也。左氏傳晉叔向云。一歲中有三年之喪二。據太子與穆后。天子爲后亦期。而云三年喪者。據達子之志而言三年也。○妻。傳曰。爲妻何以期也。妻至親也。注 適子父在則爲妻不杖。以父爲之主也。服問曰。君所主夫人妻大子適婦。父在子爲妻以杖即位。謂庶子。疏 釋曰。妻卑於母。故次之。夫爲妻年月禫杖亦與母同。

故同章也。以其出嫁天夫。爲夫斬。故夫爲之亦與父在爲母同。【傳】釋曰。傳曰何以期也者。傳意以妻擬母。母是血屬得期。怪妻義合亦期。故發此之傳也。此問異於常例。上問母直云何以期。今云爲妻乃云何以期者。雷氏云。妻卑以擬同於母。故問深於常也。云妻至親也者。答以妻至親故同於母。言妻至親者。妻至移天齊體與己同奉宗廟。爲萬世之主。故云至親也。【注】釋曰。云適子父在則爲妻不杖。以父爲之主也者。不杖章之文也。又引服問者。鄭彼注云。言妻見大夫已下亦爲此三人爲喪主也。若士卑。爲此三人爲喪主可知。若然。至此經爲妻。非直是庶子爲妻。欲見兼有適子父沒爲妻在其中。云父在子爲妻以杖即位謂庶子者。案喪服小記云。父在庶子爲妻以杖即位可也。引之者。證經云自天子以下至士庶人父皆不爲庶子之妻爲喪主。故夫皆爲妻杖得伸也。

○出妻之子爲母。【注】出猶去也。【疏】釋曰。此謂母犯七出。去謂去夫氏。或適他族。或之本家。子從而爲服者也。七出者。無子一也。淫泆二也。不事舅姑三也。口舌四也。盜竊五也。妬忌六也。惡疾七也。天子諸侯之妻無子不出。唯有六出耳。雷氏云。子無出母之義。故繼夫而言出妻之子也。

乾隆四年校刊

傳曰：出妻之子爲母朞，則爲外祖父母無服。傳曰：絕族無施服，親者屬。【注】在旁而及曰施。親者屬，母子至親無絕道。【音義】施，以豉反。【疏】【傳】釋曰：云「出妻之子爲母期，則爲外祖父母無服」者，傳意似言出妻即是絕族，故於外祖可以無服，恐人疑爲之服，故傳明言之也。又云「傳曰」者，子夏引他舊傳證成己義。云「絕族」者，嫁來承奉宗廟，與族相連綴，今出則與族絕，故云絕族也。無施服者，傍及爲施，以母爲族絕，即無傍及之服也。云「親者屬」者，舊傳解母被出猶爲之服也。【注】釋曰：云「在旁而及曰施」者，詩云「莫莫葛藟，施于條枚」，「蔦與女蘿，施于松上」，皆是在旁而及曰施。此以母爲主，旁及外祖。今母已絕族，不復及在旁，故云無施服也。云「親者屬，母子至親無絕道」者，屬猶續也。孝經云「父母生之，續莫大焉」，故謂母子爲屬。對父與母義合，有絕道，故云母子至親無絕道。

○出妻之子爲父後者，則爲出母無服。傳曰：與尊者爲一體，不敢服其私親也。【疏】釋曰：云「出妻之子爲父後者則爲出母無服」者，舊傳

爲報一作爲服

釋爲父後者。謂父沒適子承重。不合爲出母服意。【傳】釋曰。云傳曰者。子夏釋舊傳意。云與尊者爲一體者。不言與父爲體而言與尊者。上斬衰章已有傳云。正體於上將所傳重。釋相承父祖已上皆是尊者。故不言父也。但事宗廟祭祀者。不欲聞見凶人。故雜記云。有死於宮中三月不祭。況有服可得祭乎。是以不敢服其私親也。父已與母無親。子獨親之。故云私親也。○父卒。繼母嫁。從。爲之服。報。【音義】爲。于僞反。【疏】釋曰。云父卒繼母嫁者。欲見此母爲父已服斬衰三年。恩意之極。故子爲之一期。得伸禫杖。但以不生己。父卒改嫁。故降於己母。雖父卒後不伸三年。一期而已。云從爲之服者。亦爲本是路人。暫時與父胖合。父卒還嫁。便是路人。子仍著服。故生從爲之文也。報者。喪服上下并記云報者十有二。無降殺之差。感恩者皆稱報。若此子念繼母恩終。從而爲報。母以子恩。不可降殺。即生報文。餘皆放此。傳曰。何以期也。貴終也。【注】嘗爲母子。貴終其恩。

○不杖麻屨者。【注】此亦齊衰。言其異於上。【疏】【注】釋曰。案上斬章布

乾隆四年校刊

總箭笄。亦是異於上。鄭不言之。至此乃注者。彼亦是異於上。不言者。以下文更有公士大夫之衆臣爲其君布帶繩屨。亦是異於上。同是斬衰而有二文。皆異。故不得言異於上。直注云此妻妾女子子異於男子而已。此則雖是別章。唯此二事異於上。故得言之也。此不杖章輕於上禫杖。故次之。又此章與上章雖杖與不杖不同。其正服齊衰裳皆同五升而冠八升。則不異也。必知父在爲母不衰四升冠七升。與上三年齊衰同者。見鄭注雜記云。士以臣從君服之齊衰。爲其母與兄弟。是父在爲母與兄弟同正服五升八升之驗也。又鄭注服問云。爲母既葬衰八升。是初死衰五升冠八升。既葬以其冠爲受。受衰八升冠九升。是亦爲母同正服衰五升之驗也。又案此章云不杖麻屨。鄭云言其異於上。則上章下疏衰之等亦同。又是爲母同正服五升之驗也。案下記云。齊衰四升冠七升。及閒傳云。爲母既虞受衰七升者。唯據上章父卒爲母齊衰三年者也。○祖父母。

疏 釋曰。孫爲之服。喪服條例皆親而尊者在先。故斬章先父。三年齊衰先母。此不杖期先祖。亦是其次。若然。此章有降有正有義。服之本制。若爲父期。祖合大功。爲父母加隆至三年。祖亦加隆至期。是以祖在於章首。得其室。傳曰。何以期也。至尊也。疏傳釋曰。云何以期也至尊也者。此據母而問。所生之母至親。唯期而已。祖爲孫止大功。孫爲祖既疏。何以亦期。答云至尊也者。祖爲孫降至大功。似父母於子降至期。祖雖非至親。是至尊。故期。若然。不云祖至尊而直云至尊者。以是父之至尊。非孫之至尊。故直云至尊也。○世父母。叔父母。疏釋曰。世叔既卑於祖。故次之。伯言世者。欲見繼世。爲昆弟之子亦期。不言報者。以昆弟之子猶子。若言報爲疏。故不言報也。傳曰。世父叔父何以期也。與尊者一體也。然則昆弟之子何以亦期也。旁尊也。不足以加尊焉。故報之也。父子一體也。夫妻一體也。昆弟一體也。故父子首足也。夫妻牉合也。昆弟四體也。故昆弟之義無分。然而有分者。則辟子之私也。子不私其父。則不成爲子。故有東宮。有西宮。有南宮。有北宮。異居

乾隆四年校刊

宋本姑下有姊妹二字 戴云姊妹見下注此不當有

而同財。有餘則歸之宗。不足則資之宗。世母叔母何以亦期也。以名服也。注 宗者。世父爲小宗。典宗事者也。資取也。爲姑在室亦如之。音義 旁，劉薄浪反，又如字。胖，普半反。辟，音避。疏 傳 釋曰。傳發何以期問此例者。雷氏云。非父之所尊嫌服重。故問也。不直云何以言世父叔父者。以經總言而傳離釋。故二文各别問也。云與尊者一體也者。雖非至尊。既與尊者爲一體。故服期。不言與父爲一體者。直言尊者明父爲一體也。爲與二尊故加期也。云然則昆弟之子何以亦期也者。以世叔父與二尊爲體。故加期。昆弟之子。無此義。何以亦期。故怪而致問也。云旁尊也不足以加尊焉。故報之也者。凡得降者。皆由己尊也。故降之。世叔非正尊。故生報也。云父子一體以下云云。傳云此者。上既云一體。故傳又廣明一體之義。凡言體者。若人之四體。故傳解父子夫妻昆弟還比人四體而言也。云父子一體也者。謂子與父骨血是同爲體。因其父與祖亦爲一體。又見世叔與祖亦爲一體也。云夫妻一體也者亦見世叔母與世叔父爲一體也。云昆弟一體也者。又

集釋無也字

見世叔與父亦爲一體也。故馬云。言一體者。還是至親因父加於世叔。故云昆弟一體。因世叔加於世叔母。故云夫妻一體也。因上世叔是旁尊。故以下廣明尊有正有旁之義也。人身首足爲上下。父子亦是尊卑之上下。故父子比於首足。因父子兼見祖孫。故馬云首足者。父尊若首。加祖在期。子卑若足。曾孫在緦也。云夫婦牉合也者。郊特牲云。天地合而后萬物興焉。是夫婦牉合。子肩生焉。是牉合爲一體也。云昆弟四體也者。四體謂二手二足。在身之旁。昆弟亦在父之旁。故云四體也。云故昆弟之義無分者。此傳兄弟有合離之義。以手足四體本在一身。不可分別。若昆弟共成父身。亦不可分別。是昆弟之義不合分也。云然而有分者。則辟子之私也者。昆弟理不合分。然而分者。則辟子之私也。使昆弟之子各自私朝其父。故須分也。云子不私其父則不成爲子者。內則云。子事父母。雞初鳴。咸盥漱。櫛縰。笄總。朝事父母。若兄弟同在一宮。則尊崇諸父之長者第二已下。其子不得私其父。不成爲人之子之法也。云故有東宮有西宮云云。案內則云。命士以上父子異宮。不命之士父子同宮。縱同宮亦有隔別。亦爲四方之宮也。云世母叔母何以亦期也。以名服也者。二母是路人。以來配世叔父。則生母名。既有母名。則當隨世叔而服之。故云以名服也。【注】釋曰。案喪服小記云。繼別爲大宗。繼禰爲小宗。大宗繼別子之後。百世不遷之宗。在五服之內者。族人爲之月算如邦人。餘爲齊衰。齊衰三月章宗子是也。小宗有四。皆據五服之內。依常著服。五世別高祖則別事親者。今宗子在期章之內。明非大宗子。是世父爲小宗典宗事者也。云爲姑在室亦如之者。大功章云。爲姑嫁大功。明未嫁在此期章。若然。經不見姑者。雷云。不見姑者。欲見及時早出之義。

○大夫之適子爲妻。【音義】適丁狄反。本又作嫡。【疏】釋曰。云大夫之適子爲妻。在此不杖章。則上杖章爲妻者是庶子爲妻。父沒後適子亦爲妻杖。亦在彼章也。

傳曰。何以期也。父之所不降。子亦不敢降也。何以不杖也。父在則爲妻不杖。【注】大夫不以尊降適婦者。重適也。凡不降者。謂如其親服服之。降有四品。君大夫以尊降。公子大夫之子以厭降。公之昆弟以旁尊降。爲人後者女子子嫁者以出降。〔疏〕〔傳〕釋曰。怪所以朞。發比例而問者。爲妻朞。故發問也。云父之所不降。子亦不敢降也者。大功章有適婦。注云。適子之妻。是父不降適婦也。云子亦不敢降者。謂不敢降至大功與庶子同也。云何以不杖也者。既不降。怪不杖。故發問也。父在爲妻不杖者。父爲適子之婦爲喪主。故適子不敢伸而杖也。服問云。君所主。夫人妻太子適婦。是大夫爲適婦爲喪主也。故子不杖也。若然。此適子爲妻。通貴賤。今不云長子通上下。云適子。唯據大夫者。以五十始爵。爲降服之始。嫌降適婦。其子亦降其妻。故明舉大夫不降。天子諸侯雖尊不降可知。〔注〕釋曰。云大夫不以尊降適婦者。重適也者。此解經文所不降適子之婦。對大夫爲庶子之婦小功是尊降也。云凡不降者。謂如其親服服之者。謂依五服常法服之。云降有四品者。鄭因傳有降不降之文。遂總解喪服上下降服之義。云君大夫以尊降者。天子諸侯爲正統之親。后夫人與長子長子之妻等不降。餘親則絕。天子諸侯絕者。大夫降一等。即大夫爲衆子大功之等是也。云公子大夫之子以厭降者。此非身自尊。以受父之厭屈降。下記云。公子爲其母練冠麻麻衣縓緣。爲其

乾隆四年校刊

妻縓冠葛絰帶麻衣。父卒乃大功。是也。大夫之子。卽小功章云大夫之子爲從父昆弟在小功。皆是也。云公之昆弟以旁尊降者。此亦非己尊。旁及昆弟。故亦降其諸親。卽小功章云公之昆弟爲從父昆弟。是也。案大功章云。公之庶昆弟爲母妻昆弟。傳曰。先君餘尊之所厭。不得過大功。若然。公之昆弟有兩義。旣以旁尊。又爲餘尊厭也。云爲人後者女子子嫁者以出降者。謂若下文云爲人後者爲其父母報。又下文云女子子適人者爲其父母昆弟爲父後者。此二者是出也。凡大夫之服。例在正服後。今在昆弟上者。以其妻本在杖期。直以父爲主。故降入不杖章。是以進之在昆弟上也。○昆弟。注昆兄也。爲姊妹在室亦如之。疏釋曰。昆弟卑於世叔。故次之。此亦至親以期斷。注釋曰。云昆兄也者。昆明也。以其次長。故以明爲稱。弟第也。以其小。故以次第爲名。云爲姊妹在室亦如之者。義同於上姑在室也。○爲衆子。注衆子者。長子之弟及妾子。女子子亦如之。士謂之衆子。未能遠別也。大夫則謂之庶子。降之爲大功。天子國君不服之。内則曰。冢子未食而見。必執其右手。適子庶子已食而見。必循其首。[音義] 别，彼列反。[疏] 釋曰。衆子卑於昆弟。故次之。[注] 釋曰。注兼云女子之義。如上姑姊妹。但上鄭注云在室。此不云在室可知。故略不言也。昆弟衆子及下昆弟之子皆不發傳者。以其同是一體。故無異問。姊妹女子子在室不見者。亦如上姑不見。雷氏云。欲見出當及時。又大功章見姑姊妹女子子嫁大功。明此在室可知。故略之也。云士謂之衆子未能遠别也者。經不云士。鄭云士者。喪服本文是士。故言士可知也。云大夫則謂之庶子降之爲大功者。下文大夫之子皆云庶子。降一等故大功。云天子國君不服之者。以其絶旁親。故卑不服。若然。經所云唯據士也。引内則者。案彼云。子生三月之末。擇日翦髮爲鬌以見於父。若冢子生。則見於正寢。其日夫妻其食。具視朔食。天子則大牢。諸侯則少牢。大夫特牲。士特豚。冢子未食而見。必執其右手。咳而名之。執右。明授之室事。退入夫之燕寢乃食。下云其非冢子皆降一等。又云適子庶子已食而見。必循其首者。不授室事故也。此鄭注未食已食急正緩庶之義。言冢子。猶言長子。通於下也。彼言適子。

謂適妻所生第二已下庶子謂妾子也引之者證言庶子是别於適長者也○昆弟之子傳曰何以期也報之也【注】檀弓曰喪服兄弟之子猶子也蓋引而進之【疏】釋曰昆弟子疏於親子故次之世叔父爲之【注】釋曰此兩相爲服不言報者引同己子與親子同故不言報是以引檀弓爲證言進者進同己子故也○大夫之庶子爲適昆弟【注】兩言之者適子或爲兄或爲弟【疏】釋曰此大夫之妾子故言庶若適妻所生第二已下當直云昆弟不言庶也【注】釋曰云兩言之者以其適妻所生適子或長於妾子或小於妾子故云兩言之適子或爲兄或爲弟是以經昆弟並言之傳曰何以期也父之所不降子亦不敢降也【注】大夫雖尊不敢降其適重之也適子爲庶昆弟庶昆弟相爲亦如大夫爲之【疏】【傳】釋曰云父之所不降者即斬章父爲長子是也云子亦不敢降者於此服期是也發何以傳者餘兄弟相爲皆大功獨

爲適服期故發問比例之傳也注釋曰云大夫雖尊不敢降其適重之也者釋傳文之所不降云適子爲庶弟已下鄭廣明大夫與適子所降者以大夫適子得行大夫禮故父子俱降庶庶又自相降也如大夫爲之皆大功也○

適孫疏釋曰孫卑於昆弟故次之此謂適子死其適孫承重者祖爲之期

傳曰何以期也不敢降其適也有適子者無適孫孫婦亦如之注周之道適子死則立適孫是適孫將上爲祖後者也長子在則皆爲庶孫耳孫婦亦如之適婦在亦爲庶孫之婦凡父於將爲後者非長子皆期也疏傳釋曰傳云何以問此例者亦爲衆孫大功此獨期故發問也云有適子者無適孫者謂適子在不得立適孫爲後也云孫婦亦如之亦謂不立之故云亦如之也注釋曰云周之道適子死則立適孫是適孫將上爲祖後者也者此釋祖爲孫服重之義言周之道對殷道則不然以其殷道適子死弟乃當先立故言周之道也云長子在則皆爲庶孫耳

者既適子在不得立孫明同庶孫之例云凡父於將爲後者非長子皆期也者案喪服小記云適婦不爲舅後者則姑爲之小功注云謂夫有廢疾他故若死而無子不受重者小功庶婦之服也凡父母於子舅姑於婦將不傳重於適及將傳重者非適服之皆如衆子庶婦也是以鄭云凡父母於子舅姑於婦非長子皆期明非長子婦及於非適孫傳重同於庶孫大功可知也若然長子爲父斬父亦爲斬適孫承重爲祖斬祖爲之期不報之斬者父子一體本有三年之情故特爲祖斬祖爲孫本非一體但以報期故期不得斬也 ○爲人後者爲其父母報【疏】釋曰此謂其子後人反來爲父母在者欲其厚於所後薄於本親抑之故次在孫後也若然既爲本生不降斬至禫杖章者亦是深抑厚於大宗也言報者既深抑之使同本疏往來相報之法故也傳曰何以期也不貳斬也何以不貳斬也持重於大宗者降其小宗也爲人後者孰後後大宗也曷爲後大宗大宗者尊之統也禽獸知母而不知父野人

曰父母何算焉都邑之士則知尊禰矣大夫及學士則知尊祖矣諸侯及其大祖天子及其始祖之所自出尊者尊統上卑者尊統下大宗者尊之統也大宗者收族者也不可以絕故族人以支子後大宗也適子不得後大宗【注】都邑之士則知尊禰近政化也大祖始封之君始祖者感神靈而生若稷契也自由也及始祖之所由出謂祭天也上猶遠也下猶近也收族者謂別親疏序昭穆大傳曰繫之以姓而弗別綴之以食而弗殊雖百世婚姻不通者周道然也【音義】算後如字又音僎算素管反劉音選大祖音泰

【疏】【傳】釋曰問者本生父母應斬及三年今乃不杖期故問比例也云不貳斬也者答辭又不貳斬者持重於

大宗者降其小宗此解不貳斬之意也此問答雖兼母專據父故答以斬而言案喪服小記云別子爲祖繼別爲大宗謂若魯桓公適夫人文姜生太子名同後爲君次子慶父叔牙季友此三子謂之別子別子者皆以臣道事君無兄弟相宗之法與太子有別又與後世爲始故稱別子也大宗有一小宗有四大宗一者別子之子適者爲諸弟來宗之即謂之大宗自此以下適適相承謂之百世不遷之宗五服之內親者月算如邦人五服之外皆來宗之爲之齊衰齊衰三月章爲宗子之母妻是也小宗有四者謂大宗之後生者謂別子之弟[illegible]記注云別子之世長子兄弟宗之第二已下長者親弟來宗之爲繼禰小宗更一世長者非直親兄弟又從父昆弟亦來宗之爲繼祖小宗更一世長者非直親昆弟從父昆弟又有從祖昆弟來宗之爲繼曾祖小宗更一世長者非直有親昆弟從父昆弟從祖昆弟來宗之又有從曾祖昆弟來宗之爲繼高祖小宗也更一世絕服不復來事以彼自事五服內繼高祖已下者也四者皆是小宗則家家皆有兄弟相事長者之小宗雖家家盡有小宗仍世事繼高祖已下之小宗也是以上傳云有餘則歸之宗亦謂當家之長爲小宗者也云爲人後者孰

後後大宗也者。此問小宗大宗二者與何者爲後後大宗也。案何休云。小宗無後當絶。與此義同也。又云後大宗者降其小宗。此則繼爲人後者爲其父母。父母尚降。明餘皆降也。故大功章云爲人後者爲其昆弟。是降小宗之類也。云曷爲後大宗者尊之統者。此問必後大宗何意也。明宗子尊。統領族人。是以書傳云。宗子燕族人於堂。宗婦燕族人於房。序之以昭穆。既有族食族燕齒序族人之事。是以須後。不可絶也。故云尊之統也。云禽獸已下者。因上尊宗子。遂廣申尊禰宗子之事也。云禽獸知母不知父者。爾雅云。兩足而羽謂之禽。四足而毛謂之獸。彼對文而言之也。若散文言之。獸亦名禽。禽獸所生。唯知隨母。不知隨父。是知母不知父。云野人曰父母何算焉者。野人謂若論語鄭注云。野人麤略與都邑之士相對。亦謂國外爲野人。野人稍遠政化。都邑之士爲近政化。周禮云野自六尺之類者。不知分別父母尊卑也。云都邑之士則知尊禰者。士下對野人。上對大夫。則此士所謂在朝之士。并在城郭士民知義禮者總謂之爲士也。云大夫及學士則知尊祖者。此學士謂鄉庠序及國之大學小學之學士。文王世子亦云學士。雖未有官爵。以其習知四術。閑之六藝。知祖義父仁之禮。故敬父遂尊祖。得與大夫之貴同也。諸侯及其大祖。天子及其始祖所自出。皆是爵尊者其德所及遠之義也。云大宗收族已下。謂論大宗立後之意也。云適子不得後大宗者。以其自當主家事。并承重祭祀之事故也。注釋曰。都邑之士者。對天子諸侯曰國。采地大夫曰都邑。故周禮載師有家邑小都大都。春秋左氏諸侯下大夫采地。亦云邑曰築都曰城。散文天子已下皆名都邑。都邑之內者其民近政化。若然。天子諸侯施政化民。無以遠近爲異。但近者易化。遠者難感。故民近政化者識深。則知尊父。遠政化者識淺。不知父母有尊卑之別也。大祖始封之君者。案周禮典命云。三公八命。卿六命。大夫四命。其爵皆加一等。加一等者。三公爲上公九命。卿爲牧爲侯伯七命。大夫爲子男五命。此皆爲大祖。後世不毀其廟。若魯之周公。齊之大公。衛之康叔。鄭之桓公之類皆是大祖者也。云始祖感神靈而生若后稷契也自由也及始祖所由生。謂祭天者。謂祭所感帝。還以始祖配之。案大傳云。王者禘其祖之所自出。以其祖配之。是后稷感東方青帝靈威仰所生。契感北方黑帝汁光紀所生。易緯云。三王之郊。一用夏正。郊特牲云。兆日於南郊就陽位。則王者建寅之月祀所感帝於南郊。還以感生祖配祭。周以后稷。殷以契配之。故鄭云謂祖配祭天也。又鄭注大傳云。王者之先祖。皆感太微五帝之精以生。則不止后稷與契而已。但后稷感青帝所生。即生民詩云履帝武敏歆。據鄭義。帝嚳世妃姜嫄履青帝大人跡而生后稷。殷之先母有娀氏之女簡狄吞燕卵而生契。此二者文著。故鄭據而言之。其實帝王皆有所感而生也。云上猶遠也下猶近也者。天子始祖所自出諸侯及大祖。並於親廟外祭之。是尊統遠。大夫三廟。適士二廟中下士一廟。是卑者尊統近也。若然。此論大宗子而言天子諸侯大夫士之等者。欲見大宗子統領百世而不遷。又上祭別祖與大祖而不易。亦是尊統遠。小宗子者唯統五服之內。是尊統近。故傳言尊統遠近。而云大宗者尊之統也。又云大宗者收族。是大宗統遠之事也。引大傳者。案彼稱姓謂正姓。若殷子周姬之類。綴之以食者。以食禮相連綴。使不相疏。若宗子與族人行族食族燕者也。云百世婚姻不通周道然者。對殷道則不然。謂殷家不繫之以正姓。但五世絕服以後。庶姓別於上而戚單於下。下婚姻通也。引之者。證周之大宗子統領族人序以昭穆。百世不亂之事也。

○女子子適人者。爲其父母。昆弟之爲

父後者。【疏】釋曰。女子卑於男子。故次男子後。傳曰。爲父何以期也。婦人不貳斬也。婦人不貳斬者何也。婦人有三從之義。無專用之道。故未嫁從父。既嫁從夫。夫死從子。故父者子之天也。夫者妻之天也。婦人不貳斬者。猶曰不貳天也。婦人不能二尊也。爲昆弟之爲父後者何以亦期也。婦人雖在外。必有歸宗。曰小宗。故服期也。【注】從者。從其教令。歸宗者。父雖卒。猶自歸宗。其爲父後服重者。不自絶於其族類也。曰小宗者。言是乃小宗也。小宗明非一也。小宗有四。丈夫婦人之爲小宗。各如其親之服。辟大宗。【疏】【傳】釋曰。經兼言父母。傳特問父不問母者。家無二尊。故父在爲母期。今出嫁仍期。但不杖禫而已。未多懸絶。故不問女子子在室斬衰三年，今出嫁與母同在不杖期，屬懸絕，故問云爲父何以期也。婦人不貳斬也，答辭。婦人不貳斬者何，更問不貳斬之意也。云婦人有三從之義已下，答辭。前斬章云爲人後，不云丈夫不貳斬，至此女子子云婦人不貳斬者，則丈夫容有二斬，故有爲長子皆斬。又喪服四制云：門內之治恩揜義，門外之治義斷恩，至於君父別時而喪，仿得爲父伸斬，則丈夫有二斬。至於女子子在家爲父，出嫁爲夫，唯一無二，故特言婦人，是異於男子故也。若然，案雜記云：與諸侯爲兄弟者服斬，是婦人爲夫并爲君得二斬者，然則此婦人不貳斬者，在家爲父斬，出嫁爲夫斬，爲父期，此其常事。彼爲君不可以輕服服君，非常之事，不得決此也。言婦人有三從之義者，欲言不貳斬之意，婦人從人，所從即爲之斬。若然，夫死從子，不爲子斬者，子爲母齊衰，母爲子不得過齊衰，故亦不斬也。云婦人不能二尊者，欲見不貳斬之意。云曰小宗，故服期者，欲見大宗子百世不遷，婦人所歸，雖不歸大宗，宗內丈夫婦人爲之齊衰三月。小宗，宗內兄弟，父之適長者爲之，婦人之所歸宗者歸其小宗，遂爲之期。與大宗別，傳恐人疑爲大宗，故辨之，曰小宗，故服期也。注釋曰：歸宗者，父雖卒，猶自歸宗。

乾隆四年校刊

知義然者。若父母在。嫁女自當歸寧父母。何須歸宗子。傳言婦人雖在外必歸宗。明是據父母卒者。故鄭據父母卒而言。若然。天子諸侯夫人父母卒不得歸宗。以其人君絶宗。故許穆夫人衛侯之女。父死不得歸。賦載馳詩是也。云小宗者言是乃小宗也者。鄭解傳意。言曰小宗者。傳重釋歸宗是乃小宗也。云明非一者。欲見家家皆有也。云小宗有四者。已於上釋。云丈夫婦人爲小宗各如其親之服者。謂各如五服尊卑服之。無所加減。云避大宗者。大宗則齊衰三月。凡丈夫婦人五服外皆齊衰三月。五服內月算如邦人。亦皆齊衰。無大功小功緦麻。故云避大宗也。

○繼父同居者。疏釋曰。繼父本非骨肉。故次在女子子之下。案郊特牲云。夫死不嫁。終身不改。詩共姜自誓不許再歸。此得有婦人將子嫁而有繼父者。彼不嫁者自是貞女守志。亦有嫁者。雖不如不嫁。聖人許之。故齊衰三年章有繼母。此又有繼父之文也。

傳曰。何以期也。

傳曰。夫死妻穉子幼。子無大功之親。與之適人。而所適者亦無大功之親。所適者以其貨財爲之築宮廟。歲時使之祀焉。妻不敢與焉。若是則繼父之道也。同居則服齊衰期。異居則服齊衰三月。必嘗同居。然後爲異居。未嘗同居。則不爲異居。注妻稺。謂年未滿五十。子幼。謂年十五已下。子無大功之親。謂同財者也。爲之築宮廟於家門之外。神不歆非族。妻不敢與焉。恩雖至親。族已絶矣。夫不可二。此以恩服爾。未嘗同居。則不服之。音義適。施隻反。稺。直吏反。疏傳釋曰。何以期也者。以本非骨肉。故致問也。傳曰已下。竝是引舊傳爲問答。自此至齊衰期。謂子家無大功之內親。繼父以財貨爲此子築宮廟。使此子四時祭祀不絶。三者皆具。即爲同居。子爲之期。以繼父恩深故也。言妻不言母者。已適他族。與己絶。故言妻。欲見與他爲妻。不合祭已之父故也。云異居則服齊衰三月。必嘗同居。然後爲異居者。此一節論異居繼父。言異者。昔同今異。謂上三者若闕一事，則爲異居。假令前三者皆具，其後或繼父有子，即是繼父有大功之内親，亦爲異居矣。如此，繼父死，爲之齊衰三月，下文齊衰三月章繼父是也。云「必嘗同居，然後爲異居」者，欲見前時三者具爲同居，後三者一事闕，即爲異居之意。云「未嘗同居，則不爲異居」，謂子初與母往繼父家時，或繼父有大功内親，或己有大功内親，或繼父不爲己築宫廟，三者一事闕，雖同在繼父家，亦名不同居繼父，全不服之矣。注釋曰：鄭知「妻稺」謂年未滿五十者，案内則妾年五十閉房不復御，何得更嫁，故未滿五十也。云「子幼，謂年十五已下」者，案論語云「可以託六尺之孤」，鄭亦云十五以下。知者，見周禮鄉大夫職云「國中自七尺以及六十，野自六尺以及六十有五，皆征之」，七尺謂年二十，六尺謂年十五，十五則受征役，何得隨母，則知子幼十五已下。言已下，則不通十五，以其十五受征，明據十四至年一歲已上也。云「大功之親，謂同財者」，下記云「小功已下爲兄弟」，則小功已下疏，故得兄弟之稱，則大功之親容同財共活可知。云「爲之築宫廟於家門之外」者，以其中門外有己宗廟，則知此在大門外築之也。必在大門外築之者，神不歆非族故也。若在門内，於鬼神爲非族，恐不歆之，是以大門外爲之。隨母嫁得有廟者，非必正廟，但是鬼神所居曰廟，若祭法云庶人祭於寢也。神不歆非族。大戴禮文。云夫不可二者，據傳云妻。明據繼父而言，以其與繼父爲妻，不可更於前夫爲妻而祭，故云夫不可二也。云此以恩服爾者，并解爲繼父期與三月。云未嘗同居則不服之。○者，以其同居與異居有服，明未嘗同居，不服可知。

爲夫之君。傳曰：何以期也？從服也。疏釋曰：此以從服，故次繼父下。但臣之妻皆稟命於君之夫人，不從服小君者，欲明夫人命亦由君來，故臣妻於夫人無服也。不直言夫之君而言爲者，以夫之君從服輕，故特言爲夫之君也。傳釋曰：傳曰何以期者，問比例者，怪人疏而同親者，故發問。云從服也者，以夫爲君斬，故妻從服期也。○

姑姊妹女子子適人無主者，姑姊妹報。疏釋曰：此等親出適，已降在大功，雖矜之服期，不絕於夫氏，故次義服之下。女子子閒在上不言報者，女子子出適大功，反爲父母自然猶期，不須言報，故不言也。姑對姪，姊妹對兄弟，出適反爲姪與兄弟大功，姪與兄弟爲之降至大功，今還相爲期，故須言報也。

傳曰：無主者，謂其無祭主

者也。何以期也？爲其無祭主故也。【注】無主後者，人之所哀憐，不忍降之。【疏】【傳】釋曰：云"無主"者，謂其無祭主者。無主有二，謂喪主、祭主，傳不言喪主者，喪有無後，無無主者。若當家無喪主，或取五服之內親，又無五服親，則取東西家，若無，則里尹主之。今無主者，謂無祭主也，故可哀憐而不降也。【注】釋曰：云"人之所哀憐者"，謂行路之人見此無夫復無子而不嫁，猶生哀愍，況姪與兄弟及父母，故不忍降之也。若然，除此之外，餘人爲之服者，仍依出降之服，而不服加，以其餘人恩疏故也。不言嫁而云適人者，若言適人，即謂士也；若言嫁，乃嫁於大夫，於本親又以尊降，不得言報，故云適人，不言嫁。

○爲君之父母、妻、長子、祖父母。【疏】釋曰：此亦從服，輕於夫之君及姑姊妹女子子無主，故次之。言爲者，亦如爲夫之君也。

傳曰：何以期也？從服也。父母、長子，君服斬；妻則小君也；父卒，然後爲祖後者服斬。【注】此爲君矣，而有父若祖之喪者，謂始封之君也。若是繼體。則其父若祖有廢疾不立。父卒者。父爲君之孫。宜嗣位而早卒。今君受國於曾祖。【疏】【傳】釋曰。云父母長子君服斬者。欲見臣從君服期。若然。君之母當在齊衰。云君父同在斬者。以母亦有三年之服。故并言之。云妻則小君也者。欲見臣爲小君期是常。非從服之例。云父卒然後爲祖後者服斬者。傳解經臣爲君之祖父母服期。若君在則爲君祖父母從服期。【注】釋曰。云此爲君矣。而有父若祖之喪者。謂始封之君也者。若周禮典命。三公八命。其卿六命。大夫四命。出封皆加一等。是五等諸侯爲始封之君。非繼體。容有祖父不爲君而死。君爲之斬。臣亦從服期也。云若是繼體則其父若祖有廢疾不立者。此祖與父合立。爲廢疾不立。己當立。是受國於曾祖。若然。此二者自是不立。今君立不關父祖。又云父卒者。父爲君之孫。宜嗣位而早卒。今君受國於曾祖者。此解傳之父卒耳。鄭意以父祖有廢疾。必以今君受國於曾祖。不取受國於祖。若受國於祖。祖薨則羣臣爲之斬。何得從服期。故鄭以新君受國於曾祖。若然。曾祖爲君薨。羣臣自當服斬。若君之祖薨。君爲之服斬。臣從服期也。若然。父卒者。父爲君之孫。

乾隆四年校刊

宜嗣位而早卒。則君之祖。亦是廢疾。或早死不立。是以君之父受國於祖。復早卒。今君乃受國於曾祖也。趙商問。已爲諸侯。父有廢疾。不任國政。不任喪事。而爲其祖服制度之宜。年月之斷云何。答云。父卒爲祖後者三年斬何疑。趙商又問。父卒爲祖後者三年。已聞命矣。所問者父在爲祖如何。欲言三年則父在。欲言期復無主斬杖之宜。主喪之制。未知所定。答曰。天子諸侯之喪皆斬衰無期。彼志與此注相兼乃具也。（）妾爲女君。【疏】釋曰。妾事女君。使與臣事君同。故次之也。以其妻既與夫體敵。妾不得體夫。故名妾。妾接也。接事適妻。故妾稱妾妻爲女君也。傳曰何以期也。妾之事女君與婦之事舅姑等。【注】女君。君適妻也。女君於妾無服。報之則重。降之則嫌。【疏】【傳】釋曰。傳意謂妾或是妾之姪娣。同事一人。忽爲之重服。故發問也。答曰。妾之事女君與婦之事舅姑等者。婦之事舅姑亦期。故云等。但並后匹適。傾覆之階。故抑之。雖或姪娣。使如一丁之妻與婦事舅姑同也。【注】釋曰。云女君於妾無服者。謂經傳無女君服妾之文。故云無服者。鄭解其不服之意。是以云報之則重。還報以期。無尊卑降殺。大重也。云降之則嫌者。若降之大功小功。則似舅姑爲適婦庶婦之嫌。故使女君爲妾無服也。○婦爲舅姑。疏釋曰。文在此者。既欲抑妻事女君使如事舅姑。故婦爲舅姑在下。欲使妾情先於婦。故婦文在後也。傳曰。何以期也。從服也。疏傳釋曰。問之者。本是路人。與子胖合。則爲重服。服夫之父母。故問也。云從服也。者。荅辭。既得體其子爲親。故重服爲其舅姑也。○夫之昆弟之子。注男女皆是。疏釋曰。檀弓云。兄弟之子猶子也。蓋引而進之。進同己子。故二母爲之亦如己子服期也。注釋曰。云男女皆是者。據女在室與出嫁。與二母相爲服同。期與大功。故子中兼男女。但以義服情輕。同婦事舅姑。故次在下也。傳曰。何以期也。報之也。疏傳釋曰。報之者。二母與子本是路人。爲配二父而有母名。爲之服期。故二母報于還服期。若然。士世叔之下不言報。至此言之者。二父本是父之一體。又引同己子。不得言報。至此本疏。故言報也。○公妾大夫之妾爲其子。疏釋曰。二妾爲其子。應降而不降。重出此文。故次之。傳曰。何以期也。妾

乾隆四年校刊

不得體君，爲其子得遂也。【注】此言二妾不得從於女君尊降其子也。女君與君一體，唯爲長子三年，其餘以尊降之，與妾子同也。【疏】【傳】釋曰：傳嫌二妾承尊應降，今不降，故發問。答云妾不得體君，爲其子得遂也者，諸侯絶旁期，爲衆子無服；大夫降一等，爲衆子大功；其妻體君，皆從夫而降之。至於二妾賤，皆不得體君，君不厭妾，故自爲其子得伸，遂而服期也。【注】釋曰：云唯爲長子三年，更云其餘，謂己所生第二已下，以尊降與妾子同。諸侯夫人無服，大夫妻爲之大功也。○女子子爲祖父母。【疏】釋曰：章首已言爲祖父母，兼男女。彼女據成人之女，此言女子子，謂十五許嫁者，亦以重出其文，故次在此也。傳曰：何以期也？不敢降其祖也。【注】經似在室，傳似巳嫁。明雖有出道，猶不降。【疏】【傳】釋曰：祖父母正期也。巳嫁之女可降旁親，祖父母正期，故不降也，故云不敢降其祖也。【注】釋曰：知經似在室者，以其直云女子子，無嫁文，故云似在室。云傳似巳嫁者，以其言不敢，則有敢者。敢謂出嫁降旁親。是已嫁之文。此言不敢。是雖嫁而不敢降祖。故云傳似已嫁也。經傳互言之。欲見在室出嫁同不降。故鄭云明雖有出道猶不降也。云出道者。女子子雖十五許嫁。始行納采問名納吉納徵四禮。卽著笄爲成人。得降旁親。要至二十乃行請期親迎之禮。以其笄而未出。故云明雖有出道猶不降。不直言出而言道者。實未出。故云出道。猶鄭注論語云。雖不得祿。亦得祿之道。是亦未得祿而云得祿之道。亦此類也。

○大夫之子。爲世父母。叔父母。子。昆弟。昆弟之子。姑姊妹。女子子無主者。爲大夫命婦者。唯子不報。【注】命者。加爵服之名。自士至上公。凡九等。君命其夫。則后夫人亦命其妻矣。此所爲者。凡六命夫。六命婦。【疏】釋曰。此言大夫之子。爲此六命夫六命婦服期不降之事。其中雖有子女重出其文。其餘竝是應降而不降。故次在女子爲祖下。但大夫尊。降旁親一等。此男女皆合降至大功。爲作大夫與己尊同。故不降。還服期。若姑姊妹女子子。若出嫁大功。適士又降至小功今嫁大夫雖降至大功爲無祭主哀憐之不忍降還服朞也注釋曰云命者加爵服之名者見公羊傳云錫者何賜也命者何加我服也又案覲禮諸公奉篋服加命書於其上以命侯氏是命者加爵服之名也云自士至上公凡九等者不據爵皆據命而言故大宗伯云以九儀之命正邦國之位一命受爵再命受服三命受位四命受器五命賜則六命賜官七命賜國八命作牧九命作伯伯則分陝上公者是九等者也以其典命上公九命侯伯七命子男五命大國孤四命公侯伯卿三命大夫再命士一命子男卿二命大夫一命士不命天子三公八命其卿六命大夫四命上士三命中士二命下士一命此經雖無士鄭總解天子諸侯命臣后夫人命妻之事故兼言士也君命其夫者君中總天子諸侯云后夫人亦命其妻矣者案禮記云夫人不命於天子自魯昭公始也由昭公娶同姓不告天子天子亦不命明臣妻皆得后夫人命也鄭言此者經云命夫命婦不辨天子諸侯之臣則天子諸侯下但是大夫妻皆是命婦也云此所爲者凡六命夫六命婦者六命夫謂世父一也叔父二也子三也昆四也弟五也昆弟之子六也六命婦者世母一也叔母二也姑三也姊四

也。妹五也。女子子六也。傳曰：大夫者，其男子之爲大夫者也。命婦者，其婦人之爲大夫妻者也。無主者，命婦之無祭主者也。何以言唯子不報也？女子子適人者爲其父母期，故言不報也，言其餘皆報也。何以期也？父之所不降，子亦不敢降也。大夫曷爲不降命婦也？夫尊於朝，妻貴於室矣。【注】無主者，命婦之無祭主，謂姑姊妹女子子也。其有祭主者，如衆人。唯子不報，男女同不報爾。傳唯據女子子，似失之矣。大夫曷爲不降命婦，據大夫於姑姊妹女子子既以出降大功，其適士者又以尊降在小功也。夫尊於朝，與己同；婦貴於室，從夫爵也。【音義】適，如字。朝，直遥反。【疏】

【傳】釋曰。云無主者命婦之無祭主者也者。鄭兼言命婦欲見既爲命婦不降。又無祭主更不降。服期之意也。傳云何以言唯子不報也。鄭云子中兼男女。傳唯據女子子。鄭不從也。云何以期也。父之所不降子亦不敢降也者。欲見此經云大夫之子得行大夫禮。降與不降一與父同。故傳據其父爲大夫爲本。以子亦之也。云大夫曷爲不降命婦也已下。欲見大夫是尊同大夫妻是婦人非尊同。亦不降者。傳解妻亦與夫同尊卑之意。是以云夫尊於朝妻貴於室。以其大夫以上貴。士以下賤。此中無上與士妻。故以貴言之也。

釋曰。云無主者命婦之無祭主謂姑姊妹女子子也者。鄭言此者。經六命婦中有世母叔母。故鄭辨之。以其世母叔母無主。有主皆爲之期。故知唯據此四人而言也。云唯子不報男女同不報爾者。以其男女俱爲父母三年。父母唯爲長子斬。其餘降。何得言報。故知子中兼男女。是知傳唯據女子子。失之矣。云大夫曷爲不降命婦者據大夫於姑姊妹女子子既以出降大功。其適士者又以尊降在小功也者此亦六命婦中有二母。故鄭辨之也。云夫尊於朝已下。鄭亦解姑姊妹女子子之夫貴與己同之義。若然。案曲禮云四十強而仕。五十艾服官政爲大夫。何得大夫子

浦校女君下有體君二字

又爲大夫。又何得有弟之子爲大夫者。五十命爲大夫白是常法。大夫之子有德行茂盛者。豈待五十乃命之乎。是以殤小功有大夫爲其昆弟之長殤。大夫既爲兄弟殤。明是幼爲大夫。舉此一隅。不得以常法相難也。

○大夫爲祖父母適孫爲士者。【疏】釋曰。祖與孫爲士。卑。故次在此也。傳曰。何以期也。大夫不敢降其祖與適也。【注】不敢降其祖與適。則可降其旁親也。【疏】【注】釋曰。大夫以尊降其旁親。雖有差約。不顯著。故於此更明之。傳云不降祖與適。明於餘親降可知。大夫降旁親明矣。

○公妾以及士妾爲其父母。【疏】釋曰。以出嫁爲其父母。亦重出其文。故次在此。云公。謂五等諸侯。皆有八妾。士。謂一妻一妾。中閒猶有孤卿大夫妾。不言之者。舉其極尊卑者。其中凡有妾爲父母可知。傳曰。何以期也。妾不得體君。得爲其父母遂也。【注】然則女君有以尊降其父母者與。春秋之義。雖爲天王后。猶曰吾季姜。是言子

乾隆四年校刊

尊不加於父母。此傳似誤矣。禮，妾從女君而服其黨服，是嫌不自服其父母，故以明之。【疏】【傳】釋曰：傳曰「何以期也」，以公子爲君厭，爲己母不在五服。又爲己母黨無服。公妾既不得體君，君爲不厭，故妾爲父母得伸遂而服期也。【注】釋曰：鄭欲破傳義，故據傳云妾不得體君，得爲其父母遂也。然則女君體君，有以尊降其父母者與？言與，猶不正執之辭也。云「春秋之義」者，案桓九年左傳云：「紀季姜歸于京師。」杜云：「季姜，桓王后也。季，字。姜，紀姓也。書字者，伸父母之尊。」是王后猶不得降父母，是子尊不加父母。傳何云妾不得體君乎？豈女君降其父母？是以云傳似誤矣。言似，亦是不正執，故云似，其實誤也。云「禮，妾從女君而服其黨服」者，雜記文也。云「是嫌不自服其父母，故以明之」者，鄭既以傳爲誤，故自解之。鄭必不從傳者，一則以女君不可降父母，二則經文兼有卿大夫士，何得專據公子以決父母乎？是以傳爲誤也。

○疏衰裳齊，牡麻絰，無受者。【注】無受者，服是服而除，不以輕服受之。不著月數者，天子諸侯葬異月也。小記曰：
齊衰三月與大功同者繩屨。【疏】釋曰：此齊衰三月章，以
其義服，日月又少，故在
不杖章下。上皆言冠帶，此及下傳大功皆不言冠帶者，
以其輕，故略之。至正大功言冠，見其正，猶不言帶。緦麻
又直言緦麻，餘又略之。若然，禮記云齊衰居堊室者，據
期。故譙周亦云齊衰三月不居堊室。【注】釋曰：云無受者
服是服而除，不以輕服受之者，凡變除皆因葬練祥乃
行。但此服至葬即除，無變服之理，故云服是服而除。若
大功已上，至葬後以輕服受之，若斬衰三升冠六升，葬
後受衰六升，是更以輕服受之也。云不著月數者，天子
諸侯葬異月也者，大夫士三月葬，此章皆三月葬後除
之，故以三月爲主。三月者，法一時天氣變，可以除之。但
此經中有寄公爲所寓，又有舊君中兼天子諸侯，又有
庶人爲國君。鄭云天子畿内之民服天子亦如之也。但
天子七月葬，諸侯五月葬，爲之齊衰者皆三月，藏其服
至葬更服之，葬後乃除。是以不得言少以包多，亦不得
言多以包少，是以不著月數者，天子諸侯葬異月故也。
引小記者，彼記人見此喪服齊衰三月與大功皆不言

乾隆四年校刊

屨。故解此二章同繩屨。是以鄭還引之證此章著繩屨也。○寄公爲所寓。【注】寓，亦寄也。爲所寄之國君服。【音義】寓，音遇。【疏】釋曰：此章論義服，故以疏者爲首，故寄公在前。【注】釋曰：言寓亦寄者，詩式微云：黎侯寓於衛。寓卽寄，其義同，故云寓亦寄也。作文之勢不可重言寄，故云寓也。傳曰：寄公者何也？失地之君也。何以爲所寓服齊衰三月也？言與民同也。【注】諸侯五月而葬，而服齊衰三月者，三月而藏其服，至葬又更服之，既葬而除之。【疏】【傳】釋曰：傳依上例，執所不知，稱者何問比例者。尊是諸侯，各有國土，而寄在他國，故發問也。失地之君也，合辭稱。失地君者，謂若禮記射義，貢士不得其人，數有讓，數有讓，黜爵削地盡，君則寄在他國。詩式微，黎侯寓於衛，彼爲狄人所迫逐，寄在衛，黎之臣子勸以歸，是失地之君爲衛侯服齊衰三月，藏其服，至葬更服，葬訖乃除也。云言與民同也者，以客在主國，得主君之恩，故報主君與民同，則民亦服之三月，藏其服，至葬又反服之，既葬訖乃除也。

注釋曰。上已釋變除要待葬後。諸侯五月葬而言三月。故知三月藏服至葬更服。葬後乃除可知。不於章首言之。欲就三月之下解之故也。○丈夫婦人爲宗子。宗子之母妻。注婦人。女子子在室及嫁歸宗者也。宗子繼別之後百世不遷。所謂大宗也。疏釋曰。此與大宗同宗親。如寄公爲所寓。故次在此。言丈夫婦人者。謂同宗男子女子。皆爲大宗子幷宗子母妻齊衰三月也。注釋曰。此經爲宗子。謂與大宗別高祖之人皆服三月也。案斬章。女子子在室及女反在父室者。又不杖章中歸宗婦人爲當家小宗親者期。爲大宗疏者三月也。云宗子繼別之後者。案喪服小記及大傳云。繼別爲大宗。又云有五世則遷之宗。小宗有四。是也。有百世不遷之宗。繼別爲大宗。是也。云所謂大宗也者。即上文大宗者尊之統。是也。傳曰。何以服齊衰三月也。尊祖也。尊祖故敬宗。敬宗者。尊祖之義也。宗子之母在。則不爲宗子之妻服也。疏傳釋曰。傳以丈夫婦人與宗子服絕。而越大功小功與曾祖同。怪其大重。故問此例何以服齊衰三月。云尊祖也至之義也。荅辭也。祖謂別子爲祖。百世不遷之祖當祭之日。同宗皆來陪位及助祭。故云尊祖也。云尊祖故敬宗者。是百世不遷之宗。大宗者尊之統。故同宗敬之。云敬宗者尊祖之義也者。以宗子奉事別子之祖。是尊祖之義也。宗子之母在則不爲宗子之妻服也者。謂宗子父已卒。宗子主其祭。王制云。八十齊衰之事不與。則母七十亦不與。今宗子母在。年未七十。母自與祭。母死。宗人爲之服。宗子母七十已上。則宗子妻得與祭。宗人乃爲宗子妻服。故云然也。必爲宗子母妻服者。以宗子燕食族人於堂。其母妻亦燕食族人之婦於房。皆序以昭穆。故族人爲之服也。

○爲舊君。君之母妻。【疏】釋曰。舊君。舊蒙恩深。以對於父。令雖退歸田野。不忘舊德。故次在宗子之下也。但爲舊君有二。一則致仕。二則待放未去。此則致仕者也。不云舊臣而云舊君者。若云舊臣。嫌謂舊君爲之。非喪服體例。故云舊君。若斬章云父君者。則臣子爲之。此不復言臣。法如君也。

傳曰。爲舊君者孰謂也。仕焉而已者也。何以服齊衰三月也。言與民同也。君之母妻則小君也。注仕焉而已者，謂老若有廢疾而致仕者也。爲小君服者，恩深於民。疏傳釋曰：云爲舊君者孰謂也者，此經上下臣爲舊君有二，故發問云孰謂也。云仕焉而已者也者，答辭也。傳意以下爲舊君是待放之臣，以此爲致仕之臣也。云何以服齊衰三月者，怪其舊服斬衰，今服三月也。云言與民同也者，以本義合，但今義已斷，故抑之使與民同也。云君之母妻則小君也者，雖前錄不得同時，皆是小君，故齊衰三月，恩深於民故也。注釋曰：云仕焉而已者，謂老若有廢疾而致仕者也者，此解仕焉而已。有仕已老者，曲禮云大夫七十而致仕。云有廢疾者，謂未七十而有廢疾，亦致仕之中有二也。云爲小君服者恩深於民也者，下文庶人爲國君，無小君，是恩淺。此爲小君，是恩深於民也。

○庶人爲國君。注不言民而言庶人，庶人或有在官者。天子畿內之民服天子，亦如之。疏注釋曰：案論語云：民可使由之，不可使知之。注云：民者，冥也，其人見道遠。案王制云：庶人在官者，其祿以是爲差也。庶人謂府史胥松厓云白虎通曰臣待于郊者君不絕其祿以其祿參分之二與之一留與其妻長子使終祭宗廟然則大夫在外其妻長子爲舊君服齊衰三月[illegible]

徒。經不言民而言庶人。庶人或有在官者。據在官者而言之。檀弓云。君之喪。諸達官之長杖。謂士大夫爲君杖。則庶人不爲君杖。服則下同於民三月也。云天子畿內之民亦如之者。以其畿外上公五百里、侯四百里已下其民皆服君三月。則畿內千里是專屬天子。故知爲天子亦如諸侯之境內也。○大夫在外。其妻長子爲舊國君。【注】在外。待放已去者。【疏】釋曰。此大夫在外。不言爲本君服與不服者。案雜記云。違諸侯之大夫。不反服。違大夫之諸侯。不反服。以其尊卑不敵。若然。其君尊卑敵乃反服舊君服。則此大夫已去他國不言服者。是其君尊卑不敵不反服者也。是以直言其妻長子爲舊國君。【注】釋曰。云在外待放已去者。知是待放已去者。對上下文而知。以其上傳以爲仕焉而已。下傳云而猶未絕。此傳云長子言未去。明身是已去他國與本國絕者。故鄭云待放已去者也。傳曰。何以服齊衰三月也。妻言與民同也。長子言未去也。【注】妻雖從夫而出。古者大夫不外娶。婦人歸宗。往來猶民也。春秋傳曰。

大夫越境逆女非禮君臣有合離之義長子去可以無服。疏傳釋曰。并服而問者。怪其重。何者。妻本從夫服君。今夫已絕。妻不合服而服之。長子本爲君斬者。亦大夫之子得行大夫禮。從父而服之。今父已絕於君。亦當不服矣。而皆服齊衰三月。故發問也。注釋曰。云妻雖從夫而出古者大夫不外娶者。鄭欲解傳曰妻言與民同之意。以古者不外娶。是當國娶婦。婦是當國之女。今身與妻俱出他國。大夫雖絕而妻歸宗往來。猶是本國之民。其歸者。則期章云。爲昆弟之爲父後者曰小宗者。是也。云春秋者。案春秋公羊傳莊二十七年。莒慶來逆叔姬。傳曰。大夫越境逆女非禮。彼云婦此云女。鄭以義言之。以其未至夫家。故云女。引之者。證古者大夫不外娶之事。云君臣有合離之義者。謂諫爭從臣。是有義則合。三諫不從。是無義則離。子旣隨父。故去可以無服也。

○繼父不同居者。注嘗同居今不同。疏釋曰。此則期章云必嘗同居然後爲異居者也。但章皆有傳。惟庶人爲國君及此繼父不傳者。以其庶人已於寄公與上下舊君釋訖。繼父已於期章釋訖。是以皆不言也。

○曾祖父

母。【疏】釋曰：曾高本合小功，加至齊衰，故次繼父之下。此經直云曾祖，不言高祖。案下緦麻章鄭注云「族曾祖父者，亦高祖之孫」，則高祖有服明矣。是以此注亦兼高而說也。若然，此曾祖之内合有高祖，可知不言者，見其同服故也。

傳曰：何以齊衰三月也？小功者，兄弟之服也，不敢以兄弟之服服至尊也。【注】正言小功者，服之數盡於五，則高祖宜緦麻，曾祖宜小功也。據祖期，則曾祖大功，高祖宜小功也。高祖、曾祖皆有小功之差，則曾孫、玄孫爲之服同也。重其衰麻，尊尊也。減其日月，恩殺也。【音義】殺，所界反。【疏】【傳】釋曰：云「何以齊衰三月也」者，問者怪其三月大輕，齊衰又重，故發問也。云「小功者，兄弟之服也」，案下記傳云「凡小功已下爲昆弟」，是以云小功者兄弟之服也。云「不敢以兄弟之服服至尊也」者，傳釋服齊衰之意也。【注】釋曰：云「正言小功者，服之數盡於五」者，自斬至緦是也。云「則高祖宜緦麻，曾祖宜小功也」者，據爲父期而言。故三年問云：「何以至期也？曰：至親以期斷。是何也？曰：天地則已易矣，四時則已變矣，其在天地之中莫不更始焉，以是象之也。」彼又云：「然則何以三年也？曰：加隆焉爾也。焉使倍之，故再期也。」是本爲父母加隆至三年。故以父爲本而上殺下殺也。是故言爲高祖緦麻者。謂爲父期，爲祖宜大功，曾祖宜小功，高祖宜緦麻。又云據祖期。是爲父加隆三年，爲祖宜期，曾祖宜大功，高祖宜小功。小功故鄭云高祖曾祖皆有小功之差。此鄭釋傳云小功者兄弟之服。其中含有高曾二祖而言之也。又云則曾孫玄孫爲之服同也者。曾祖中既兼有高祖。是以云曾孫玄孫各爲之齊衰三月也。云重其衰麻尊尊也者。既不以兄弟之服服至尊，故云重其衰麻，謂以義服六升衰九升冠。此尊尊者也。云減其日月恩殺也者。謂減五月爲三月者，因曾高於己非一體，恩殺故也。

○大夫爲宗子。疏釋曰：大夫尊，降旁親皆一等。尊祖故敬宗，是以大夫雖尊，不降宗子，爲之三月。宗子既不降，母妻不降可知。

傳曰：何以服齊衰三月也？大夫不敢降其宗也。疏傳釋曰：以大夫於餘親皆降，獨不降宗子，故并服而問。答云不敢降其宗也者，於餘

乾隆四年校刊

親則降也。〇舊君。【注】大夫待放未去者。【疏】釋曰。此舊君以重出。故次在此也。【注】釋曰。鄭知此舊君是待放未去之大夫者。鄭據傳而言也。案上下四經皆言爲舊君。不言國。庶人爲國君言國。其妻長子爲舊國君言國。此舊君又不言國者。據繼在土地而爲之服。正如爲舊君。止是不敢進同臣例。故服之三月。非爲土地。故不言國。庶人本繼土地。故言國也。其妻長子本爲繼土地。故言國。此待放未去。本爲君埽其宗廟爲服。不繼土地。故不言國也。傳曰。大夫爲舊君何以服齊衰三月也。大夫去。君埽其宗廟。故服齊衰三月也。言與民同也。何大夫之謂乎。言其以道去君而猶未絶也。【注】以道去君。謂三諫不從。待放於郊。未絶者。言爵祿尚有列於朝。出入有詔於國。妻子自若民也。【疏】【傳】釋曰。此爲舊君服對前已去不服舊君。此雖未去。已在境而爲服。故怪其重。所以并服而問也。又餘皆不并人問直云何以齊衰。唯此與寄公并人而問者所怪深重者并人而言至如寄公本是體敵一國重服并言寄公此待放之臣已在國境可以不服而服之故并言大夫也注釋曰云以道去君謂三諫不從待放者此以道去君據三諫不從在境待放得環則還得玦則去外此者謂之以道去君云有罪放逐若晉胥甲父於衞之等爲非道去君云未絕者言爵祿有列於朝出入有詔於國者曲禮文爵祿有列謂待放大夫舊位仍在出入有詔於國者謂兄弟宗族猶存吉凶之事書信往來相告不絕引之者證大夫去君埽其宗廟詔使宗族祭祀爲此大夫雖去猶爲舊君服若然君不使埽宗廟爵祿已絕則是得玦而去則亦不服矣云妻子自若民也者此鄭還約上大夫在外其妻長子爲舊國君也上下舊君皆不言士者上云仕焉者有士可知是以傳亦不言大夫云大夫在外言大夫者以其士妻亦歸宗與大夫同其大夫長子父在朝長子得行大夫禮未去爲君服斬若士之長子與衆子同父去子雖未去即無服矣與大夫長子異故特言大夫也此不言士者此主爲待放未絕大夫有此法士雖有三諫不從出國之時案曲禮踰境素服乘髦馬不蚤鬋不御婦人三月而後即向他國無待放之法是出國即不服舊君矣

是以舊君唯有大夫也。若然，不言公卿及孤者，詩云○三事大夫，則三公亦號大夫，則大夫中總兼之矣。

曾祖父母爲士者，如衆人。傳曰：何以齊衰三月也？大夫不敢降其祖也。疏傳釋曰：問者，以大夫尊，皆降旁親，今怪其服，故發問。經不言大夫，傳爲大夫解之者，以其言曾祖爲士者，故知對大夫下爲之服，明知曾孫是大夫。○女子子嫁者、未嫁者，爲曾祖父母。疏釋曰：此亦重出，故次在男子曾孫下也。但未嫁者同於前，爲曾祖父母，今并言嫁者，女子子有嫁逆降之理，故因已嫁并言未嫁。傳曰：嫁者，其嫁於大夫者也。未嫁者，其成人而未嫁者也。何以服齊衰三月？不敢降其祖也。注言嫁於大夫者，明雖尊猶不降也。成人謂年二十已笄醴者也。此者不降，明有所降。疏注釋曰：言嫁於大夫者，明雖尊猶不降也者，是舉尊以見卑，欲明適士者以下不降可知也。云成人謂年二十已笄醴者也者

宋本著下同

以其云成人明據二十已笄以醴禮之若十五許嫁亦笄爲成人亦得降與出嫁同但鄭據二十不許嫁者而言之案上章爲祖父母本無降理不須言不敢女子子爲祖父母傳不言不敢降其祖至此乃言者謂曾祖輕尚不降況祖父母重者不降可知是舉輕以見重也云此者不降明有所降者案大功章女子子嫁者未嫁者爲世叔父母如此類是有所降也餘者皆不次

○大功布衰裳牡麻絰無受者【注】大功布者其鍛治之功麤沽之【疏】釋曰章次此者以其本服齊衰期爲殤死降在大功故在正大功之上義齊衰之下也不云月數者下文有纓絰無纓絰須言七月九月彼已見月故於此略之且此經與前不同前期章具文於前杖章下不杖章直言其異者此殤大功章首爲文略於正具文者欲見殤不成人故前略後具亦見相參取義云無受者以傳云殤文不縟不以輕服受之【注】釋曰云大功布者其鍛治之功麤沽之者斬齊皆不言布與功以其哀痛極未可言布體與人功至此輕可以見之言大功者斬衰章傳云冠六升不加灰則此七升言鍛

治可以加灰矣。但麤沽而已。若然。言大功者用功麤大。故沽疏。其言小者對大功。是用功細小。○子。女子子之長殤中殤。【注】殤者。男女未冠笄而死。可殤者。女子子許嫁不爲殤也。【疏】釋曰。子女子子在章首者。以其父母於子哀痛情深。故在前。【注】釋曰。云殤者男女未冠笄者。案禮記喪服小記云。男子冠而不爲殤。女子笄而不爲殤。故知男女未冠笄而死可殤者。女子子許嫁不爲殤者。女子笄與男子冠同。明許嫁笄。雖未出亦爲成人。不爲殤可知。兄弟之子亦同此。而不別言者。以其兄弟之子猶子。明同於子。故不言。且中殤或從上。或從下。是則殤有三等。制服唯有二等者。欲使大功下殤有服故也。若服亦三等。則大功下殤無服矣。聖人之意然也。傳曰。何以大功也。未成人也。何以無受也。喪成人者其文縟。喪未成人者其文不縟。故殤之經不樛垂。蓋未成人也。年十九至十六爲長殤。十五至十二爲中殤。十一至八歲爲下殤不滿八歲以下爲無服之殤無服之殤以日易月以日易月之殤殤而無服故子生三月則父名之死則哭之未名則不哭也【注】縟猶數也　其文數者謂變除之節也不繆垂者不絞其帶之垂者雜記曰大功以上散帶以日易月謂生一月者哭之一日也殤而無服者哭之而已爲昆弟之子女子子亦如之凡言子者可以兼男女又云女子子者殊之以子關適庶也【音義】縟音辱繆居虬反

【疏】【傳】釋曰云何以大功也問者以成人皆期今乃大功故發問也云未成人也者答辭以其未成人故降至大功云何以無受也問者以其成人至葬後皆以輕服受之今喪未成人即無受故發問也云喪成人者其文縟已下答辭遂因廣解四等之殤年數之别并哭與不哭具列其文但此殤次成人是以從長以及下與無服

之殤。又三等殤皆以四年爲差。取法四時穀物變易故也。又以八歲巳上爲有服七歲巳下爲無服者。案家語本命云。男子八月生齒。八歲齔齒。女子七月生齒。七歲齔齒。今傳據男子而言。故八歲巳上爲有服之殤也。傳必以三月造名始哭之者。以其三月一時天氣變。有所識眄。人所加憐。故據名爲限也。云未名則不哭也者。不正依以日易月而哭。初死亦當有哭而巳。注釋曰。云其文數者謂變除之節也者。成人之喪既葬以輕服受之。又變麻服葛。緦麻者除之。至小祥又以輕服受之。男子除於首。婦人除於帶。是有變除之數也。今於殤人喪。象物不成。則無此變除之節數。月滿則除之。又云不樛垂者不絞帶之垂者。凡喪至小斂皆服未成服之麻麻帶。大功以上散帶之垂者。至成服乃絞之。小功以下初而絞之。今殤大功亦於小斂服麻散垂。至成服後亦散不絞。以示未成人。故與成人異。亦無受之類。故傳云蓋未成人也。引雜記者。證此殤大功有散帶。至成服不絞。與成人異也。云以日易月謂生一月者哭之一日也者。若至七歲。歲有十二月。則八十四日哭之。此既於子女子子下殤傳則唯據父母於子不關餘親。云殤而無服哭之而巳者。此鄭總解無服之殤以日易月哭之事也。云昆弟之子女子子亦如之者，以其成人向是期，與衆子同。今經傳不言者，以其亦猶子故也。云凡言子者，可以兼男女者，謂若期章云子，又云昆弟之子，是子中兼男女也。又云女子子者，殊之以子。關適庶者，關通也，爲子中通有長之適。若然，成人爲之斬衰三年，今殤死與衆子同者，以其殤不成人，與殻物未熟同，故入殤大功也。故別言子，見斯義也。王肅、馬融以爲日易月者，以哭之日易服之月，殤之朞親則以旬有二日哭，緦麻之親者則以三日爲制。若然，哭緦麻三月喪與七歲同，又此傳承父母子之下，而哭緦麻孩子，疎失之甚也。○叔父之長殤、中殤，姑姊妹之長殤、中殤，昆弟之長殤、中殤，夫之昆弟之子、女子子之長殤、中殤，適孫之長殤、中殤，大夫之庶子爲適昆弟之長殤、中殤，公爲適子之長殤、中殤，大夫爲適子之長殤、中殤。【注】公，君也。諸侯、大夫不降適殤者，重適也。天子亦如之。【疏】釋曰：自此盡大夫庶子爲適昆弟之長殤中殤。皆是成人齊衰朞。長殤中殤殤降一等在大功。故於此總見之。又皆尊卑爲前後。次第作文也。云公爲適子大夫爲適子。皆是正統成人斬衰。今爲殤死不得著代。故入大功。特言適子者。天子諸侯於庶子則絕而無服。大夫於庶子降一等。故於此不言。唯言適子也。若然二適在下者。亦爲重出其文故也。注釋曰。云公君也者。直言公。恐是公士之公。及三公與孤皆號公。故訓爲君見是五等之君。故言諸侯。言天子亦如之者。以其天子與諸侯同絕宗故也。○其長殤皆九月纓絰其中殤七月不纓絰

注 絰有纓者爲其重也。自大功以上絰有纓以一條繩爲之。小功已下絰無纓也。疏釋曰。絰之有纓。所以固絰。猶如冠之有纓以固冠。亦結於頤下也。五服之正無七月之服。唯此大功中殤有之。故禮記云。九月七月之喪三時是也。注釋曰。云絰有纓者爲其重也者。以經云九月纓絰七月不纓絰。故知絰有纓爲其情重故也。自大功已上絰有纓。此鄭廣解五服有纓無纓之事。但諸文唯有冠纓。不見絰有纓之文。鄭檢此經長殤有纓法。則知成人大功已上絰有纓

明矣。鄭知一條繩爲之者。見斬衰冠繩纓。通屈一條繩爲武。垂下爲纓。故知此經之纓亦通屈一條屬之。經垂下爲纓可知。小功已下經無纓也者。亦以此經中殤七月經無纓。明小功五月已下經無纓可知。

○大功布衰裳。牡麻絰纓。布帶。三月。受以小功衰。卽葛九月者。注受猶承也。凡天子諸侯卿大夫既虞。士卒哭而受服。正言三月者。天子諸侯無大功。主於大夫士也。此雖有君爲姑姊妹女子子嫁於國君者。非內喪也。疏釋曰。此成人大功章。輕於前殤章。前殤章既略。於此具言。注釋曰。云凡天子諸侯卿大夫既虞。士卒哭而受服者。已於斬章釋訖。言此者。欲見天子七月而葬。諸侯五月而葬。虞而受服。若然。經正言三月者。以其天子諸侯絕旁朞。無此大功喪。以此而言。經言三月者。主於大夫士三月葬者。若然。大夫除死月數。亦得爲三月也。云此雖有君爲姑姊妹女子子嫁於國君者。非內喪也者。彼國自以五月葬後服。此諸侯爲之自以三月受服。同於大夫士。故云主於大夫士也。傳曰。大功布九升。小功布十一升。【注】此受之下也。以發傳者。明受盡於此也。又受麻絰以葛絰。閒傳曰。大功之葛與小功之麻同。【疏】【傳】釋曰。云大功布九升小功布十一升者。此章有降有正有義。降則衰七升冠十升。正則衰八升冠亦十升。義則衰九升冠十一升。十升者降小功。十一升者正小功。【注】釋曰。傳以受服不言降大功與正大功。直言義大功之受者。鄭云此受之下。止據受之下發傳者。明受盡於此義服大功。以其小功至葬唯有變麻服葛。因故衰無受服之法。故傳據義大功而言也。云又受麻絰以葛絰者。言受。衰麻俱受。而傳唯發衰不言受麻葛。故鄭解之云又受麻絰以葛絰。引閒傳者。證經大功既葬。其麻絰受以小功葛者。以其大功既葬。變麻爲葛。五分去一。大小與小功初死同。即閒傳云大功之葛小功之麻同。一也。故引之爲證耳。○姑姊妹女子子適人者。【疏】釋曰。此等並是本朞。出降大功。故次在此。傳曰。何以大功也。出也。【注】出必降之者。蓋有受我而厚之者。疏 傳釋曰。問之者。以其本朞。今大功。故發問也。注釋曰。案檀弓云姑姊妹之薄也。蓋有受我而厚之者也。鄭取以爲說。若然。女子子出降。亦同受我而厚之。皆是於彼厚。夫自爲之禫杖朞。故於此從薄爲之大功也。○從父昆弟。注 世父叔父之子也。其姊妹在室亦如之。疏 釋曰。昆弟親爲之朞。此從父昆弟降一等。故次姑姊妹之下。注釋曰。云其姊妹在室亦如之者。義當然也。謂之從父昆弟。世叔父與祖爲一體。又與己父爲一體。緣親以致服。故云從也。降於親兄弟一等。是其常。故傳不問。○爲人後者爲其昆弟。疏 釋曰。在此者。以其小宗之後大宗。欲使厚於大宗之親。故抑之在從父昆弟之下。傳曰。何以大功也。爲人後者降其昆弟也。疏 傳釋曰。案下記云爲人後者於昆弟降一等者。故大功也。若然。於本宗餘親皆降一等也。○庶孫。注 男女皆是。下殤小功章曰。爲姪庶孫丈夫婦人同。疏 釋曰。卑於昆弟。故次之。庶孫從父而服祖朞。故祖從子而服孫大功。降一等。亦是其常。故傳亦不問也。注 釋曰。云男女皆是者。女孫在室。與男孫同。其義然也。引殤小功者。欲見彼殤。既男女同。證此成人同不異也。○適婦。注 適婦。適子之妻。疏 釋曰。疏於孫。故次之。其婦從夫而服其舅姑期。其舅姑從子一而服其婦大功。降一等者也。傳曰。何以大功也。不降其適也。注 婦言適者。從夫名。疏 傳 釋曰。此傳問者。以其適庶之子。其妻等是婦。而為庶婦小功。特為適婦服大功。故發問也。答不降其適故也。若然。父母為適長三年。今為適婦不降一等服期者。長子本為正體於上。故加至三年。婦直是適子之妻。無正體之義。故直加於庶婦一等。大功而已。○女子子適人者為衆昆弟。注 父在則同。父沒乃為父後者服期也。疏 釋曰。前云姑姊妹女子子出適在章首者情重。故至此女子子反為昆弟在此者抑之。欲使厚於夫氏。故次在此也。為本親降一等是常。故無傳也。注 釋曰。云父沒乃為父後者服期也者。不杖章所是也。○姪。丈夫婦人報。注 為姪男女服同。音義 姪大

為下盛疑脫一為字

通典續通典解集釋皆有又老人稱集釋作老人之稱

結反。字林丈一反。[疏]釋曰：姪卑於昆弟，故次之。[注]釋曰：不言男子、女子而言丈夫、婦人者，姑與姪在室、出嫁同，以姪女言婦人，見嫁出，因此謂姪男爲丈夫，亦見長大之稱，是以鄭還以男女解之。傳曰：姪者何也？謂吾姑者，吾謂之姪。[疏][傳]釋曰：云「謂吾姑者，吾謂之姪」者，名唯對姑生稱，若對世叔，唯得言昆弟之子，不得姪名也。○夫之祖父母、世父母、叔父母。[疏]釋曰：以其義服，故次在此。記云爲夫之凡弟降一等，此皆夫之朞，故爲之大功也。傳曰：何以大功也？從服也。夫之昆弟何以無服也？其夫屬乎父道者，妻皆母道也；其夫屬乎子道者，妻皆婦道也。謂弟之妻婦者，是嫂亦可謂之母乎？故名者，人治之大者也，可無慎乎？[注]道猶行也。謂弟之妻爲婦者，卑遠之，故謂之婦。嫂者，尊嚴之稱。嫂猶叟也，叟，老人稱也。是爲序男女之別爾。若己以母婦之服服兄弟之妻。兄弟之妻以舅子之服服己。則是亂昭穆之序也。治猶理也。父母兄弟夫婦之理。人倫之大者。可不慎乎。大傳曰。同姓從宗合族屬。異姓主名治際會。名著而男女有別。[音義]治。直吏反。注治同。行。戶郎反。下同。[疏]傳釋曰。問者怪無骨肉之親而重服大功。故致問也。答從服也。從夫而服。故大功也。若然。夫之祖父母世父母爲此妻著何服也。案下緦麻章云。婦爲夫之諸祖父母報。鄭注謂夫所服小功者。則此夫所服朞不服報。王肅以爲父爲衆子朞。妻小功。爲兄弟之子朞。其妻亦小功。以其兄弟之子猶子。引而進之。進同己子。明妻同可知。夫之昆弟何以無服已下。總論兄弟之妻不爲夫之兄弟服。夫之兄弟不爲兄弟妻服之事。云其夫屬乎父道者。妻皆母道也。其夫屬乎子道者。妻皆婦道也。此二者尊卑之敘。並依昭穆相爲服。卽此經爲夫之世叔父母服是也。云謂弟之妻婦者。是嫂亦可謂之母乎者。此二者欲論不著服之事。若著服則相親。近于淫亂。故不著服。推而遠之。遠乎淫亂。故無服也。又云名者人治之大者也。可無慎乎者。欲明母之與婦。本是路人。今來嫁于父子之行。則生母婦之名。既名母婦即有服。有服則相尊敬。遠于淫亂者也。是母婦之名。人理之大。可不慎乎。當慎之。若然。兄弟之妻本無母婦之名。名兄妻爲嫂者。尊嚴之稱。名弟妻爲婦與子妻同號者。推而遠之。下同于子妻也。是兄弟妻既無母婦之名。今爲嫂婦者。假作此號。使遠于淫亂。故不相爲服也。注釋曰。云謂弟之妻爲婦者。卑遠之故謂之婦者。使下同子妻。則本無婦名。假與子妻同遠之也。云嫂者尊嚴之稱。是嫂亦可謂之母乎者。此因弟妻名爲婦。以致斯問。言不可也。云嫂猶叟也。叟老人稱也者。叟有兩號。若孔注尚書。西蜀叟。叟是頑愚之惡稱。若左氏傳云趙叟在後。叟是老人之善名。是以名爲嫂。嫂婦人之著稱。故云老人之稱。云是爲序男女之別爾者。謂不名兄妻爲母。是次序昭穆之別也。云若己以母婦之服服兄弟之妻兄弟之妻以舅子之服服己則是亂昭穆之序也者。此解不得之意。何者。以弟妻爲婦即以兄妻爲母而以母服服兄妻。又以婦服服弟妻。又使妻以舅服服夫之兄。又使兄妻以子服服己夫之弟。則兄弟反爲父子。亂昭穆之次序。故不得以兄妻爲母者也。故聖人深塞亂源。使兄弟之妻本無母婦之名。不相爲服也。引大傳云同姓從宗合族屬者。謂大宗子同是正姓姬姜之類。屬聚也。合聚族人於宗子之家。在堂上行食燕之禮。則繫之以姓而弗別。綴之以食而弗殊。是也。又云異姓主名治際會者。主名謂母與婦之名。治正也。際接也。以母婦正接之會聚。則宗子之妻食燕族人之婦於房。是也。云名著而男女有别者。謂母婦之名明著。則男女各有分别而無淫亂也。○大夫爲世父母叔父母子昆弟昆弟之子爲士者。【注】子謂庶子。【疏】釋曰。大夫爲此八者本朞。今以爲士故降至大功。亦爲重出此文。故次在此也。【注】釋曰。云子謂庶子者。若長子。在斬章。故謂庶子也。傳曰。何以大功也。尊不同也。尊同則得服其親服。【注】尊同。謂亦爲大夫者。親服。期。【疏】【注】釋曰。尊同謂亦爲大夫者。經言大夫爲之。明尊同是亦爲大夫也。云親服期者。此八者並見期章。是也。○公之庶昆弟大夫之庶子爲母妻昆弟。【注】公之庶昆弟。則父卒也。大夫之庶子，則父在也。其或爲母，謂妾子也。【疏】釋曰：云公之庶昆弟大夫之庶子者，此二人各自爲母妻爲昆弟服大功。此竝受厭降，卑於自降，故亦在自降人之下。【注】釋曰：若云公子，是父在。今繼兄而言昆弟，故知父卒也。又公子父在爲母妻在五服之外，今服大功，故知父卒也。云大夫之庶子則父在也者，以其繼父而言。又大夫卒，子爲母妻得伸，今但大功，故知父在也。云其或爲母，謂妾子也者，以其爲妻昆弟其禮竝同。又於適妻，君大夫自不降，其子皆得伸，今在大功，明妾子自爲己母也。傳曰：何以大功也？先君餘尊之所厭，不得過大功也。大夫之庶子，則從乎大夫而降也。父之所不降，子亦不敢降也。【注】言從乎大夫而降，則於父卒如國人也。昆弟，庶昆弟也。舊讀昆弟在下，其於厭降之義宜蒙此傳也。是以上而同之。父所不降，謂適也。【疏】【傳】釋曰：問者怪此等皆合重服期今大功故發問也答云先君餘尊之所厭不得過大功也者此直答公之庶昆弟以其公在爲母妻厭在五服外公卒猶爲餘尊之所厭不得過大功其大夫之子據父在有厭從於大夫降一等大夫若卒則得伸無餘尊之厭也云父之所不降子亦不敢降也者此傳云而降遂言不降者也此傳雖文承大夫下亦兼解公之昆弟未悉父爲何人不降適昆弟父不降子亦不降與大夫同也【注】釋曰以大夫尊少身在降一等身沒其庶子則得伸如國人也云昆弟庶昆弟也者若適則在父之所不降之中故知庶昆弟也云舊讀昆弟在下其於厭降之義宜蒙此傳也是以上而同之者言舊讀謂鄭君已前馬融之等以昆弟二字抽之在傳下今皆易之在上鄭檢經義昆弟乃是公之庶昆弟大夫之庶子所爲者父以尊降庶子則庶亦厭而爲昆弟大功是知宜蒙此傳則昆弟二字當在傳上與母妻宜蒙此傳同爲厭降之文不得如舊讀也云父所不降謂適也者不指不降之人而云謂適者欲見適中非一謂父爲適妻適子之等皆是也○皆爲其從父昆弟之爲大夫者【注】皆者言其互相爲服尊同則不相

降。其爲士者，降在小功。適子爲之亦如之。疏釋曰：此文承上公之庶昆弟大夫之庶子之下，則是上二人爲此從父昆弟之爲大夫者，以其二人爲父所厭，降親。今此從父昆弟爲大夫，故此二人不降而服大功，依本服也。注釋曰：言皆者，鄭云互相爲服，以彼此相爲，同是從父昆弟相爲著服，故云皆。互相見之義故也。云其爲士者降在小功者，降一等故也。云適子爲之亦如之者，雖適不降，同故也。○爲夫之昆弟之婦人子適人者。注婦人者，女子子也。不言女子子者，因出見恩疏。疏釋曰：此亦重出，故欲從父昆弟下，此謂世叔母爲之服。在家期，出嫁大功。注釋曰：云不言女子子者，因出見恩疏者，女在家室之名，是親也；婦者事人之稱，是見疏也。今不言女與母而言夫之昆弟之婦人子者，是因出見恩疏故也。○大夫之妾爲君之庶子。注下傳曰：何以大功也？妾爲君之黨服，得與女君同。指爲此也。妾爲君之長子亦三年，自爲其子期。

異於女君也。士之妾爲君之衆子亦期。【疏】釋曰：妾爲君之庶子，輕於爲夫之昆弟之女，故次之。【注】釋曰：引下傳曰「何以大功也？妾爲君之黨服得與女君同」，指爲此也者，彼傳爲此經而作，故云指爲此。在下者，鄭彼云「文爛在下爾」，故也。云「妾爲君之長子亦三年」者，妾從女君服，得與女君同，故亦同女君三年。又云「自爲其子期，異於女君也」者，以其女君從夫降其庶子大功，夫不厭妾，故自服其子期，是異於女君也。云「士之妾爲君之衆子亦期」者，謂亦得與女君期者，亦是與己子同故也。○女子子嫁者、未嫁者爲世父母、叔父母、姑、姊妹。【注】舊讀合大夫之妾爲君之庶子、女子子嫁者未嫁者，言大夫之妾爲此三人之服也。【疏】釋曰：此是女子子逆降旁親，又是重出，故次之於此。知逆降者，此經云嫁者爲世父已下出降大功，自是常法，更言未嫁者亦爲世父已下，非未嫁逆降而何？【注】釋曰：云「舊讀合大夫之妾爲君之庶子、女子子嫁者、未嫁者，言大夫之妾爲此三人之服也」者，此馬融之輩舊讀如此，鄭以此爲非，故

實爲浦疑實謂又見之集釋作明之下同疏上句亦作明之

此下注破之也。傳曰：嫁者，其嫁於大夫者也。未嫁者，成人而未嫁者也。何以大功也？妾爲君之黨服，得與女君同。下言爲世父母、叔父母、姑姊妹者，謂妾自服其私親也。【注】此不辭，即實爲妾遂自服其私親，當言其以見之。齊衰三月章曰：女子子嫁者、未嫁者爲曾祖父母。經與此同，足以見之矣。傳所云何以大功也，妾爲君之黨服，得與女君同，文爛在下爾。女子子成人者有出道，降旁親，及將出者，明當及時也。【疏】【傳】釋曰：云嫁者其嫁於大夫者也，未嫁者成人而未嫁者也，此二者依鄭爲世父已下七人本服皆期，未嫁者逆降之，服大功也。云何以大功也，妾爲君之黨服，得與女君同者，此傳當在上大夫之妾爲君之庶子下，爛脫誤在此。但下言二字，及者謂妾自服其私親也九字，總十一字。既非

乾隆四年校刊

子夏自著。又非舊讀者自安。是誰置之也。今以義必是鄭君置之。鄭君欲分別舊讀者如此意趣。然後以注破之。[疏]釋曰。云此不辭者。謂此分別文句。不是解義言辭也。云郎實爲妾遂自服其私親當言其以明之者。此郎欲就舊章讀破之。案不杖期章云。女子子適人者爲其父母昆弟之爲父後者。又云公妾以及士妾爲其父母。自爲其親皆言其。以明妾爲私親。今此不言其。明非妾爲私親。一人逆降。一人合降。不得合云一人是一人爲此七人等逆降者也。又引齊衰三月章曰女子子嫁者未嫁者爲曾祖父母經與此同。足以見之矣者。彼二人爲曾祖是正尊。雖出嫁亦不降。此則爲旁親。雖未嫁亦逆降。聖人作文是同。足以明之。明是二人爲此七人。不得以嫁者未嫁者上同君之庶子。下文爲世父以下。爲妾自服私親也。云傳所云何以大功也妾爲君之黨服得與女君同文爛在下爾者。此傳爲大夫之妾爲君之庶子而發。應在女子子之上。君之庶子之下。以簡札韋編爛斷。後人錯置於下。是以舊讀將爲本在於此。是以遂誤也。云女子子成人者有出道降旁親者。此鄭依經正解之。以其嫁者降旁親是其常。而云未嫁者成人未嫁亦降旁親者。謂女子子十五已後許嫁笄爲成人。有出嫁之道，是以雖未出，卽逆降世父已下旁親也。云「及將出者，明當及時也」者，謂女子子年十九，後年二月冠子娶妻之月，其女當嫁，今年遭此世父已下之喪，若依本服期者，過後年二月不得及時，逆降在大功之末，可以嫁子，則於二月得及時而嫁，是以云明當及時也。○大夫、大夫之妻、大夫之子、公之昆弟爲姑姊妹女子子嫁於大夫者，君爲姑姊妹女子子嫁於國君者。疏釋曰：此等姑姊妹已下應降而不降，又兼重出其文，故次在此也。此大夫、大夫妻、大夫之子、公之昆弟四等人，尊卑同，皆降旁親姑姊已下一等大功，又以出降當小功，但嫁於大夫，尊同，無尊降，直有出降，故皆大功也。但大夫妻爲命婦，若夫之姑姊妹在室及嫁，皆小功，若不爲大夫妻，又降在緦麻。假令彼姑姊妹亦爲命婦，唯小功耳。今得在大功科中者，此謂命婦爲本親姑姊妹已之女子子，因大夫、大夫之子爲姑姊妹女子子，寄文於夫與子姑姊妹之中，不煩別見也。云「君爲姑姊妹女子子嫁於國君者」，國君絕期已下，今爲尊同，故亦不降，依嫁服大功。傳曰：何以大功也？尊同也尊同則得服其親服諸侯之子稱公子公子不得禰先君公子之子稱公孫公孫不得祖諸侯此自卑別於尊者也若公子之子孫有封爲國君者則世世祖是人也不祖公子此自尊別於卑者也是故始封之君不臣諸父昆弟封君之子不臣諸父而臣昆弟封君之孫盡臣諸父昆弟故君之所爲服子亦不敢不服也君之所不服子亦不敢服也【注】不得禰不得祖者不得立其廟而祭之也卿大夫已下祭其祖禰則世世祖是人不得祖公子者後世爲君者祖此受封之君不得祀別子也公子若在高祖以下則如其親服後世遷之乃毀其廟

爾。因國君以尊降其親。故終說此義云。疏傳釋曰。云何以大功也。問
者。以諸侯絕旁服。則大夫降一等。今此大功。故發問也。
答曰云尊同也。尊同則得服其親服者。大夫與諸侯所
以亦爲服者。各自以爲尊同。故服之也。若然。大夫之下
則云命婦大夫之子。國君之下不云夫人世子。亦同國
君不降可知。云諸侯之子稱公子已下。因尊同遂廣說
尊不同之義也。但諸侯之子。適適相承象賢。而旁支庶
已下。並爲諸侯所絕。不得稱諸侯子。變名公子。案檀弓
注云。庶子言公。卑遠之。是以子與孫皆言公。見疏遠之
義故也。云此自卑別於尊者也者。謂適既立廟。支庶子
孫不立廟。是自卑別於尊者也。云若公子之子孫有封
爲國君者。謂若周禮典命云。公八命。卿六命。大夫四命。
其出封皆加一等。是公之子孫或爲天子臣。出封爲五
等諸侯。是公子有封爲國君之事。云則世世祖是人也
不祖公子此自尊別於卑者也者。謂後世將此始封之
君世世祖是人也。不祖公子。謂不復祀別子也。云是故
始封之君不臣諸父昆弟者。以其初升爲君。諸父是祖
之一體。又是父之一體。其昆弟既是父之一體。又是己
之一體。故不臣此二者。仍爲之著服也。云封君之子不

乾隆四年校刊

臣諸父而臣昆弟者。以其諸父尊。故未得臣。仍爲之服。昆弟卑。故臣之。不爲之服。君既不臣。當服本服期。其不臣者爲君所服。當服斬。以其與諸侯爲兄弟者。雖在外國。猶爲君斬。不敢以輕服服至尊。明諸父昆弟雖不臣。亦不得以輕服服君。爲之斬衰可知。云封君之孫盡臣諸父昆弟者。繼世至孫。漸爲貴重。故盡臣之。不言不降而言不臣。君是絕宗之人。親疏皆有臣道。故雖未臣。子孫終是爲臣。故以臣言之。云故君之所爲服子亦不敢不服也者。此欲釋臣與不臣君之子與君同之義。云君之所爲服者。謂君之所不臣者。君爲之服者子亦服之。故云子亦不敢不服也。云君之所不服子亦不敢服也者。此謂君所臣之者。君不爲之服子亦不敢服之。以其子從父升降故也。【注】釋曰。云不得禰不得祖者不得立其廟而祭之也者。鄭恐人以傳云不得禰不得祖。令卑別之。不得將爲禰祖。故云不得者不得立其廟而祭之。名爲不得也。以其廟已在適子爲君者立之。旁支庶不得並立廟。故云不得也。云卿大夫以下祭其祖禰。鄭言此者。欲見公子公孫若立爲卿大夫。得立三廟。若作上士。得立二廟。若作中士。得立一廟。並得祭其祖禰。既不祖禰先君。當立別子已下。以其公子公孫並是別子。若魯桓公生世子名同者後爲君。慶父叔牙季友等謂之公子。公子並爲別子。不得禰先君桓公之廟。慶父等雖爲卿大夫。未有廟。至子孫已後乃得立別子爲大祖。不毀廟。已下二廟。祖禰之外。次第則遷之也。故云卿大夫已下祭其祖禰也。雖得祭祖禰。但不得祖禰先君也。云則世世祖是人不得祖公子者。此鄭疊傳文也。云後世爲君者祖此受封之君不得祀別子也者。此鄭解傳語。以其後世爲君。祖此受封君。解世世祖是人。不得祀別子。解不祖公子者也。以其別子卑。始封君尊。是爲自尊別於卑者也。云公子若在高祖以下則如其親服者。此解始封君得立五廟者。大祖一廟與高祖已下四廟。今始封君。後世乃不毀其廟爲大祖。於此始封君未有大祖廟。唯有高祖以下四廟。則公子爲別子者得入四廟之限。故云公子若在高祖以下則如其親。謂自禰已上至高祖以次立四廟。云後世遷之乃毀其廟爾者。謂始封君死。其子立。卽以父爲禰廟。前高祖者爲高祖之父當遷之。又至四世之後。始封君爲高祖父當遷之時。轉爲太祖。通四廟爲五廟定制也。故云後世遷之乃毀其廟也。云因國君以尊降其親故終說此義云者。自諸侯之子已下。既非經語。而傳汎說降與公子之義。故云終說也。

○緦衰裳。牡麻絰。既葬除之者。【音義】緦音歲。【疏】釋曰。此緦衰是諸侯之臣爲天子。在大功下小功上者。以其天子七月葬。既葬除。故在大功九月下。小功五月上。又縷雖加小功。升數又少。故在小功上也。此不言帶屨者。案下傳云小功之緦也。則帶屨亦同小功可知。

傳曰。緦衰者何。以小功之緦也。【注】治其縷如小功而成布四升半。細其縷者。以恩輕也。升數少者。以服至尊也。凡布細而疏者謂之緦。今南陽有鄧緦。

【疏】【傳】釋曰。傳問者。正問縷之麤細。不問升數多少。故荅云小功之緦也。若然。小功緦知據縷麤細非升數者。下記人記出升數。而緦衰四升有半。鄭彼注云。服在小功之上者。欲著其縷之精麤也。故此注亦云。治其縷如小功而成布四升半也。【注】釋曰。云細其縷者。以恩輕也者。以其諸侯大夫是諸侯臣。於天子爲陪臣。唯有聘問接見天子。天子禮之而已。故服此服。是恩輕也。云升

松厓云此似東周之禮周禮爲天王斬衰縣子曰綌衰繐裳非古也

乎宋本于

數少者以服至尊也者。諸侯爲天子服。至尊義服斬縗如三升半。陪臣降君。改服至尊加一升。四升半也。云凡布細而疏者謂之繐者。此喪服謂之繐。由繐而疏。若非喪服。細而疏亦謂之繐。故云凡以總之云。今南陽有鄧繐者。謂漢時南陽郡鄧氏造布有名繐。言此者。證凡布細而疏即是繐之義。

〇諸侯之大夫爲天子。【疏】釋曰。此經直云大夫。則大夫中有孤卿。以其小聘使下大夫。大聘或使孤或使卿也。故大行人云。諸侯之孤以皮帛繼子男。故知大夫中兼孤卿。

傳曰。何以繐衰也。諸侯之大夫以時接見乎天子。【注】接。猶會也。諸侯之大夫以時會見於天子而服之。則其士庶民不服可知。【音義】見。賢遍反。

【疏】【傳】釋曰。傳問者。怪其重。此既陪臣。何意服四升半而七月乃除。答云以時接見乎天子者。爲有恩。故服之。【注】釋曰。云接猶會也。諸侯之大夫以時會見於天子而服之者。案周禮大宗伯有時見曰會。彼諸侯聘時見曰會。無常期曰時會。此鄭云以時會見者。直據諸侯大夫以時會見問頫天子禮。此即周禮大宗伯云時聘曰問殷頫曰視。鄭云。時聘者。亦無常期。天子有事乃聘之焉。境外之臣。既非朝歲。不敢瀆爲小禮。是天子有事乃遣大夫來聘。彼又注云。殷頫。謂一服朝之歲。以朝者少。諸侯乃使卿以大禮眾聘焉。一服朝在元年七年十一年。此時唯有侯服一服朝。故餘五服竝使卿來見天子。此竝是以時會見天子。天子待之以禮。皆有委積飱饔饗食燕與時賜。加恩既深。故諸侯大夫報而服之也。云則其士庶民不服可知者。上文云庶人爲國君。注云。天子畿內之民服天子亦如之。即知畿外之民不服可知。今又言之者。以畿外內民庶於天子有服無服明文。今因畿外諸侯大夫接見天子者乃有服。不聘天子者即無服。明民庶不爲天子服可知。故重明之。若然。諸侯之士約大夫不接見天子則無服。明士不接見亦無服可知。其士與卿大夫聘時作介者雖亦得禮。介本副使不得天子接見。亦不服可知。

○小功布衰裳。澡麻帶絰。五月者。【注】澡者。治去莩垢。不絕其本也。小記曰。下殤小功帶。澡麻不絕其本。屈而反以報之。音義澡音早。去起早反。莩音敷。疏釋曰。此殤小功章[illegible]者。本齊衰大功之親爲殤降在小功。故在成人小功之上也。但言小功者。對大功是用功麤大。則小功是用功細小精密者也。自上以來皆帶在經下。今此帶在經上者。以大功已上經帶有本。小功以下斷本。此殤小功中有下殤小功。帶不絶本。與大功同。故進帶於經上。倒文以見重。故與常例不同也。且上文多直見一經包二。此別言帶者。亦欲見帶不絶本。與經不同。故兩見之也。又殤大功直言無受。不言月數。此直言月不言無受者。聖人作經。欲互見爲義。大功言無受。此亦無受。此言五月。彼則九月七月可知。又且下章言即葛。此章不言即葛。亦是兼見無受之義也。又不言布帶與冠。文略也。不言屨者。當與下章同吉屨無絇也。注釋曰。云澡者治去莩垢者。謂以皂麻又治去莩垢使之滑淨。以其入輕竟故也。引小記者。欲見下殤小功中有本是齊衰之喪。故特言下殤。若大功下殤則入緦麻。是以特據下殤。云屈而反以報之者。謂先以一股麻不絶本者爲一條。展之爲繩。報合也。以一頭屈而反鄉上合之。乃絞垂。必屈而反以合者。見其重故也。引之者證此帶亦不絶本屈而反以報之也。若然。此章亦有大功長殤在小功者。未知帶得與齊衰下殤小功同不絕本不。案服問云。小功無變也。又云。麻之有本者變三年之葛。彼云小功無變。據成人小功無變。三年之葛。有本得變之。則知大功殤長中在小功者經帶無本也。以此而言。經注專據齊衰下殤小功重者而言。其中兼有大功之殤在小功帶麻絕本者。似若斬衰章兼有義服。傳直言衰三升冠六升。不言義服衰三升半者也。若然。姑姊妹出適降在小功者。以其成人非所哀痛。帶與大功之殤同。亦無本也。

○叔父之下殤。適孫之下殤。昆弟之下殤。大夫庶子爲適昆弟之下殤。爲姑姊妹女子子之下殤。爲人後者爲其昆弟從父昆弟之長殤。【疏】釋曰。此經自叔父已下至女子子之下殤八人皆是成人期。長殤中殤大功。已在上殤大功章。以此下殤小功。故在此章也。仍以尊者在前。卑者居後。云爲人後者爲其昆弟從父昆弟之長殤。此二者以本服大功。今長殤小功。故在此章。從父昆弟情本輕。故在出降昆弟後也。傳曰。問者曰。中殤何以不見也。大功之殤中從上。小功之殤中從下。【注】問者據從父昆弟之下殤在緦麻也。大功小功皆謂服其成人也。大功之殤中從上。則齊衰之殤亦中從上也。此主謂丈夫之爲殤者服也。凡不見者，以此求之也。【疏】【傳】釋曰：不直云何以而云問者曰者，以其傳總問大功小功所問非一，故云問者曰，與常例不同。【注】釋曰：鄭云問者據從父昆弟之下殤在緦麻也者，以其緦麻章見從父昆弟之下殤。此章見從父昆弟之長殤唯中殤不見，故致問，是以據從父昆弟也。云大功小功皆謂服其成人也者，以其緦麻章傳云：齊衰之殤中從上，大功之殤中從下。據此二傳言之，禮無殤在齊衰，則下齊衰之殤與大功之殤據成人，明此大功與小功之殤據服其成人可知也。若然，此經大功之殤唯有爲人後者爲昆弟及從父昆弟二者長殤中殤在此小功，其成人小功之殤中從下，自在緦麻，於此言之者，欲使小功與大功相對，故兼言之也。云大功之殤中從上則齊衰之殤亦中從上也者，以此傳云大功之殤中從上，小功之殤中從下而言。則大功重者中從上。齊衰重於大功。明從上可知。故謂舉輕以明重也。又云此主謂丈夫之爲殤者服也者。鄭以此云大功之殤中從上。小功之殤中從下。緦麻章云齊衰之殤中從上。大功之殤中從下。兩文相反。故鄭以彼謂婦人爲夫之族類。此謂丈夫爲殤者服也。鄭必知義然者。以其此傳發在從父昆弟丈夫下。下文發傳在婦人爲夫之親服下。故知義然也。云凡不見者以此求之也者。周公作經。不可具出。略舉以明義。故云不見者以此求之也。○爲夫之叔父之長殤。注不見中殤者。中從下也。疏釋曰。夫之叔父義服。故次在此。成人大功。故長殤降一等在小功。注釋曰。云不見中殤者中從下也者。下傳云大功之殤中從下。主謂此婦人爲夫之黨類。故知中從下在緦麻也。○昆弟之子。女子子。夫之昆弟之子。女子子之下殤。爲姪。庶孫丈夫婦人之長殤。疏釋曰。云昆弟之子女子子夫之昆弟之子女子子之下殤者。此皆成人爲之齊衰期。長中殤在大功。故下殤在此小功也。云爲姪庶孫丈夫婦人之長殤者。謂姑爲姪成人大功。長殤在

松厓云恩謂昆弟庶孚謂昆弟之庶子猶子也大夫降在大功長中殤小功

浦改爲此庶服

此小功不言中殤中從上不言男子女子而言丈夫婦人亦是見恩疏之義庶孫者祖爲之大功長殤中殤亦在此小功言丈夫婦人亦是見恩疏也

○大夫公之昆弟大夫之子爲其昆弟庶子姑姊妹女子子之長殤【注】大夫爲昆弟之長殤小功謂爲士者若不仕者也以此知爲大夫無殤服也公之昆弟不言庶者此無服無所見也大夫之子不言庶者關適子亦服此殤也云公之昆弟爲庶子之長殤則知公之昆弟猶大夫【疏】釋曰云大夫公之昆弟大夫之子爲其昆弟庶子姑姊妹女子子之長殤者謂此三人爲此六種人成人以尊降至大功故長殤小功中亦從上此一經亦尊卑爲次敘也【注】釋曰云大夫爲昆弟之長殤小功謂爲士者若不仕者也者凡爲昆弟成人期長殤在大功今大夫爲昆弟長殤小功明大夫爲昆弟降一等成人大功長殤中殤在小功若昆弟亦爲大夫同等期不降今言降

在小功。明是昆弟爲士若不仕者也。云以此知爲大夫
無殤服也者。已爲大夫則冠矣。丈夫冠而不爲殤。是以
知大夫無殤服矣。若然。大夫身用士禮已二十而冠。而
有兄姊殤者。已與兄姊同十九。而兄姊於年終死。已至
明年初二十因喪而冠。是以冠成人而有兄姊殤也。且
五十乃爵命。今未二十已得爲大夫者。五十乃爵命。自
是禮之常法。或有大夫之子有盛德。謂若甘羅十二相
秦之等。未必要至五十。是以得有幼爲大夫者也。若然
曲禮云四十强而仕。則四十然後爲士。今云殤死者爲
士若不仕。則爲士而殤死。亦是未二十得爲士者。謂若
士冠禮鄭目錄云。士之子任士職居士位二十而冠。則
亦是有德未二十爲士者。謂若士冠禮至二十乃冠。故
鄭引管子書四民之業士亦世焉是也。云公之昆弟不
言庶者此無服無所見也者。經云公之昆弟。多兼言庶。
此特不云公之庶昆弟。直云公之昆弟者。若爲母則兼
云庶以其適母。適庶之子皆同服。妾子爲母見厭不伸。
今此經不爲母服。爲昆弟已下長殤竝同。故不言庶也。
云大夫之子不言庶者闕適子亦服此殤也者。若言大
夫庶子爲昆弟。謂嫌適子不服之。若不言庶子。則兼適
庶。是以鄭云不言庶子者闕適子。闕通也。通適子亦服

此服也云公之昆弟爲庶子之長殤則知公之昆弟猶大夫者舊疑大夫與公之昆弟尊卑異今案此經云公之昆弟與大夫同降昆弟已下成人大功長殤同小功則知此二人尊卑同故云猶大夫也

○大夫之妾爲庶子之長殤【注】君之庶子【疏】釋曰妾爲君之庶子成人在大功已見上章今長殤降一等在此小功【注】釋曰云君之庶子者若適長則成人適女君三年長殤在大功與此異故言君之庶子以別之也

○小功布衰裳牡麻絰即葛五月者【注】即就也小功輕三月變麻因故衰以就葛絰帶而五月也傳曰小功之葛與緦之麻同舊說小功以下吉屨無絇也【音義】絇具俱反【疏】釋曰此是小功成人章輕於殤小功故次之此章有三等正降義其衰裳之制澡絰等與前同故略也云即葛五月者以此成人文縟故有變麻從葛故云即葛但以日月爲足故不變衰也不列冠屨承上大功

乾隆四年校刊

文略。小功又輕。故亦不言也。言日月者。成人文縟。故具言也。【注】釋曰。云即就也者。謂去麻就葛也。引間傳欲見小功有變麻服葛法。既葬大小同。故變同之也。引舊說云小功以下吉屨無絇也者。以小功輕。非直喪服不見屨。諸經亦不見其屨。以輕略之。是以引舊說爲證。絇者。案周禮屨人職。屨舄皆有絇繶純。純者於屨口緣。繶者牙底接處縫中有繶。絇者屨鼻頭有飾爲行戒。吉時有行戒。故有絇。喪中無行戒。故無絇。以其小功輕。故從吉屨。爲其大飾。故無絇也。○從祖祖父母。從祖父母。報。【注】祖父之昆弟之親。【疏】釋曰。此亦從尊向卑。故先言從祖祖父母。以上章已先言父。次言祖。次言曾。此從祖祖父母。是曾祖之子。祖之兄弟。從祖父母者。是從祖祖父之子。父之從父昆弟之親。故鄭幷言祖父之昆弟之親。云報者。恩輕。欲見兩相爲服。故云報也。○從祖昆弟。【注】父之從父昆弟之子。【疏】釋曰。此是從祖父之子。故鄭云父之從父昆弟之子。已之再從兄弟。以上三者爲三小功也。○從父姊妹。【注】父之昆弟之女。【疏】釋曰。此謂從父姊妹在家大功。出適小功。不言出適與在室。姊妹既逆降。宗族亦逆降報之。故不辨在室及出嫁也。○孫適人者。注孫者子之子。女孫在室。亦大功也。疏釋曰。以女孫在室與男孫同大功。故出適小功也。

○爲人後者爲其姊妹適人者。注不言姑者。舉其親者而恩輕者降可知。疏注釋曰。云不言姑者舉其親者而恩輕者降可知者。案詩云。問我諸姑。遂及伯姊。注云。先姑後姊。尊姑也。是姑尊而不親。姊妹親而不尊。故云不言姑。舉姊妹親者也。

○爲外祖父母。傳曰。何以小功也。以尊加也。疏釋曰。發問者。是傳之不得決此。以云外親之服不過緦麻。今乃小功。故發問。云以尊加也者。以言祖者。祖是尊名。故加至小功。言爲者。以其母之所生。情重。故言爲也。

○從母丈夫婦人報。注從母。母之姊妹。疏釋曰。母之姊妹與母一體。從於己母而有此名。故曰從母。言丈夫婦人者。母之姊妹之男女。與從母兩相爲服。故曰報。云丈夫婦人者。馬氏云。從母報姊妹之子男女也。丈夫婦人者。異姓無出入降。若然。是皆成人長大爲號。傳曰：何以小功也？以名加也。外親之服皆緦也。【注】外親異姓，正服不過緦。丈夫婦人，姊妹之子，男女同。【疏】【傳】釋曰：云「以名加」者，以有母名，故加至小功。云「外親之服皆緦也」者，以其異姓，故云外親。以本非骨肉，情疏，故聖人制禮，無過緦也。言此者，見親有母名，即加服之意耳。【注】釋曰：云「外親異姓」者，從母與姊妹子，舅與外祖父母，皆異姓，故總言外親也。○夫之姑姊妹，娣姒婦，報。【注】夫之姑姊妹，不殊在室及嫁者，因恩輕，略從降。【疏】釋曰：夫之姑姊妹一等，出嫁小功，因恩疏，略從降，故在室及嫁同小功。若此夫爲之期，妻降一等。恐謂未當報，然文不爲娣姒設，以其娣姒婦兩見，更相爲服自明，何言報也？既報字不爲娣姒，其報於娣姒下者，以其於夫之兄弟，使之遠別，故無名，使不相爲服，要娣姒婦相爲服，亦因夫而有，故娣姒婦下云報，使娣姒上蒙夫字以冠之也。傳曰：娣姒婦者，弟長也。何以小功也？以爲相與居室中，則生小功之親焉注娣姒婦者兄弟之妻相名也長婦謂穉婦爲娣婦娣婦謂長婦爲姒婦音義弟大計反本亦作娣長丁丈反疏傳釋曰傳云娣姒婦者弟長也者此二字皆以女爲形以弟爲聲則據二婦互稱謂年小者爲娣故云娣弟是其年幼也年大者爲姒故云姒長是其年長假令弟妻年大稱之曰姒兄妻年小稱之曰娣是以左氏傳穆姜是宣公夫人大婦也聲伯之母是宣公弟叔肸之妻小婦也聲伯之母不聘穆姜云吾不以妾爲姒是據二婦年大小爲娣姒不據夫年爲小大之事也○大夫大夫之子公之昆弟爲從父昆弟庶孫姑姊妹女子子適士者注從父昆弟及庶孫亦謂爲士者疏釋曰從父昆弟庶孫本大功此三等以尊降入小功姑姊妹女子本期此三等出降入大功若適士又降一等入小功也此等以重出其文姑姊妹又以再降故在此注釋曰云從父昆弟及庶孫亦謂爲士者以經女子子下總云適士鄭恐人疑故鄭別言之以其從父昆弟及庶孫已見於大功章今在此故三等人

降親一等。故如此。文亦謂爲士者也。○大夫之妾爲庶子適人者。【注】君之庶子女子子也庶女子子在室大功。其嫁於大夫亦大功。【疏】【注】釋曰。此云適人者謂士。是以本在室大功。出降故小功。鄭云嫁於大夫亦大功者。直有出降無尊降故也。○庶婦。【注】夫將不受重者。【疏】【注】釋曰。經云於支庶舅姑爲其婦小功。鄭云夫將不受重。則若喪服小記注云世子有廢疾不可立。而庶子立。其舅姑皆爲其婦小功。則亦兼此婦也。○君母之父母從母。【注】君母父之適妻也。從母。君母之姊妹。【疏】釋曰。此亦謂妾子爲適妻之父母。及君母姊妹。如適妻子爲之同也。傳曰。何以小功也。君母在則不敢不從服。君母不在則不服。【注】不敢不服者。恩實輕也。凡庶子爲君母如適子。【疏】【傳】釋曰。何以發問者。以既不生己母。又非骨肉。恠爲小功。故發問也。答云不敢不從服者。言無情實。但畏敬。故云不敢不從服也。云君母不在者。或出或死。故直云不在。容有數事不在也。注 釋曰。云不敢不服者恩實輕也者。以解不敢意也。云如適子者。則如適妻之子。非正適長。但據君母在而云如若君母不在則不如若然。君母在既爲君母父母。其己母之父母或亦兼服之。若（）馬氏義。君母不在。乃可伸矣。君子子爲庶母慈己者。注 君子子者。大夫及公子之適妻子。疏 注 釋曰。鄭云君子子者大夫及公子之適妻子者。禮之通例。君子與貴人。皆據大夫已上。公子尊卑比大夫。故鄭據而言焉。又國君之子爲慈母無服。士又不得稱君子。亦復自養子。無三母具。故知此二人而已。必知適妻子者。妾子賤。亦不合有三母。故也。傳曰。君子子者。貴人之子也。爲庶母何以小功也。以慈己加也。注 云君子子者。則父在也。父沒則不服之矣。以慈己加。則君子子亦以士禮爲庶母緦也。內則曰。異爲孺子室於宮中。擇於諸母與可者。必求其寬裕慈惠溫良恭敬愼而寡言者使爲子師其次爲慈母其次爲保母皆居子室他人無事不往又曰大夫之子有食母庶母慈己者此之謂也謂傅姆之屬也其不慈己則緦可矣不言師保慈母居中服之可知也國君世子生卜士之妻大夫之妾使食子三年而出見於公宮則劬非慈母也士之妻自養其子【音義】餼而注反有食音嗣傅姆音茂又劉音母【疏】

【傳】釋曰云爲庶母何以小功也發問者以諸侯與士之子皆無此服唯此貴人大夫與公子之子猶有此服故發問也答云慈己加也故以緦麻上加至小功也【注】釋曰云君子子者則父在也者以其言子繼於父故云父在且大夫公子不繼世身死則無餘尊之厭如凡人則無三母慈己之義故知父在也云父没則不服之矣者以其無餘尊雖不服小功仍服庶母緦麻如士禮故鄭又云以慈己加則君子子以士禮爲庶母緦也是其本

宋本有

爲庶母緦麻也。內則已下至非慈母也，皆內則文。彼文承國君與大夫士之子生之下。鄭彼注云：爲君養子之禮。今此鄭所引證大夫公子之法，以其大夫公子適妻子亦得立三母故也。云異爲孺子室於宮中者，鄭注云：特掃一處以處之。更不別室，還於側室生子之處也。云擇於諸母與可者，諸母謂父之妾，即此經庶母者也。云可者，傅御之屬也。謂母之外別有傅御妾之等有德行者，可以充三母也。云必求其寬裕慈惠溫良恭敬慎而寡言者，寬謂寬弘，裕謂容裕，慈謂恩慈，惠謂惠愛，溫謂溫潤，良謂良善，恭謂恭恪，敬謂敬肅，慎謂能謹慎，寡言謂審詞語。有此十行者，得爲子師，始終與子爲模範，故取德行高者爲之也。故彼注云：子師教示以善道者。至其次爲慈母，知其嗜欲者，德行稍劣者爲慈母，即此經慈母是也。又云其次爲保母者，德行又劣，前者爲保母。彼注云：保母安其居處者。云皆居子室者，以皆是子母，是以居子之室也。云他人無事不往者，彼注云：爲兒精氣微弱，將驚動也。又云大夫之子有食母者，彼注云：選於傅御之中，喪服所謂乳母也。案下章云乳母，注云謂養子者有他故，賤者代之慈己者。若然，大夫三母之內，慈母有他故，使賤者代慈母養子，謂之乳母。死則服之三月。與慈母服異。引之者。證三母外又有此母也。君與士皆無此事。云庶母慈己者此之謂也者。謂此經庶母慈己。則內則所云其可者。賤於諸母。謂傅姆之屬也者。傅姆謂女師。鄭注昏禮云。姆。婦人年五十無子。出而不復嫁。能以婦道教人者。若今時乳母矣。鄭注內則云可者傅御之屬。與此注不同者。無正文。故注有異。相兼乃具。云其不慈己則緦可矣者。覆解子爲三母之服。謂諸母也。傳云以慈己加者。不慈己則不加。明本當緦也。云不言師保慈母居中服之可知也者。周公作經舉中以見上下。故知皆服之矣。云國君世子生卜士之妻大夫之妾使食子三年而出見於公宮則劬非慈母者。引此者彼既總據國君與卿大夫士養子法。向來所引唯據大夫與公子養子法。故更見國君養子之禮。但國君子之三母具如前說。三母之外別有食子者。二者之中先取士妻。無堪者乃取大夫妾。不並取之。案彼注謂先有子者。以其須乳故也。劬勞三年。子大。出見公宮。則勞之以束帛。非此經慈母。以其無服故也。知國君子於三母無服者。案曾子問。孔子曰。古者男子外有傅。內有慈母。君命所使教子也。何服之有。以此而言。則知天子諸侯之子於三母皆無服也。云士之妻自養其子者。此亦內則文。取之者，以其君大夫養子已具，故引論士之養子法。彼注云：賤不敢使人也。

○緦麻三月者。注緦麻，布衰裳而麻絰帶也。不言衰絰，略輕服，省文。疏釋曰：此章五服之內，輕之極者，故以緦如絲者爲衰裳，又以澡治莩垢之麻爲絰帶，故曰緦麻也。三月者，凡喪服變除，皆法天道，故此服之輕者，法三月一時天氣變，可以除之，故三月也。注釋曰：云"緦麻布衰裳"者，緦則絲也，但古之緦絲字通用，故作緦字。直云"而麻絰帶也"，案上殤小功章云"澡麻絰帶"，況緦服輕，明亦澡麻可知。云"不言衰絰略輕服省文"者，據上殤小功言絰帶，故成人小功與此緦麻有絰帶可知，故云略輕服省文也。傳曰：緦者十五升抽其半，有事其縷，無事其布曰緦。注謂之緦者，治其縷細如絲也。或曰有絲。朝服用布，何衰用絲乎？抽猶去也。雜記曰：緦冠繰纓。音義朝，直遙反。後放此。疏傳釋曰：云"緦者十五升抽其半"者，以八十縷爲升，十五升千二百縷，抽其半六百縷縷麤細如朝服數則半之可謂緦而疏服最輕故也云有事其縷無事其布曰緦者案下記云大夫弔於命婦錫衰傳曰錫者十五升抽其半無事其縷有事其布曰錫鄭注云謂之錫者治其布使之滑易也錫者不治其縷哀在內也緦者不治其布哀在外也若然則二衰皆麻同升數但錫衰重故治布不治縷哀在內故也此緦麻衰治縷不治布哀在外故也注釋曰云謂之緦者治其縷細如絲也者以其麤細與朝服十五升同故細如絲也云或曰有絲者有人解有用絲爲之故云緦又曰朝服用布何衰用絲乎者此鄭以義破或解朝服謂諸侯朝服緇布衣及天子朝服皮弁服白布衣皆用布至於喪衰何得反絲乎故不可也引雜記緦冠繰纓者以其斬衰纓纓重於冠齊衰已下纓纓與冠等上傳曰齊衰大功冠其受也緦麻小功冠其衰也則此云緦冠者冠與衰同用緦布但繰纓者以灰澡治布爲纓與冠別以其冠與衰皆不治布纓則澡治以其輕故特異於上也

○族曾祖父母族祖父母族父母族昆弟注族曾祖父者曾祖昆弟之親也族祖父者亦高祖之孫祖父之從

父昆弟之親也，則高祖有服明矣。【疏】釋曰：此即禮記大傳云「四世而緦服之窮也」，名爲四緦麻者也。云「族曾祖父母者，己之曾祖親兄弟也」，云「族祖父母者，己之祖父從父昆弟也」，云「族父母者，己之父從祖昆弟也」，云「族昆弟者，己之三從兄弟」，皆名爲族。族，屬也，骨肉相連屬，以其親盡，恐相疏，故以族言之耳。【注】釋曰：云「祖父之從父昆弟之親」者，欲推出高祖有服之意也。以己之祖父與族祖父相與爲從昆弟，族祖父與己之祖俱是高祖之孫。此四緦麻又與己同出高祖，己上至高祖爲四世，旁亦四世，旁四世既有服，於高祖有服明矣。鄭言此者，舊有人解，見齊衰三月章直見曾祖父母，不言高祖，以爲無服，故鄭從下緦上推之，高祖有服可知。上章不言者，鄭彼注高祖曾孫皆有小功之差，服同，故舉一以見二也。然則又云族祖父者，鄭意以族祖父者上連祖父之從父昆弟爲義，故云亦高祖之孫也，明己之祖父即高祖之正孫，族祖父高祖之旁孫也。

○庶孫之婦、庶孫之中殤。【注】庶孫者，成人大功，其殤中從上。此當爲下殤，言中殤者，字之誤爾。又諸言中者皆連上下也【注】釋曰。庶孫之婦緦者。以其適子之婦大功。庶子之婦小功。適孫之婦小功。庶孫之婦緦。是其差也。【注】釋曰。云庶孫之中殤注云庶孫者成人大功。其殤中從上者。則長中殤皆入小功章中。故云此當爲下殤言中殤者字之誤爾。又諸言中者皆連上下也者。謂大功之殤中從上。小功緦麻之殤中從下。謂殤之內無單言中殤者。此經單言中殤。故知誤空爲下也。

○從祖姑姉妹適人者。報從祖父從祖昆弟之長殤。【注】不見中殤中從下。【疏】釋曰。此一經皆本服小功。是以此經或出適。或長殤。降一等皆緦麻。【注】釋曰。云不見中殤中從下者。以其小功之殤中從下故也。其云從祖父長殤。謂叔父者也。

○外孫。【注】女子子之子。【疏】釋曰。云外孫者。以女出外適而生。故云外孫。

○從父昆弟姪之下殤。夫之叔父之中殤下殤。【注】言中殤者。中從下。【疏】釋曰。從父昆弟成人大功。長殤在小功。故下殤在此章也。姪者。爲姑之出。降大功。長中殤小功。故下殤在此也。夫之叔父成人大功。長殤在小功，故中下殤在此。注釋曰：以下傳言之。婦人爲夫之族類，大功之殤中從下，故鄭據而言之也。○從母之長殤，報。疏釋曰：從母者，母之姊妹，成人小功，故長殤在此。中下之殤則無服，故不言。云報者，以其疏，亦兩相爲服也。案小功章已見從母報服，此殤文云報者，以前章兒兩俱成人，以小功相報，此章見從母與姊妹子亦俱在殤死相爲報服，故二章竝言報也。○庶子爲父後者爲其母。疏釋曰：此謂無冢適，惟有妾子，父死，庶子承後，爲其母緦也。傳曰：何以緦也？傳曰：與尊者爲一體，不敢服其私親也。然則何以服緦也？有死於宮中者，則爲之三月不舉祭，因是以服緦也。注君卒，庶子爲母大功。大夫卒，庶子爲母三年。士雖在，庶子爲母皆如衆人。疏傳釋曰：傳發問者，惟其親重而服輕，故問。引舊傳者，子夏見有成文，引以爲證。云與尊者爲一體者，父子一體，如有首足者也。云不敢服其私親也者，妾母不得體君，不得爲正親，故言私親也。云

乾隆四年校刊

松厓云愚謂當據曾子問鄭注庶子王爲其母無服爲定論春秋仲子成風皆直書譏之公羊母以子貴之說豈其然乎

然則何以服緦也。又發此問者。前答既云不敢服其私親。卽應全不服。而又服緦。何也。答曰有死於宮中者則爲之三月不舉祭。因是以服緦也者。云若死宮中者。縱是臣僕死於宮中。亦三月不舉祭。故此庶子因是爲母服緦也。有死卽廢祭者。不欲聞凶人故也。注釋曰。云君卒庶子爲母大功者。大功章云公之庶昆弟爲其母。是也。以其先君在。公子爲母在五服外。記所云是也。先君卒。則是今君庶昆弟。爲其母大功。先君餘尊之所厭。不得過大功。今庶子承重。故緦。云大夫卒庶子爲母三年也者。以其父在大功。父卒無餘尊所厭。故伸三年。士雖在庶子爲母皆如衆人者。士卑無厭故也。鄭并言大夫士之庶子者。欲見不承後者如此服。若承後則皆緦。故并言之也。向來經傳所云者。據大夫士之庶子承後法。若天子諸侯庶子承後爲其母所服云何。案曾子問云古者天子練冠以燕居。鄭云。謂庶子王爲其母。無服。案服問云。君之母非夫人。則羣臣無服。唯近臣及僕驂乘從服。唯君所服服也。注云。妾先君所不服也。禮庶子爲後爲其母緦。言唯君所服。伸君也。春秋之義有以小君服之者。時若小君在。則益不可。據彼二文而言。曾子問所云據小君在。則練冠五服外。服問所云據小君沒後。

其庶子爲得伸。故鄭云伸君。是以引春秋之義，母以子貴。若然，天子諸侯禮同，與大夫士禮有異也。○士爲庶母。[疏]釋曰：上下體例平文皆士，若非士，則顯其名位。傳云士者，當由大夫已上爲庶母無服，則爲庶母是士可知。而經云士大夫已上不服庶母，庶人又無庶母，爲庶母服者唯士而已，故變例言士也。傳曰：何以緦也？以名服也。大夫以上爲庶母無服。[疏][傳]釋曰：發問者，除士以外皆無服庶母服，獨士有服，故發問。答云以名服也，以其母名，故有服。云大夫以上爲庶母無服者，以其降，故無服。此傳解特稱士之意也。○貴臣貴妾。[注]此謂公士大夫之君也。殊其臣妾貴賤而爲之服。貴臣，室老士也。貴妾，姪娣也。天子諸侯降其臣妾無服，士卑無臣，則士妾又賤，不足殊，有子則爲之緦，無子則已。[疏]釋曰：此貴妾謂公士大夫爲之服緦，以等非南面，故服之也。[注]釋曰：云此謂公士大夫之君也者，若士則無臣，又不得簡妾貴賤，天子諸侯又絶此二者無服。則知爲此服者。是公卿大夫之君。得殊其臣妾貴賤而爲之服也。云貴臣室老士也者。上斬章鄭已注云。室老家相也。士邑宰也。云貴妾姪娣也者。案曲禮曰。大夫不名家相長妾。士昏禮云。雖無娣媵先。是士姪娣不具。卿大夫有姪娣爲長妾可知。故曰貴妾姪娣也。云云天子諸侯降其臣妾無服者。以其絶朞已下故也。云士卑無臣者。孝經以諸侯天子大夫皆云爭臣。士有爭友。是士無臣也。云士妾又賤不足殊者。以大夫已上身貴。妾亦有貴。士身賤。妾亦隨之賤。故云妾又賤不足殊也。云有子則爲之緦無子則已者。喪服小記文。

傳曰。何以緦也。以其貴也。疏傳釋曰。發問者。以臣與妾不應服。故發問之也。荅曰以其貴也。以非南面故簡貴者服之也。

○乳母。注謂養子者有它故賤者代之慈己。疏釋曰。案內則云。大夫之子有食母。彼注亦引此云喪服所謂乳母。以天子諸侯其子有三母具。皆不爲之服。士又自養其子。若然。自外皆無此法。唯有大夫之子有此食母爲乳母。其子爲之緦也。注釋曰。云謂養子者有他故者。謂三母之內慈母有疾病或死。則使此賤者代之養子。故云乳母也。

傳曰。何以

緦也以名服也。【疏】【傳】釋曰。怪其餘人之子皆無此乳母。獨大夫之子有之。故發問也。答以名服。有母名。卽爲之服緦也。○從祖昆弟之子。【注】族父母爲之服。【疏】釋曰。云從祖昆弟之子者。據己於彼爲再從兄弟之子。【注】釋曰。云族父母爲之服者。據彼來呼己爲族父母。爲之服緦也。○曾孫。【注】孫之子。【疏】釋曰。據曾祖爲之緦。不言玄孫者。此亦如齊衰三月章直見曾祖不言高祖。以其曾孫玄孫爲曾高同。曾高亦爲曾孫玄孫同。故二章皆略。不言高祖玄孫也。○父之姑。【注】歸孫爲祖父之姊妹。【疏】【注】釋曰。案爾雅云。女子謂昆弟之子爲姪。謂姪之子爲歸孫。是以鄭據而言焉。○從母昆弟傳曰。何以緦也。以名服也。【疏】【傳】釋曰。傳問者。怪外親輕而有服者。答云以名服者。因從母有母名而服其子。故云以名服也。必知不因兄弟名。以其昆弟非尊親之號。是以上小功章云爲從母小功。云以名加也。爲外祖父母。以尊加也。知此以名者。亦因從母之名而服其子爲義。○甥。【注】姊妹之子。【疏】釋曰。云甥者。舅謂姊妹之子。傳

乾隆四年校刊

石經無上五字集釋同

曰：甥者何也？謂吾舅者，吾謂之甥。何以緦也？報之也。【疏】【傳】「吾謂之甥」。釋曰：發問者，五服未有此名，故問之。答云「謂吾舅者，吾謂之甥」，以其父之昆弟有世叔之名，母之昆弟不可復謂之世叔，故名爲舅。舅既得別名，故謂姊妹之子爲甥，亦爲別稱也。云「何以緦也，報之也」者，此怪其外親而有服，故發問也。答曰「報之」者，甥既服舅以緦，舅亦爲甥以緦也。○壻。【注】女子子之夫也。

傳曰：何以緦也？報之也。【疏】【傳】釋曰：發問者，怪女之父母爲外親女之夫服。答云「報之」者，壻既從妻而服妻之父母，妻之父母遂報之服。前疑姪及甥之名而發問，此不疑壻而發問者，姪甥本親而疑異稱，故發問；壻本是疏人，竝有異稱，故不疑而問之也。○妻之父母。傳曰：何以緦？從服也。【注】從於妻而服之。【疏】【傳】釋曰：傳發問者，亦怪外親而有服。答曰「從服」，故有此服。若然，上言甥，下文言舅，此言壻，次卽言妻之父母者，舅甥本親，不相報，故在後別言舅。此壻本疏，恐不是從服，故卽言妻之父母也。○姑之子。【注】外兄弟也。【疏】【注】釋曰：云「外兄弟」者，姑是內人，以出外而生故也。傳曰：何以緦？報之也。疏傳釋曰：傳發問者，亦疑外親而服之，故問也。答云報之者，姑之子既爲舅之子服，舅之子復爲姑之子，兩相爲服，故云報之也。○舅。注母之兒弟。傳曰：何以緦？從服也。注從於母而服之。疏傳釋曰：傳發問者，亦疑於外親而有服。答從服者，從於母而服之，不言報者，既是母之懷抱之親，不得言報也。○舅之子。注內兄弟也。疏釋曰：云內兄弟者，對姑之子云，舅子本在內不出，故得內名也。傳曰：何以緦？從服也。疏傳釋曰：傳發問者，亦以外親服之，故問也。答云從服者，亦是從於母而服之，不言報者，爲舅既言從服，其子相施亦不得言報也。○夫之姑姊妹之長殤。疏夫之姑姊妹成人，婦爲之小功，長殤降一等，故緦麻也。○夫之諸祖父母，報。注諸祖父母者，夫之所爲小功，從祖祖父母、外祖父母。或曰曾祖父母。曾祖於曾孫之婦無服，而云報乎？曾祖父母正服小功。妻從服緦。[疏]注釋曰。夫之所爲小功者。妻服之。降一等。故緦麻也。以其本疏兩相爲服。則生報名。云從祖祖父母外祖父母者。此依小功章夫爲之小功者也。云或曰曾祖父母者。或人解諸祖之中兼有夫之曾祖父母。凡言報者。兩相爲服。曾祖爲曾孫之婦無服。何得云報乎。鄭破或解也。云曾祖父母正服小功妻從服緦者。此鄭既破或解。更爲成人而言。若今本不爲曾祖齊衰三月。而依差降服小功。其妻降一等得有緦服。今既齊衰三月。明爲曾孫妻無服。○君母之昆弟。[疏]釋曰。前章不云君母姊妹而云從母者。以其上連君母之父母。故也。此昆弟單出。不得直云舅。故云君母之昆弟也。傳曰。何以緦。從服也。[注]從於君母而服緦也。君母在則不敢不從服。君母卒則不服也。[疏][傳]釋曰。傳發問者。怪非己母而服之。答云從服者。雖本非己親。敬君母。故從於君母而服緦也。[注]釋曰。云君母在則不敢不從服。君母卒則不服也者。君母之昆弟從服與君母之父母同。故亦取於上傳解之也。皆徒從之。故所從亾則已也。○從父昆弟之子之長殤、昆弟之孫之長殤、爲夫之從父昆弟之妻。【疏】釋曰：從父昆弟之子之長殤、昆弟之孫之長殤，此二人本皆小功，故長殤在緦麻，中殤從下殤無服。夫之從父昆弟之妻，同堂娣姒，降於親娣姒，故緦麻也。

傳曰：何以緦也？以爲相與同室，則生緦之親焉。長殤、中殤降一等，下殤降二等。齊衰之殤中從上，大功之殤中從下。【注】同室者，不如居室之親也。齊衰、大功，皆服其成人也。大功之殤中從下，小功之殤亦中從下也。此主謂妻爲夫之親服也。凡不見者，以此求之。【疏】【傳】釋曰：何以緦發問者，以本路人，夫又不服之，今相爲服，故問之。答云以爲相與同室，則生緦之親焉者，以大功有同室同財之義，故云相與同室，則生緦之親焉。云長殤、中殤降一等，下殤降二等，卽云齊衰之殤中從上者，乃是婦人爲夫之族著殤法，則此一等二等之傳，雖文承上男子爲殤之下，要此

乾隆四年校刊

傳爲下婦人著殤服而發之。若云長殤中殤降一等者據下齊衰中殤從上在大功也。下殤降二等者。亦是齊衰下殤在小功者也。注釋曰。云同室者不如居室之親也者。言同室者。直是舍同。未必安坐。言居者。非直舍同。又是安坐。以上小功章親娣姒婦發傳而云相與居室。此從父昆弟之妻相爲。即云相與同室。是親疏相並。同室不如居室中。故輕重不等也。云齊衰大功皆服其成人也者。以其無殤在齊衰之服。明據成人齊衰。既是成人。明大功亦是成人可知也。云大功之殤中從下則小功之殤亦中從下者。此舉上以明下。上殤小功注云。大功之殤中從上。則齊衰之殤亦中從上。彼注舉下以明上。皆是省文之義。故言一以包二也。云此主謂妻爲夫之親服也者。此傳又承婦人在夫家相爲著服之下。又上文殤小功章已發傳。據大功小功。不據齊衰。以其重。故據男子爲殤服而言。此不言小功。上取齊衰對大功。以其輕。故知婦人義服爲夫之親而發也。云凡不見者以此求之者。以其婦人爲夫之親。從夫服而降一等。而經傳不見者。以此求也。事意盡可知。前章注爲丈夫而言。此章更爲婦人出。故兩處並見也。

記 疏 釋曰儀禮諸篇有記者皆是記經不備者也作記之人其疏已在士冠篇

公子爲其母練冠麻麻衣縓緣爲其妻縓冠葛絰帶麻衣縓緣皆旣葬除之 注 公子君之庶子也其或爲母謂妾子也麻者緦麻之絰帶也此麻衣者如小功布深衣爲不制衰裳變也詩云麻衣如雪縓淺絳也一染謂之縓練冠而麻衣縓緣三年練之受飾也檀弓曰練練衣黃裏縓緣諸侯之妾子厭於父爲母不得伸權爲制此服不奪其恩也爲妻縓冠葛絰帶妻輕 音義 縓七絹反范倉亂反緣以絹反 疏 釋曰云練冠麻麻衣縓緣者以練布爲冠麻者以麻爲絰帶又云麻衣者謂白布深衣云縓緣者以緇爲縓色與深衣爲領緣云爲其妻縓冠者以布爲縓色爲冠云葛絰帶者又以葛爲絰帶云麻衣縓緣者與爲母同皆旣葬除之

者。與緦麻所除同也。【注】釋曰。云公子君之庶子也者。則君之適夫人第二已下。及公妾子皆名庶子。云其或爲母謂妾子也者。以其適夫人所生第二已下爲母。自與正子同。故知爲母妾子也。云麻者緦麻之經帶也者。以與經有二麻。上麻爲首經要經。知一麻而含二經者。斬衰云苴經。鄭云麻在首要皆曰經。故知此經亦然。知如緦之麻者。以其此言緦麻。又見緦服弔服環經。鄭云大功緦之經。則此云子爲母。雖在五服外。經亦當如緦之經。故鄭以此麻兼言之也。云此麻衣者如小功布深衣。知者。案士之妾子。父在爲母期。大夫之妾子。父在爲母大功。諸侯妾子父在小功。是其差次。故知此當小功布也。云爲不制衰裳變也者。此記不言衰。明不制衰裳變者。以其爲深衣。不與喪服同。故云變也。詩云麻衣如雪者。彼麻衣及禮記檀弓云子游麻衣。并閒傳云大祥素縞麻衣。注皆云十五升布深衣。與此小功布深衣異。引之者。證麻衣之名同。取升數則異。禮之通例。麻衣制同。但以布緣之則曰麻衣。以采緣之則曰深衣。以素緣之。袖長在外。則曰長衣。又以采緣之。袖長在衣內。則曰中衣。又以此爲異也。皆以六幅破爲十二幅。連衣裳則同也。云縓淺絳也者。對三入爲纁。爲淺絳。云一染謂之縓者。爾雅文。案彼云。一染謂之縓。再染謂之赬。三染謂之纁也。云縓緣三年練之受飾也。知者。引檀弓云。練衣黃裏縓緣。注云。練。中衣。以黃爲內。縓爲飾。爲中衣之飾。據重服三年變服後爲中衣之飾也。此公子爲母在五服外輕。故特爲人初死深衣之飾。輕重有異。故不同也。云諸侯之妾子厭於父爲母不得伸權爲制此服不奪其恩也者。諸侯尊。絕期已下無服。公子被厭不合爲母服。不奪其母子之恩。故五服外權爲制此服。必服麻衣縓緣者。麻衣大祥受服。縓緣練之受飾。雖被抑猶容有三年之哀故也。云爲妻縓冠葛絰帶妻輕者。以縓布爲冠。對母用練冠。以葛是葬後受服。而爲絰帶。對母用麻。皆是爲妻輕故也。傳曰。何以不在五服之中也。君之所不服。子亦不敢服也。君之所爲服。子亦不敢不服也。【注】君之所不服。謂妾與庶婦也。君之所爲服。謂夫人與適婦也。諸侯之妾。貴者視卿。賤者視大夫。皆三月而葬。【疏】【傳】釋曰。傳發問者。怪親母與妻其服大輕。故問之。答云君之所不服者。以尊降。諸侯絶旁期已下。故不服妾與庶婦也。公子以厭降。亦不敢私服母與妻。又云君之所爲服子亦不敢不服也者。謂君之正統者也。注釋曰。云君之所不服謂妾與庶婦也者。解傳意還釋上公子爲母與妻者也。云云君之所爲服。謂夫人與適婦也者。正統故不降也。云諸侯之妾貴者視卿賤者視大夫皆三月而葬者。大戴禮文。鄭不於上經葬之下注之。至於此傳下乃引之者。鄭注意傳云君之所不服。謂妾與庶婦也。下乃解妾有貴賤葬有早晚。故至此引之見此意也。云妾貴者。謂諸侯一娶九女。夫人與左右媵各有姪娣。二媵與夫人之娣三人爲貴妾。餘五者爲賤妾也。卿大夫三月而葬。王制文。

○大夫公之昆弟大夫之子於兄弟降一等。注兄弟。猶言族親也。凡不見者以此求之也。疏釋曰。此三人所以降者。大夫以尊降。昆弟以旁尊降。大夫之子以厭降。是以總云降一等。注釋曰。上經當已言訖。今又言之者。上雖言之。恐猶不盡。記人總結之。是以鄭云凡不見者以此求之。云兄弟猶言族親也者。以下云小功已下爲兄弟。恐此兄弟亦據小功已下得降。故曰猶族親也。則此兄弟及下

通典載賀循引此文作於所爲後之子兄弟若子

松崖云爲人後者爲大宗則宗子也言報者嫌本生之兄弟爲宗子不降

支爲人後者爲兄弟皆非小功已下猶族親所容廣也

○爲人後者於兄弟降一等報於所爲後之兄弟之子若子【注】言報者嫌其爲宗子不降【音義】爲其如字注于僞反【疏】釋曰謂支子爲大宗子後反來爲族親兄弟之類降一等云於所爲後之兄弟之子若子者此等之服其義已見於斬章【注】釋曰云言報者嫌其爲宗子不降者以其出降本親又宗子尊重恐本親爲宗子有不降服之嫌故云報以明之言報是兩相爲服者也

○兄弟皆在他邦加一等不及知父母與兄弟居加一等【注】皆在他邦謂行仕出遊若辟讎不及知父母父母早卒【疏】釋曰云在他邦加一等者二人共在他國一死一不死相愍不得辟於親眷故加一等也云不及知父母與兄弟居加一等者謂各有父母或父母有早卒者與兄弟共居而死亦當愍其孤幼相育特加一等【注】釋曰云皆在他邦謂行仕者孔子身行七十二國不見仕者以古者有出他國之理故云謂行仕也又云出遊者謂若孔

子弟子朋友同遊他國。兄弟容有死者。又云若辟讎者。周禮調人云。從父兄弟之讎不同國。兄弟之讎辟諸千里之外。皆有兄弟共行之法也。云不及知父母早卒者。或遺腹子。或幼小。未有知識而父母早死者也。

傳曰。何如則可謂之兄弟。傳曰。小功以下爲兄弟。注 於此發兄弟傳者。嫌大功已上又加也。大功以上若皆在他國。則親自親矣。若不及知父母。則固同財矣。疏 傳釋曰。發問者。上經及記已有兄弟皆是降等。唯此兄弟加一等。故怪而致問。引舊傳者。以有成文。故引之。云小功以下爲兄弟者。以其加一等故也。注 釋曰。云於此發兄弟傳者嫌大功以上又加也者。鄭亦據於此兄弟加一等。發傳者嫌大功以上又加則親親矣。又加之。故於小功發傳也。云大功以上若皆在他國則親自親矣者。不可復加者也。云若不及知父母則固同財矣者。據經不及知父母與兄弟居。既親重。則財食是同。雖無父母。恩自隆重。不可復加也。○朋友皆在他邦。袒免歸則已。注 謂服無親者。當

正字云服字衍

爲之主每至祖時則袒袒則去冠代之以免舊說云以爲免象冠廣一寸已猶止也歸有主則止也主若幼少則未止小記曰大功者主人之喪有三年者則必爲之再祭朋友虞祔而已【音義】袒徒旱反免音問字或作絻【疏】釋曰謂同門曰朋同志曰友或共遊學皆在他國而死者每至當袒之節則爲之袒而免與宗族五世袒免同云歸則已者謂在他國袒免爲死者無主歸至家自有主則止不爲袒免也【注】釋曰謂服無親者當爲之主者以其有親入五服今言朋友故知是義合之輕無親者也既孤在外明爲之作主可知云每至祖時則袒者凡喪至小斂節主人素冠環絰以視斂斂訖投冠括髮將括髮先袒乃括髮括髮據正主人齊衰已下皆以免代冠以冠不居肉袒之禮故也云舊說云以爲免象冠廣一寸者鄭注士喪禮云免之制未聞舊說以爲如冠狀廣一寸引喪服小記曰齊衰括髮以麻免而以布此用麻布爲之狀如今之著幓頭矣自項中而前交於額上卻繞紒也是著免之

乾隆四年校刊

義也。云歸有主則止也主若幼少則未止者。本以在外。爲無主。與之爲主。今至家。主若幼少不能爲主。則朋友爲猶爲之主未止。引小記者。證主幼少不能主喪。朋友爲主之義。以雖有子是三年之人。小不能爲主。大功爲主者爲之再祭。謂練祥。朋友輕。爲之虞祔而已。以其又無大功已下之親。此朋友自外來。及在家朋友皆得爲主。虞祔乃去彼鄭注以義推之。又云小功緦麻爲之練祭可也。是親疏差降之法也。

○朋友麻。

注 朋友雖無親有同道之恩相爲服緦之絰帶檀弓曰羣居則絰出則否其服弔服也周禮曰凡弔當事則弁絰服弁絰者如爵弁而素加環絰也其服有三錫衰也緦衰也疑衰也王爲三公六卿錫衰爲諸侯緦衰爲大夫士疑衰諸侯及卿大夫亦以錫衰爲弔服當事則弁絰否則皮弁辟天子也士以緦衰爲喪服其弔服則疑衰

也舊說以爲士弔服布上素下或曰素委貌冠加朝服論語曰緇衣羔裘又曰羔裘玄冠不以弔何朝服之有乎然則二者皆有似也此實疑衰也其弁經皮弁之時則如卿大夫然又改其裳以素辟諸侯也朋友之相爲服卽士弔服疑衰素裳冠則皮弁加經庶人不爵弁則其弔服素冠委貌【音義】錫思狄反【疏】釋曰云朋友麻者上文在國相爲弔服麻經帶而已【注】釋曰云朋友雖無親有同道之恩相爲服緦之經帶者案禮記禮運云人其父生而師教之朋友成之又學記云獨學而無友則孤陋而寡聞論語云以文會友以友輔仁以此而言人須朋友而成也故云朋友雖無親有同道之恩故爲之服知緦之經帶者以其緦是五服之輕爲朋友之經帶約與之等故云緦之經帶也云檀弓曰羣居則經出則否者彼注羣謂七十二弟子相爲朋友彼亦是朋友相爲之

乾隆四年校刊

法云居則經經謂在家居止則爲之經出家行道則否引之者證此亦然也彼又云孔子之喪二三子皆經而出是爲師出行亦經也云其服弔服也者以其不在五服五服之外唯有弔服故即引周禮弔服之等也周禮者司服職文彼云凡弔事弁經服鄭注亦云弁經者如爵弁而素加環經也言爵弁者制如冕以木爲中幹廣八寸長尺六寸前低一寸二分以三十升布上玄下纁爵弁之體廣長亦然亦以三十升布但染作爵頭色赤多黑少之色爵之於弁上今則以素爲之又加環經者以一股麻爲骨又以一股麻爲繩纏之如環然謂之環經加於素弁之上彼注云經大如緦之經是弔服之經但此文云朋友麻鄭引周禮王弔諸侯之經及三衰證此者以其王於諸臣諸侯於諸臣皆有朋友之義故泰誓武王告諸侯云我友邦冢君是謂諸侯爲友洛誥周公謂成王云孺子其朋是王以諸臣爲朋諸侯於臣亦有朋之義可知故引周禮弁經與三衰證此朋友麻也若然弁經唯一衰則有三則一弁冠三衰也云其服有三錫衰也緦衰也疑衰也者案彼云王爲三公六卿錫衰爲諸侯緦衰爲大夫士疑衰鄭司農云錫麻之滑易者也十五升去其半有事其布無事其縷緦亦十五升

去其半。有事其縷無事其布。疑衰十四升。玄謂無事其縷哀在內。無事其布哀在外。疑之言擬也。擬於吉者也。云諸侯及卿大夫亦以錫衰爲弔服當事乃弁絰否則皮弁辟天子也者。案禮記服問云。公爲卿大夫錫衰以居。出亦如之。當事則弁絰。大夫相爲亦然。爲其妻往則服之。出則否。注云。出謂以他事不至喪所。是諸侯及卿大夫亦以錫衰爲弔服也。天子常弁絰。諸侯卿大夫當事大斂小斂及殯時乃弁絰。非此則皮弁。是辟天子也。云士以緦衰爲喪服者。士卑無降服。是以緦衰爲喪服。既以緦爲喪服。不得復將緦爲弔服。故下取疑衰爲弔服也。舊說者。以士弔服無文。故舊說云以爲士弔服布上素下。云或曰素委貌冠加朝服者。前有此二種解者。故鄭引論語破之。云論語曰緇衣羔裘者。言此者欲解緇衣羔裘與下羔裘玄冠爲一物。並是朝服。是以云又曰羔裘玄冠不以弔何朝服之有乎。此破舊人言朝服。不合首加素委貌。又布上素下。是近天子之朝服。又不言首所加。故非之也。云然則二者皆有似也者。以其未小斂已前容有著朝服弔法。則子游曾子弔是也。但非正弔法之服。又布上素下近士之弔服。故云二者皆有似也。云此實疑衰也者。總破二者也。云弁絰皮弁之時則如卿大夫然者以其三衰其有弁絰當事著皮弁亦同故知二者如卿大夫然也云又改其裳以素辟諸侯也者諸侯及卿大夫不著皮弁辟天子此諸侯之士不著疑衰裳而用素又辟諸侯也云朋友之相爲服即士弔服疑衰素裳者是鄭正解士之弔服云庶人不爵弁者則其弔服素冠委貌者不言其服其服則白布深衣庶人之常服又尊卑始死未成服已前服之故庶人得爲弔服也向來所釋皆據鄭君所引而言案司服諸侯如王之服言之者則諸侯皆如王亦有三衰服問直云君弔用錫衰未辨緦衰疑衰所施用案文王世子注云君雖不服臣卿大夫死則皮弁錫衰以居往弔當事則弁絰於士蓋疑衰同姓則緦衰若然案士喪禮君若有賜焉則視斂注云賜恩惠也斂大斂君視太斂皮弁服襲裘主人成服之後往則錫衰此注又與文王世子違者士喪禮既言有恩惠則君與此士有師友之惠特加與卿大夫同其諸侯卿大夫則有錫衰士唯疑衰其天子卿大夫士既執贄與諸侯之臣同則弔服亦同也天子孤與卿同六命又亦名爲卿諸侯孤雖四命與卿異及其聘之介數與卿降君二等等同則孤弔服皆與卿同也天子三公與王子母弟得稱諸侯其弔服亦與畿外

諸侯周三衰也。凡弔服直云素弁環絰。不言帶。或有解云。有絰有帶。但弔服既著衰。首有絰。不可著吉時之大帶。吉時之大帶既有采矣。麻既不加于采。采可得加於凶服乎。明不可也。案此經注服緦之絰帶。則三衰絰帶同有可知。其以三衰所用皆于朋友。故知凡弔皆有帶矣。首言環絰。則其帶未必如環。但亦五分去一爲帶糾之矣。其弔服除之。案雜記云。君於卿大夫比葬不食肉。比卒哭不舉樂。是知未吉則凡弔服亦當依氣節而除。故與緦麻同三月除之矣。爲士雖比殯不舉樂。其服亦當既葬除之矣。○君之所爲兄弟服。室老降一等。注 公士大夫之君。疏 注釋曰。天子諸侯絕期。今言爲兄弟一服。明是公士大夫之君於旁親降一等者。室老家相降一等。不言士。士邑宰遠臣。不從服。若然。室老似正君近臣。故從君所服也。○夫之所爲兄弟服。妻降一等。疏 釋曰。妻從夫服其族親。即上經夫之諸祖父母。見於緦麻章。夫之世叔父母。見於大功章。夫之昆弟之子不降。嫂叔又無服。今言從夫降一等。記其不見者。當是夫之從母之類乎。○庶子爲後者。爲其外祖父母從母舅無服不爲後如邦人【疏】釋曰。云庶子爲後者爲其外祖父母從母舅無服者。以其與尊者爲一體。既不得服所出母。是以母黨皆不服。不言兄弟而顯尊親之名者。雷氏云。爲父後者服其本族。若言兄弟。恐本族亦無服。故汎著其尊親之號。以別於族人也。○宗子孤爲殤大功衰小功衰皆三月親則月算如邦人【注】言孤有不孤者。不孤則族人不爲殤服服之也。不孤。謂父有廢疾。若年七十而老。子代主宗事者也。孤爲殤。長殤中殤大功衰。下殤小功衰。皆如殤服而三月。謂與宗子絕屬者也。親。謂在五屬之內。算。數也。月數如邦人者。與宗子有期之親者。成人服之齊衰期。長殤大功衰九月。中殤大功衰七月。下殤小功衰五月。有大功之親者。成人服之齊衰

松崖云宗子不孤謂父在或有廢疾或年七十而老子代主宗事則族人以宗子之禮事之是宗子之有父者死則服之如宗子故不以殤服

三月。卒哭受以大功衰九月。其長殤中殤大功衰五月。下殤小功衰三月。有小功之親者。成人服之齊衰三月。卒哭受以小功衰五月。其殤與絶屬者同。有緦麻之親者。成人及殤皆與絶屬者同。【疏】釋曰。宗子。謂繼别爲大宗。百世不遷收族者也。云孤爲殤者。謂無父未冠而死者也。云大功衰小功衰者。以其成人齊衰。故長殤中殤皆在大功衰。下殤在小功衰也。云皆三月者。以其衰雖降。月本三月法一時。不可更服也。故還依本三月也。云親則月算如邦人者。上三月者是絶屬者。若在五屬之內親者。月數當依本親爲限。故云如邦人也。【注】釋曰。云言孤有不孤者。鄭以記文云孤。明對不孤者。故曲禮注云。是謂宗子不孤。彼不孤對此孤也。云不孤則族人不爲殤服服之也者。以父在。猶如周之道有適子無適孫。以其父在有適子則不爲適孫服。同於庶孫。明此本無服。父在亦不爲之服。殤可知也。云不孤謂父有廢疾者。案喪服小記云。適婦不爲舅後者則姑爲之小功。注云。謂夫有廢疾他故。若死而

乾隆四年校刊

服之此疏甚謬

柩者通解集釋無者字改上有言字

無子不受重者是子不孤謂父有廢疾不立其子代父主宗事云若年七十而老子代主宗亭者案曲禮云七十曰老而傳注云傳家事任子孫是謂宗子不孤是父年七十子代主宗事者云與宗子有斯之親者成人服之齊衰期者謂宗子親昆弟及伯叔昆弟之子姑姊妹在室之等皆是也自大功親已下盡小功親已上成人月數雖依本皆服齊衰者以其絶屬者猶齊衰三月明親者無問大功小功緦麻皆齊衰者也既皆齊衰故三月既葬受服乃始受以大功小功之衰也至於小功親已下殤與絶屬者同者以其成人小功至下殤即入三月是以與絶屬者同皆大功衰小功衰三月故與絶屬者同也云有緦麻之親者成人及殤皆與絶屬者同者以其絶屬者爲宗子齊衰三月緦麻親亦三月是以成人及殤死皆與絶屬者同也○改葬緦注謂墳墓以他故崩壞將亡失尸柩者也改葬者明棺物毁敗改設之如葬時也其奠如大斂從廟之廟從墓之墓禮宜同也服緦者臣爲君也子爲父也妻爲夫也必

服緦者。親見尸柩不可以無服。緦三月而除之。【疏】【注】釋曰。云謂墳墓以他故崩壞將亾失尸柩者也者。鄭解改葬之意。云他故者。謂若遭水潦漂蕩之等。墳墓崩壞。將亾失尸柩。故須別處改葬也。云改葬者明棺物毀敗改設之如葬時也者。道言棺物毀敗而改設。不言衣服則所設者唯此棺如葬時也。云其奠如大斂者。案既夕記。朝廟至廟中更設遷祖奠。云如大斂奠。卽此移柩向新葬之處。所設之奠亦如大斂之奠。士用豚三鼎。則大夫已上更加牲牢。大夫用特牲。諸侯用少牢。天子用大牢可知。云從廟之廟從墓之墓禮宜同也者。卽設奠之禮。朝廟是也。又朝廟載柩之時。士用輁軸。大夫已上用輴。不用蜃車。飾以帷荒。則此從墓之墓亦與朝廟同可知。故云禮宜同也。云服緦者臣爲君也子爲父也妻爲夫也知者。若更言餘服。無妨更及齊衰已下。今直言緦之輕服。明知唯據極重而言。故以三等也。不言妾爲君以不得體君。差輕故也。不言女子子。婦人外成。在家又非常。故亦不言。諸侯爲天子。諸侯在畿外差遠。改葬不來。故亦不言也。云必服緦者親見尸柩不可以無服者。君親死已多時。哀殺已久。可以無服。但親見君父尸柩。暫時之痛。不可不制服以表哀。故皆服緦也。云三月而除者。謂葬時服之。及其除也。亦法天道一時。故亦三月除也。若然。鄭言三等。舉痛極者而言。父爲長子。子爲母。亦與此同也。

○童子唯當室緦【注】童子。未冠之稱也。當室者。爲父後承家事者。爲家主。與族人爲禮於有親者。雖恩不至。不可以無服也。【疏】釋曰。此云當室者。周禮謂之門子。與宗室往來。故爲族人有緦服。【注】釋曰。云童子未冠之稱者。謂十九已下。案内則年二十敦行孝弟。十九已下未能敦行孝弟。非當室則無緦麻。以當室故服緦也。云當室者爲父後承家事者。以其言當室是代父當家事。故云爲家主。與族人爲禮於有親者。則族内四緦麻以來皆是也。云雖恩不至不可以無服也者。以其童子未能敦行孝弟。故云恩不至。與族人爲禮而爲服。故服之也。若然。不在緦章者。若在緦章則外内俱報。此當室童子直與族人爲禮有此服。不及外親。故不在緦章而在此記也。

傳曰。不當室則無緦服也。【疏】【傳】釋曰。記自云唯當室緦。自然不當室則無緦服。而傳言之者。案曲禮云。孤子

宋本有然則集釋同后者集釋作后也

松厓云天王后諸侯夫人無歸宗之義諸侯夫人出則歸宗不出不得

當室。冠衣不純采。但是孤子。皆不純以采。曲禮言之者。嫌當室與不當室異。故言之。此傳恐不當室與當室者同。故明之也。

〇凡妾爲私兄弟。如邦人。注 嫌厭降之也。私兄弟，目其族親也。女君有以尊降其兄弟者。謂士之女爲大夫妻。與大夫之女爲諸侯夫人。諸侯之女爲天王后者。父卒。昆弟之爲父後者。宗子亦不敢降也。疏 釋曰。妾言凡者。總天子已下至士。故凡以該之也。注 釋曰。云嫌厭降之也者。解記此之意。君與女君不厭妾。故云嫌厭之。其實不厭。故記人明之。云私兄弟目其族親也者。以其兄弟總外內之稱。若言私兄弟。則妾家族親也。云然則女君有以尊降其兄弟者。以其女君與君體敵。故得降其兄弟旁親之等。子尊不加父母。唯不降父母。則可降其兄弟旁親。云謂士之女爲大夫妻。與大夫之女爲諸侯夫人諸侯之女爲天王后者。此等皆得降其兄弟旁親也。云父卒昆弟之爲父後者宗子亦不敢降也者。雖得降其兄弟。此爲父後皆不得降。容有歸宗之義。歸於此家。故

乾隆四年校刊

歸也天王后有廢無出

不降。○大夫弔於命婦錫衰。命婦弔於大夫亦錫衰。注 弔於命婦。命婦死也。弔於大夫。大夫死也。小記曰。諸侯弔必皮弁錫衰。服問曰。公爲卿大夫錫衰以居。出亦如之。當事則弁絰。大夫相爲亦然。爲其妻往則服之。出則否。

疏 注 釋曰。云弔於命婦命婦死也者。鄭恐此記云大夫弔命婦者。以爲大夫死。其妻受弔於命婦。故云命婦死也。知此弔命婦不爲命婦夫死者。以其記人作文。宜先弔大夫身。然後弔其婦。故以命婦死弔其夫解之也。引小記者。以記人直言身上衰。不言首服。故引小記也。言諸侯弔必皮弁者。言諸侯不言君。謂諸侯因朝弔異國之臣。著皮弁錫衰。雖成服後亦不弁絰也。引服問者。有己君弁有卿大夫與命婦相弔法。云以居者。君在家服之。出亦如之。出行不至喪所亦服之。云當事則弁絰者。謂當大小斂及殯皆弁絰也。云大夫相爲亦然者。一與君爲卿大夫同。爲其妻往則服之出則否。引之者。證大夫與命婦相弔服錫衰同也。

傳曰。錫者

何也。麻之有錫者也。錫者十五升抽其半。無事其縷。有事其布曰錫。【注】謂之錫者。治其布使之滑易也。錫者不治其縷。哀在內也。緦者不治其布。哀在外也。君及卿大夫弔士。雖當事。皮弁錫衰而已。士之相弔。則如朋友服。疑衰素裳。凡婦人相弔。吉笄無首。素緦。【疏】【傳】釋曰。問者先問其名。答云麻之有錫者也。答以名錫之意。但言麻者。以麻表布之縷也。又云錫者十五升抽其半者。以其縷之多少與緦同。云無事其縷有事其布者。事猶治也。謂不治其縷治其布。以哀在內故也。緦則治縷不治布。哀在外。以其王爲三公六卿重於畿外諸侯故也。【注】釋曰。云謂之錫者。治其布使之滑易者。以治解事。以滑易解錫。謂使錫錫然滑易也。云君及卿大夫弔士。雖當事。皮弁錫衰而已者。是士輕無服弁經之禮。有事無事皆皮弁錫衰而已。見其不足之意也。若然。文王世子注。諸侯爲異姓之士疑衰。同姓之士緦衰。今言士與大夫同錫衰者。此言與士喪禮注同。亦是君於此士有師友之恩者也。[illegible]士之相爲則如朋友服矣者。朋友麻是朋友服也。上注士爲服用疑衰素裳。要首服麻爲。亦朋友服也。云凡婦人相爲吉笄無首素總者。上文命婦爲於大夫錫衰。未解首服。至此乃解之者。婦人爲之首服無文。故於傳釋錫衰後。下近婦人吉笄折首布總。乃解之。必知用吉笄無首素總者。下文女子子爲父母卒哭折吉笄之首布總。此爲服用吉笄無首素總。又男子冠婦人笄相對。婦人喪服又笄總相對。上注男子爲用素冠。故知婦人爲亦吉笄無首素總也。

○女子子適人者爲其父母。婦爲舅姑。惡笄有首以髽。卒哭子折笄首以笄布總。

注 言以髽則髽有著笄者明矣。

音義 折之設反著丁略反

疏 釋曰。此二者皆期服。但婦人以飾事人。是以雖居喪內。不可頓去修容。故使惡笄而有首。至卒哭。女子子哀殺。歸于夫氏。故折吉笄之首而著布總也。案斬衰章。吉笄尺二寸。斬衰以箭笄長尺。檀弓齊衰笄亦云尺。齊衰已下皆與斬同一尺。不可更變。故折吉笄首而已。其總斬衰已六升長六寸。鄭注。總六升象冠數正服

吉笄尊十二字宋本在折其首者上集釋同

齊衰冠八升則正齊衰總亦八升是以總長八寸笄總與斬齊長短爲差但笄不可更變折其首總可更變笄從大功總十升之布總也注釋曰言以髽則髽有著笄者明矣鄭言此者舊有人解喪服小記云男子免而婦人髽免時無笄則髽亦無笄矣但免髽自相對不得以婦人與男子有笄無笄相對故鄭以經云惡笄有首以髽髽笄連言則髽有著笄明矣　傳曰笄有首者惡笄之有首也惡笄者櫛笄也折笄首者折吉笄之首也吉笄者象笄也何以言子折笄首而不言婦終之也　注　櫛笄者以櫛之木爲笄或曰榛笄有首者若今時刻鏤摘頭矣卒哭而喪之大事畢女子子可以歸於夫家而著吉笄折其首者爲其大飾也吉笄尊變其尊者婦人之義也據在夫家宜言婦終之者終子道於父母之恩　音義　櫛莊乙反榛莊巾反鏤劉音陋

乾隆四年校刊

摘他狄反。大音泰。劉唐餓反。疏傳釋曰。案記自云惡笄有首。卽惡笄自有首明矣。而傳更云笄有首。重言之者。但惡者。直木理粗惡。非木之名。若然。斬衰笄用箭。齊衰用櫛。俱是惡。傳恐名通於箭。故重疊言之。名不通於箭。直謂此齊衰櫛木爲惡木也。又言惡笄者櫛笄也者。既疊不通箭。乃釋木名。故云櫛木之笄也。云折笄首者折吉笄之首也者。以記折笄首文承惡笄之下。恐折惡笄之首。故傳辨之。以折首去飾。不可以初喪重時有折首。至卒哭哀殺之後乃更去首。應輕更重。於義不可。故傳以爲初死惡笄有首。至卒哭更著吉笄。嫌其大飾。乃折去首而著之也。又云吉笄者象笄也者。傳明吉時之笄以象骨爲之。據大夫士而言。案弁師。天子諸侯笄皆玉也。注釋曰。云櫛笄者以櫛之木爲笄者。此櫛亦非木名。案玉藻云。沐櫛用樿櫛。髮晞用象櫛。鄭云。樿白理木爲櫛。櫛卽梳也。以白理木爲梳櫛也。彼樿木與象櫛相對。故鄭云櫛笄者以櫛之木爲笄。云或曰榛笄者。案檀弓云。南宮縚之妻之姑之喪。夫子誨之髽曰。爾毋從從爾。爾毋扈扈爾。蓋榛以爲笄。長尺而總八寸。彼爲姑用榛木爲笄。此亦婦人爲姑。與彼同。但此用樿木。彼用榛木不同耳。蓋二木俱用。故鄭兩存之也。云笄有首者若

松厓云鄭以摘頭解笄首笄之首猶摘之頭漢之摘古之笄也後漢志曰摘長一尺爲簪

今刻鏤摘頭矣者。鄭時折頭之物刻鏤爲之。此笄亦在頭而去首爲大飾。明首亦刻鏤之。故舉漢法況之也。云卒哭而喪之大事畢女子子可以歸于夫家者但以出適女子子與在家婦俱著惡笄。婦不言卒哭折吉笄首。女子子即言折吉笄之首。明女子子有所爲故獨折笄首耳。所爲者。以女子外成。旣以哀殺事人。可以加容。故著吉笄。仍爲大飾折去其首。故以歸于夫家解之。若然。喪大記云。女子子旣練而歸。與此注違者。彼小祥歸是其正法。此歸者容有故。許之歸。故云可以權許之耳。云吉笄尊變其尊者婦人之義也。婦人之事人。不可頓凶居喪不可盡飾。故著吉笄。又折笄首。是婦人事人之義異於男子也。若然。案服問云。男子重首。婦人重要。此云笄尊者。彼男女相對。故云婦人重要。若婦人不同對男子。然亦是上體尊於下體。故云笄尊也。云據在夫家宜言婦者。傳解記文。女子適人。猶云子折笄首。云終之者終子道於父母之恩者。子對父母生稱。婦對舅姑立名。出適應稱婦。故雖出適猶稱子。終初未出適之恩也。

○妾爲女君君之長子。惡笄有首布總。疏釋曰。妾爲女君之服。得與女君同爲長子亦三年。但爲情輕。故與上文婦事舅姑齊

乾隆四年校刊

衰同惡笄有首布總也○凡衰外削幅裳內削幅幅三袧【注】削猶殺也大古冠布衣布先知爲上外殺其幅以便體也後知爲下內殺其幅稍有飾也後世聖人易之以此爲喪服袧者謂辟兩側空中央也祭服朝服辟積無數凡裳前三幅後四幅也【音義】袧劉音鉤又恪憂反殺色界反劉色例反大音泰便婢面反辟音壁【疏】釋曰自此已下盡袪尺二寸記人記衰裳之制用布多少尺寸之數也云凡者總五服而言故云凡以該之云衰外削幅者謂縫之邊幅向外裳內削幅者謂縫之邊幅向內云幅三袧者據裳而言爲裳之法前三幅後四幅幅皆三辟攝之以其七幅布幅二尺二寸幅皆兩畔各去一寸爲削幅則二七十四丈若不辟積其要中則束身不得就故須辟積要中也要中廣狹任人麤細故袧之辟攝亦不言寸數多少但幅別以三爲限耳【注】釋曰云大古冠布衣布者案禮記郊特牲云大古冠布齊則緇之鄭注云唐虞已上曰大古也是大古

四丈一作四尺

冠布衣布也。云先知爲上外殺其幅以便體也後知爲
下內殺其幅稍有飾也者。此亦唐虞已上黃帝已下。於
禮運云。未有麻絲。衣其羽皮。謂黃帝已前。下文云後聖
有作。治其絲麻。以爲布帛。後聖謂黃帝。是黃帝始有布
帛。是時先知爲上。後知爲下。便體者。邊幅向外。於體便
有飾者。邊幅向內。觀之美也。云後世聖人易之以此爲
喪服者。又案郊特牲云。緇布冠。冠而敝之可也。注此重
古而冠之耳。三代改制。齊冠不復用也。以白布冠質。以
爲喪服也。以此言之。唐虞已下。冠衣皆白布。吉凶同。齊
則緇之。鬼神尚幽闇。三代改制者。更制牟追章甫委貌
爲行道朝服之冠。緇布冠三代將爲始冠之冠。白布冠
質。三代爲喪冠也。若然。此後世聖人指夏禹身也。以其
三代最先故也。云袧者謂辟兩側空中央也者。案曲禮
以脯脩置者左朐右末。鄭云。屈中云朐。則此言袧者。亦
是屈中之稱。一幅凡三處屈之。辟兩邊相著。自然中央
空矣。幅別皆然也。云祭服朝服辟積無數者。朝服謂諸
侯與其臣以玄冠服爲朝服。天子與其臣以皮弁服爲
朝服。祭服者袞冕與爵弁爲祭服。不云玄端。亦是士家
祭服中兼之。凡服唯深衣長衣之等。六幅破爲十二幅
狹頭向上。不須辟積。其餘要閒已外皆辟積無數。似喪

乾隆四年校刊

冠二辟積。吉冠辟積無數也。云凡裳前三幅後四幅者，前爲陽，後爲陰，故前三後四，各象陰陽也。唯深衣之等連衣裳十二幅，以象十二月也。若齊，裳內衰外。【注】齊，緝也。凡五服之衰一斬四緝。緝裳者內展之，緝衰者外展之。【疏】釋曰：據上齊斬五章，有一斬四齊。此據四齊而不言一斬者，上文已論五服衰裳縫之外內，斬衰裳亦在其中，此據衰裳之下緝之用針功者。斬衰不齊，無針功，故不言也。言若者，不定辭，以其上有斬，下不齊，故云若也。言裳內衰外者，上言衰外削幅，此齊還向外展之；上言裳內削幅，此齊還向內展之。竝順上外內而緝之。此先言裳者，凡齊據下裳而緝之，裳在下，故先言裳，順上下也。【注】釋曰：云齊緝也者，據上傳而言之也。云凡五服之衰一斬四緝者，謂齊衰至緦麻竝齊。齊既有針功，緦之名則沒去齊名，而齊可知也。言展之者，若今亦先展訖，乃有針功者也。負，廣出於適寸。【注】負，在背上者也。適，辟領也。負出於辟領外旁一寸。【疏】釋曰：以一方布置於背上，上畔縫著領，下畔垂放之。【注】釋曰：以在背上，故得負名。

集釋云闊中或作闕中盛庸三謂闕中是

辟領。節下文適也。出於辟領外旁一寸。總尺八寸也。適博四寸。出於衰。【注】博，廣也。辟領廣四寸，則與闊中八寸也。兩之爲尺六寸也。出於衰者，旁出衰外。不著寸數者，可知也。【疏】釋曰：此辟領廣言。云出於衰者，謂此胷前衰而言出也。【注】釋曰：云博廣也者，若言博，博是寬狹之稱，上下兩旁俱名爲博。若言廣，則唯據橫闊而言。今此適四寸，據橫，故博爲廣，見此義焉。云辟領廣四寸者，據項之兩相向外各廣四寸。云則與闊中八寸也者，謂兩身當縫中央總闊八寸，一邊有四寸，并辟領四寸爲八寸。云兩之爲尺六寸也者，一相闊與辟領八寸，故兩之總一尺六寸。云出於衰者旁出衰外者，以兩旁辟領向前望衰之外也。云不著寸數者可知也者，以衰廣四寸，辟領橫廣總尺六寸，除中央四寸當衰，衰外兩旁各出衰六寸，故云不著寸數可知也。

衰長六寸，博四寸。【注】廣袤當心也。前有衰，後有負版，左右有辟領，孝子哀戚無所不在。【音義】廣，古曠反。袤，音茂。【疏】【注】釋

戴云二尺一寸二當作一

日。衰長也。據上下而言也。綴於外衿之上。故得廣長當心。云前有衰後有負版者。謂負廣出於適寸。及衰長六寸博四寸。云左右有辟領者。謂左右各四寸。云孝子哀戚無所不在者。以衰之言摧。孝子有哀摧之志。負在背者荷負其悲哀在背也。云適者。以哀戚之情指適緣於父母。不兼念餘事。是其四處皆有悲痛。是無所不在也。

衣帶下尺。【注】衣帶下尺者。要也。廣尺。足以掩裳上際也。【音義】廣，古曠反。【疏】釋曰。謂衣要也。云衣者。即衰也。但衰是當心廣四寸者。取其哀摧在於徧體。故衣亦名爲衰。今此云衣。據在上曰衣。舉其實稱。云帶者。此謂帶衣之帶。非大帶革帶者也。【注】釋曰。云衣帶下尺者。據上下闊一尺。若橫而言之。不著尺寸者。人有麤細。取定爲限也。云足以掩裳上際也者。若無要。則衣與裳之交際之閒露見裏衣。有要則不露見。故云掩裳上際也。言上際者。對兩旁有衽掩旁兩廂下際也。

衽二尺有五寸。【注】衽所以掩裳際也。二尺五寸與有司紳齊也。上正一尺。燕尾二尺五寸。凡用布三尺五寸。【疏】【注】釋曰。云掩裳際也者。對上要而言。此掩裳兩廂下際不合處也。云二尺五寸與有司紳齊也者。玉藻文。案彼士已上大帶垂之皆三尺。又云有司二尺有五寸。謂府史。紳即大帶也。紳重也。屈而重故曰紳。此但垂之二尺五寸。故曰與有司紳齊也。云上正一尺者。取布三尺五寸。廣一幅。留上一尺爲正。正者正方不破之言也。一尺之下從一畔旁入六寸。乃向下邪向下一畔一尺五寸。去下畔亦六寸。橫斷之。兩下一尺爲正。如是則用布三尺五寸得兩條衽。衽各二尺五寸。兩條共用布三尺五寸也。然後兩旁皆綴於衣。垂之向下掩裳際。此謂男子之服。婦人則無。以其婦人之服連衣裳。故鄭上斬章注云。婦人之服如深衣。則衰無帶下。又無衽是也。

袂屬幅。注屬猶連也。連幅謂不削。音義屬音燭。劉又音蜀。疏注釋曰。屬幅者。謂整幅二尺二寸。凡用布爲衣物及射侯。皆去邊幅一寸。爲縫殺。今此屬連其幅。則不削去其邊幅。取整幅爲袂。必不削幅者。欲取與下文衣二尺二寸同。縱橫皆二尺二寸正方者也。故深衣云袂中可以運肘。二尺二寸亦足以運肘也。

衣二尺有二寸。注此謂袂中也。言衣者。明與身參齊

通解集釋作辟領李如圭云賈氏作闕中

二尺二寸其袖足以容中人之肱也衣自領至要二尺二寸倍之四尺四寸加闕中八寸而又倍之凡衣用布一丈四寸【疏】注釋曰云此謂袂中也者上云袂據從身向袪而言此衣據從上向掖下而言云言衣者明與身參齊者袂所以連衣爲之衣即身也兩旁袂與中央身總三事下與畔皆等故變袂言衣欲見袂與衣齊三也故云與身參齊云二尺二寸其袖足以容中人之肱也者案深衣云袂中可以運肘鄭注肘不能不出入彼云肘此云肱也凡手足之度鄭皆據中人爲法故云中人也云衣自領已下云云者鄭欲計衣之用布多少之數自領至要皆二尺二寸者衣身有前後今且據一相而言故云衣二尺二寸倍之爲四尺四寸總前後計之故云倍之爲四尺四寸也云加闕中八寸者濶中謂闕去中央安項處當縫兩相總闕去八寸若去一相正去四寸若前後據長而言則一相各長八寸通前兩身四尺四寸總五尺二寸也云而又倍之者更以一相五尺二寸并計之故云又倍之云凡衣用布一丈四寸者此唯計身不計袂與袪及負袵之等者彼當文

尺寸自見。又有不全幅者。故皆不言也。

袪尺二寸【注】袪。袖口也。尺二寸足以容中人之併兩手也。吉時拱尚左手。喪時拱尚右手。

【音義】袪起魚反。併步頂反。拱九勇反。【疏】注釋曰。云袪袖口也者。則袂末接袪者也。云尺二寸者。據複攝而言。圍之則二尺四寸。與深衣之袪同。故云尺二寸足以容中人之併兩手也。吉時拱尚左手。喪時拱尚右手者。案檀弓云。孔子與門人立。拱而尚右。二三子亦皆尚右。孔子曰。我則有姊之喪故也。二三子皆尚左。鄭云。復正也。喪尚右。右陰也。吉尚左。左陽也。是其吉時拱尚左。喪時拱尚右也。不言緣之深淺尺寸者。袪據橫而言。橫既與深衣尺二寸同。緣口深淺亦與深衣同寸半可知。故記人略不言也。○

衰三升三升有半。其冠六升。以其冠爲受。受冠七升。【注】衰斬衰也。或曰三升半者。義服也。其冠六升。齊衰之下也。斬衰正服。變而受之此服也。三升三升半。其受冠皆同。以服至尊。

宜少差也。【疏】釋曰。自此至篇末。皆論衰冠升數多少也。以其正經言斬與齊衰及大功小功緦麻之等。竝不言布之升數多少。故記之也。云衰三升三升有半。其冠六升者。衰異冠同者。以其三升半謂縷如三升半。成布還三升。故其冠同六升也。云以其冠爲受受冠七升者。據至虞變麻服葛時。更以初死之冠六升布爲衰。更以七升布爲冠。以其葬後哀殺。衰冠亦隨而變輕故也。【注】釋曰。云衰斬衰也者。總二衰皆在斬衰章也。云或曰三升半者義服也者。以其斬章有正義。子爲父。父爲長子。妻爲夫之等。是正斬。至諸侯爲天子。臣爲君之等。是義斬。此三升半是實義服。但無正文。故引或人所解爲證也。上章子夏傳亦直云衰三升冠六升。亦據正斬而言。不言義服者。欲見義服成布同三升故也。云六升齊衰之下也者。齊衰之降服四升。正服五升。義服六升。以其六升是義服。故云下也。云斬衰正服變而受之此服也者。下注云重者輕之故也。云三升三升半其受冠皆同以服至尊宜少差也者。以父與君尊等。恩情則別。恩深者三升。恩淺者三升半。成布還三升。故云少差也。

齊衰四升。其冠七升。以其冠爲受。受冠八升。【注】言受以大功之上也。此謂爲母服也。齊衰正服五升，其冠八升。義服六升，其冠九升。亦以其冠爲受。凡不著之者，服之首主於父母。疏 釋曰：此據父卒爲母齊衰三年而言也。注 釋曰：云言受以大功之上也者，以其降服大功衰七升，正服大功衰八升，故云大功之上。云此謂爲母服也者，據父卒爲母而言。若父在爲母在正服齊衰，前已解訖。云齊衰正服五升，其冠八升，義服六升，其冠九升，亦以其冠爲受。凡不著之者，服之首主於父母者，上斬言三升主於父，此言四升主於母。正服以下輕，故不言，從可知也。總衰四升有半，其冠八升。注 此諸侯之大夫爲天子總衰也。服在小功之上者，欲著其縷之精麤也。升數在齊衰之中者，不敢以兄弟之服服至尊也。疏 注 釋曰：云諸侯之大夫爲天子總衰也者，是正經文也。云服在小功之上者，欲著其縷之精麤也者，據升數合在杖期上，以其升數雖少，以縷精麤與小功同，不得在杖期上故在小功之上也云升數在齊衰之中者不敢以兄弟之服服至尊也者據緦如小功小功已下乃是兄弟故云不敢以兄弟之服服至尊至尊則天子是也

大功八升若九升小功十升若十一升【注】此以小功受大功之差也不言七升者主於受服欲其文相值言服降而在大功者衰七升正服衰八升其冠皆十升義服九升其冠十一升亦皆以其冠爲受也斬衰受之以下大功受之以正者重者輕之輕者從禮聖人之意然也其降而在小功者衰十升正服衰十一升義服衰十二升皆以卽葛及緦麻無受也此大功不言受者其章既著之

【疏】【注】釋曰云此以小功受大功之差也者以其小功大功俱有三等此唯各言二等故云此以小功受大功之差也以此一小功衰受一大功之冠爲

衰。二大功初死冠還用二小功之衰。故轉相受也。云不言七升者。主於受服欲其文相值者。以其七升乃是殤大功。殤大功章云無受。此主於受。故不言七升者也。云欲其文相值。值者當也。以其正大功衰八升冠十升。與降服小功衰十升同。既葬受衰十升冠十一升。義服大功衰九升其冠十一升。與正服小功衰同。既葬以其冠爲受。受衰十一升冠十二升。初死冠皆與小功衰相當。故云文相值也。是冠衰之文相值。云言服降而在大功者衰七升正服衰八升其冠皆十升義服九升其冠十一升亦皆以其冠爲受也。鄭言此者。既解爲文相值。又覆解文相值之事。若然。降服既無受。而亦覆言之者。欲見大功正服與降服冠升數同之意。必冠同者。以其自一斬及四齊衰與降大功冠皆校衰三等。及至正大功衰八升冠十升。冠與降大功同。止校二等者。若不進正大功冠與降同。則冠空十一升。義大功衰九升者。冠空十二升。則小功緦麻冠衰同。則降小功衰冠當十二升。正服小功冠衰當十三升。義服小功冠衰當十四升。緦麻冠衰當十五升。十五升即與朝服十五升同。與吉無別。故聖人之意。進正大功冠與降大功同。則緦麻不至十五升。若然。正服大功不進之。使義服小功至十四升。

乾隆四年校刊

緦麻十五升抽其半。豈不得爲緦乎。然者。若使義服小功十四升。則與疑衰同。非五服之差。故也。又云斬衰受之以下大功受之以正者。重者輕之。輕者從禮。聖人之意然也者。聖人之意。重者恐至滅性。故抑之。受之以輕服。義服齊衰六升是也。輕者從禮者。正大功八升冠十升。既葬衰十升。受以降服小功。義服大功衰九升冠十一升。既葬衰十一升。受以正服小功。二等大功皆不受以義服小功。是從禮也。是聖人有此抑揚之義也。云其降而在小功者衰十升。正服衰十一升。義服衰十二升。皆以即葛及緦麻無受者。此鄭云皆以即葛及無受。文出小功緦麻章。以其小功因故衰。唯變麻服葛爲異也。其降服小功已下升數。文出閒傳。故彼云斬衰三升。齊衰四升五升六升。大功七升八升九升。小功十升十一升十二升。緦麻十五升去其半。有事其縷無事其布曰緦。此哀之發於衣服者也。鄭注云此齊衰多二等。大功小功多一等。服主於受。是極列衣服之差也。鄭彼注顧此文校多少而言。云服主於受。據此文不言降服大功小功緦麻之受。以其無受。又不言正服義服齊衰者。二者雖有受。齊斬之受主於父母。故亦不言。若然。此言十升十一升。小功者爲大功之受而言。非小功有受。彼注

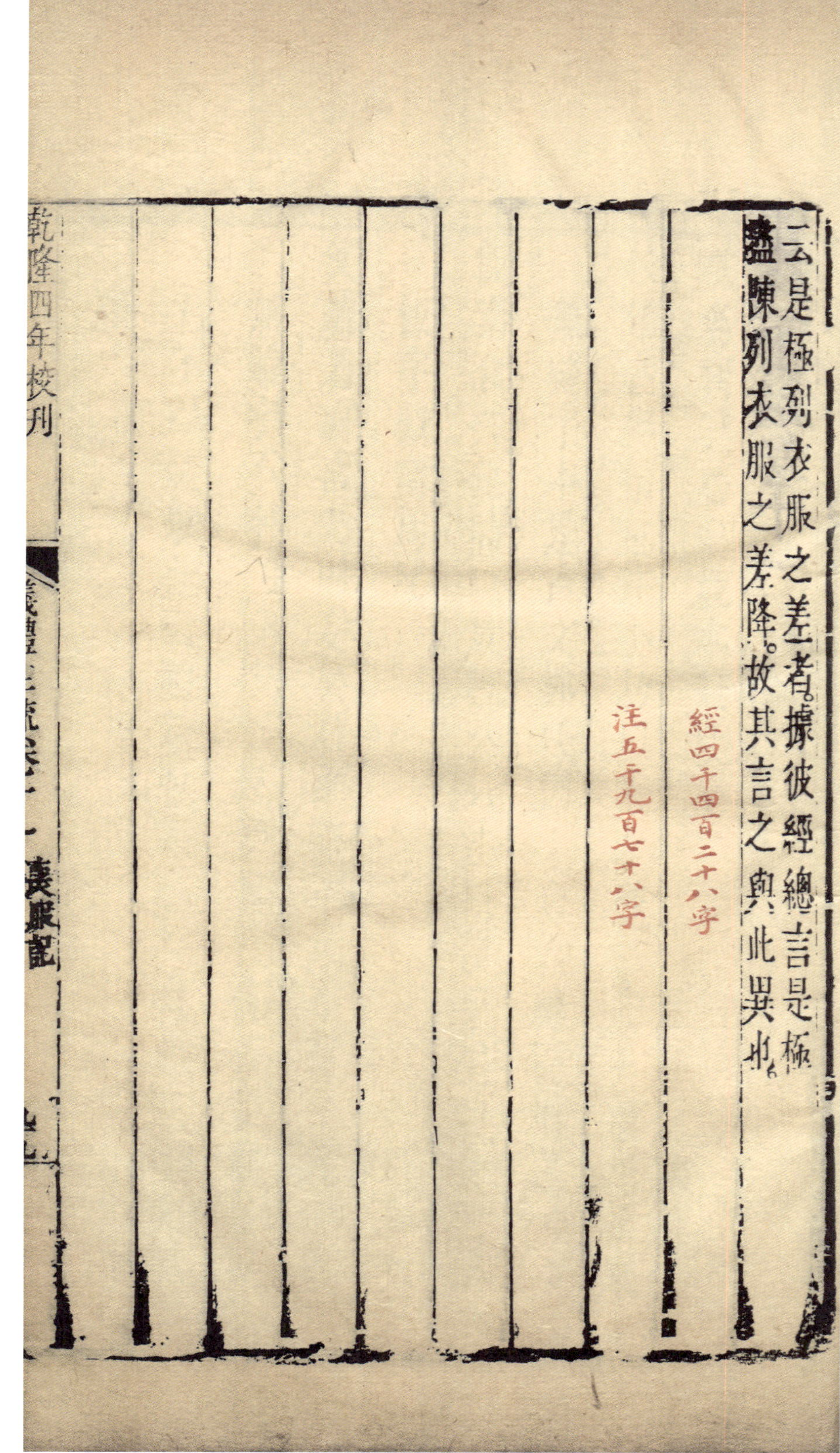

云是極列衣服之差者。據彼經總言是極盡陳列衣服之差降。故其言之與此異也。

經四千四百二十八字

注五千九百七十八字

乾隆四年校刊

儀禮注疏卷十一　喪服記

儀禮注疏卷十一

儀禮注疏卷十一考證

杖各齊其心○敖本無杖字

絞帶者繩帶也注小功以下左縫○此引雜記語原文無縫字本是省文鄭氏因上句右縫而增之

飯素食哭無時○敖繼公云注謂復平生時食則傳中飯字似當爲反

父疏若直言夫則妾於君雖體不敵亦有夫義○監本無雖字不字臣紱按下經妾爲君疏云妾雖接見於君不得體敵此云體敵脱誤必矣有此二字文義方順

傳曰何以三年也正體於上疏經云繼祖○臣紱按此釋傳繼祖二字非釋經也疏目之爲經耳凡記傳亦稱爲經疏家之常此卷內甚多皆仍其舊

又疏要適子死後乃立適孫乃得爲長子三年○臣紱按祖在則父不爲長子三年以孫未爲適也所謂有適子者無適孫也若適子死立適孫則爲長子三年者何人乎賈氏蓋未檢

妾爲君○爲字監本譌作謂今依諸本改正

女子子在室爲父注言在室者關已許嫁○臣紱按鄭意謂女子子雖已許字而未嫁亦爲父三年不比旁

親輕服可以逆降也

傳曰緫六升〔疏〕以其喪中有用吉笄之法○舊本此句下有故小記無折笄之法當記文十一字蓋緣下文故小記三字而誤衍

近臣君服斯服矣○敖繼公云近臣君服斯服乃諸侯之近臣從君服者也於此言之似非其類 臣紱按敖說良是喪服小記可据也此其錯簡與

〔疏〕曲禮云大夫不名家相長妾○ 臣恂按不名家相長妾者士也引以爲大夫是賈氏之誤下貴臣貴妾疏誤同

若是則生養之終其身如母死則喪之三年如母貴父之命也○兩如母字疏皆屬下句讀似當以兩如母爲句文義更協

注此謂大夫士之妾也○監本脱士字今据疏文補之

傳曰問者曰何冠也疏吉時深衣郎凶時中衣○監本脱深衣郎凶時五字補之方與上句相配深衣纏采中衣純素疏特言其大概同耳

出妻之子爲父後者○顧炎武云此節經文疏以爲傳中分傳而誤連之當分别爲一節今從之而疏則仍

其舊

父卒繼母嫁從爲之服報○注疏以從字連下爲句王肅云從乎繼母而寄育則爲之服不從則不服從字讀斷其義爲長

爲衆子注女子亦如之○監本女子下衍在室二字據疏文則知後人誤增者今删

傳曰何以期也不貳斬也何以不貳斬也持重於大宗者降其小宗也○持字監本譌作特今依石經及敖本改正

疏天子及其始祖所自出○監本脱所自出三字則

與諸侯無別今据傳文補之

異居則服齊衰三月○石經三月下有也字

傳曰何以期也從服也注則其父若祖有廢疾不立○監本脫祖字今据疏補之

女子子爲祖父母○敖本爲下有其字

大夫之子注君命其夫則后夫人亦命其妻矣○臣紱按君命其夫則其妻自當爲命婦不俟后夫人之更命之也故曰婦人無爵從夫之爵鄭說非是

宗子之母在○子石經作祖

大夫去君埽其宗廟○埽字監本譌作歸今依石經改孔叢亦作埽

敖本改正○臣紱按坲謂潔之也

傳曰嫁者其嫁於大夫者也疏又女子子爲祖父母傳不言不敢降其祖○上經傳明明言之賈蓋未檢前文而有此繆語爲祖父下監本衍傳亦不敢言降其祖父九字今刪

不滿八歲以下爲無服之殤○石經爲字上有皆字

姪丈夫婦人報○臣紱按上文女子子適人者爲衆昆弟蓋兼貫此節

傳曰何以大功也先君餘尊之所厭不得過大功也疏未悉父爲何人不降適昆弟父不降子亦不降○監

本父字並作公又脫適昆二字細玩傳注改正

傳曰何以大功也尊同也疏既不祖禰先君當立別于已下○監本脫既不祖禰四字今尋繹文義補之

又疏此鄭疊傳文也○監本此字下有謂祭祖禰但不得祖禰先君也此謂十四字蓋緣上文而誤複今删

傳曰總衰者何以小功之總也○敖氏讀何以爲句

傳曰問者曰中殤何以不見也疏下文發傳在婦人爲夫之親服下○夫之親服四字監本譌作服之親三字臣紱按下從父昆弟之子章注云此主謂妻爲夫

之親服也可以証此疏之誤

小功布衰裳牡麻絰即葛五月者○監本脫者字今補

以爲相與居室中則生小功之親焉○敖繼公云此下

似有脫文

疏是據二婦年大小爲娣姒不據夫年爲大小之事

也○臣恂按此論於義爲繆上妻爲夫疏引曲禮婦

人從夫之爵坐以夫之齒此乃云然亦自相矛盾蓋

當時修纂者非一手故論說或錯出不符賈氏未審

定耳

傳曰君子子者貴人之子也注謂傅姆之屬也○監本

此句上宋本尚有其可者賤於諸母七字

無此句　臣紱按疏呼此句而釋之則應有明矣釋文

傳姆有音尤可證今補

族曾祖父母注祖父之從父昆弟之親也○監本無此

句　臣紱按疏呼此句而釋之則應有明矣且有此方

與上文曾祖昆弟之親也句相配今補

從祖姑姊妹適人者報○此當另爲一節緣疏連下節

合解之故併爲一節耳今仍之

因是以服緦也○敖本無因字石經有之

貴臣貴妾注此謂公士大夫之君也○　臣紱按大夫服

緦者必其本服小功者也若本服緦麻降一等則無

服矣然則此經亦謂士爲貴臣貴妾服而非指大夫也敖繼公云此與下乳母俱蒙上士爲之文蓋經本相屬而注家離之耳

壻傳曰何以緦也○石經及敖本無也字

夫之諸祖父母報疏夫之所爲小功者妻服之降一等○監本誤複上節疏文今依續通解改正

又疏更爲成人而言○成人二字疑誤

爲其妻緦冠○敖繼公云緦冠之緦亦當作繐字之誤也

注三年練之受飾也○受字集說作采未詳孰是

朋友麻注朋友之相爲服卽士弔服疑衰素裳冠則皮弁加經○監本脫冠則皮弁加經六字臣紱按春官司服疏引此注有此句今据彼補之

夫之所爲兄弟服妻降一等疏釋曰妻從夫服其族親云云一段○監本誤刊于下節經文之下今改正

大夫弔于命婦錫衰疏爲其妻往則服之出則否○往則服之四字監本譌作降于大功今据注引服問語改正

傳曰錫者何也麻之有錫者也○敖繼公云有錫疑當作滑易春官司服鄭司農注錫麻之滑易者其據此

未誤之文與蓋二字各有似以傳寫而誤臣紱按司

服疏亦云司農解者是喪服傳文未可即據以改此

凡衰外削幅疏則二七十四丈○監本此句下衍四尺

二字据布七幅幅廣二尺二寸旁各去削幅一寸則

十四丈無奇

適博四寸注出于衰者旁出衰外○監本脫外字今據

疏文補之

袪尺二寸疏不言緣之深淺尺寸者彼據橫而言袪橫

既與深衣尺二寸同○臣學健按此數句舊文倒錯

隔礙考其制度詳繹其文意如此乃明順而與下文

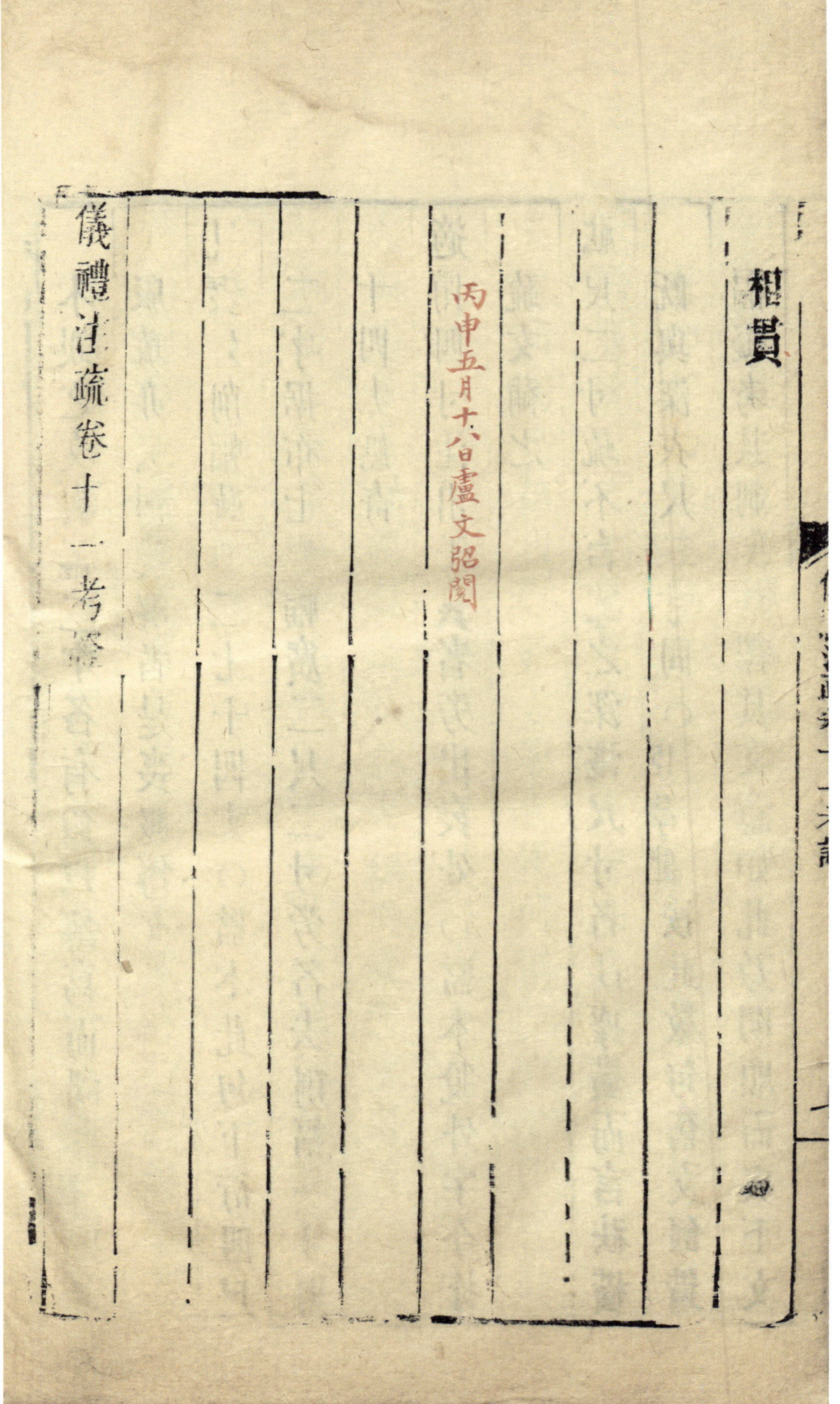

相貫

丙申五月十八日盧文弨閱

儀禮注疏卷十一考證

吳正裕號

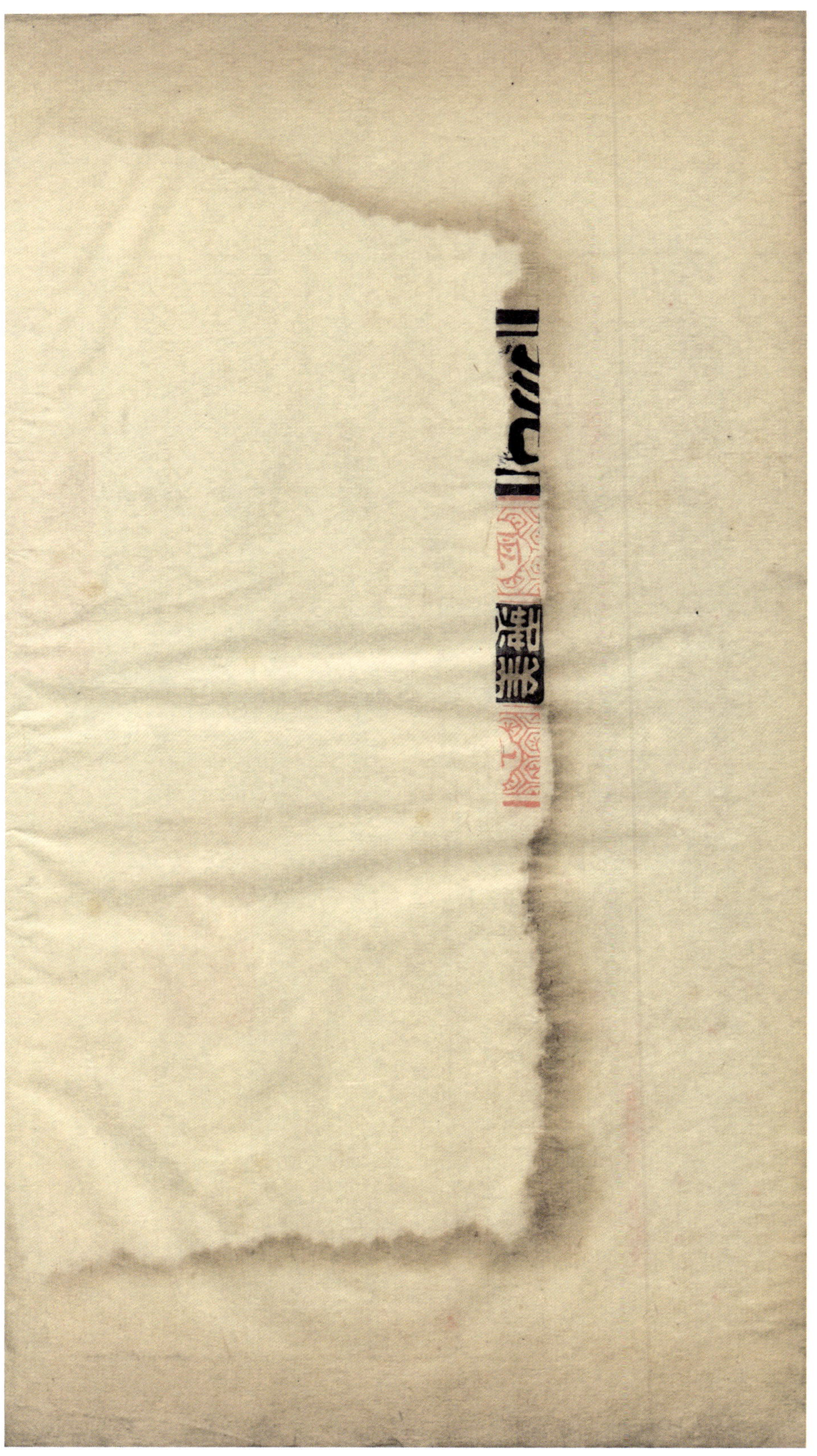

注疏本作墉舊訛牖釋文作庸

儀禮注疏卷十二

漢鄭氏注　唐陸德明音義　賈公彥疏

士喪禮第十二

士喪禮。○死於適室，幠用斂衾。【注】適室，正寢之室也。疾者齊，故於正寢焉。疾時處北墉下，死而遷之當牖下，有牀衽。幠，覆也。斂衾，大斂所并用之衾。衾，被也。小斂之衾當陳。喪大記曰：始死，遷尸于牀，幠用斂衾，去死衣。【音義】適，丁狄反。幠，火吳反。斂，力豔反，後皆同。【疏】釋曰：自此盡齊，側皆反。庸，本亦作墉，牖也。當牖，音酉。【疏】帷堂，論始死。招魂綴足設奠帷堂之事。【疏】釋曰：云適室正寢之室也者，若對天子諸侯謂之路寢，卿大夫士謂之適室，亦謂之適寢。故下記云：士處適寢，總而言之，皆謂之正寢。是以莊三十二年秋八月，公薨于路寢。公羊傳云：路寢者

乾隆四年校刊　　士喪禮

何正寢也。穀梁傳亦云：路寢，正寢也。言正寢者，對燕寢與側室非正寢。喪大記云：君夫人卒於路寢，大夫世婦卒于適寢。內子未命，則死于下室，遷尸于寢。士之妻皆死于寢。鄭注云：言死者必皆於正處也。以此言之，妻者與夫同處。若然，天子崩亦於路寢，是以顧命成王崩，延康士於翼室。翼室則路寢也。若非正寢，則失其所，是以僖公三十三年冬十二月，公薨於小寢，左氏傳云即安也，是譏不得其正。云疾者齊，故于正寢焉。疾時處北墉下，死而遷之當牖下，有牀衽者，此並取下記文，但文有詳畧，文次不與本同。云疾者齊，故于正寢焉，以其齊須在適寢，是以故在正寢。鄭彼注云：正情性也。衽是臥處，故彼云下莞上簟設枕焉。云憮，覆也。斂衾，大斂所并用之衾者，經直云衾，不辨大小，鄭知非小斂衾，是大斂衾者，下鄭云小斂之衾當陳，是不用小斂衾，以其大斂未至，故且覆尸，是以小斂訖，大斂之衾當陳，則用夷衾覆尸，是其次也。此所覆尸，尸襲後將小斂，乃去之，是以下襲訖亦云憮用衾。鄭注云：始死時斂衾，今覆之者，為其形褻。言大斂所并用之衾者，案喪大記，君、大夫、士皆小斂一衾，大斂二衾。今始死用大斂一衾以覆尸，及至大斂之時，兩衾俱用，一衾承薦於下，一衾以覆尸，故云大斂朔并用之衾引喪大記者欲見加斂衾以覆尸以去死衣鄭彼注云去死衣病時所加新衣及復衣也去之以俟沐浴是也〇復者一人以爵弁服簪裳于衣左何之扱領于帶【注】復者有司招䰟復魄也天子則夏采祭僕之屬諸侯則小臣爲之爵弁服純衣纁裳也禮以冠名服簪連也【音義】簪側林反劉左南反何戶我反又音河扱初洽反劉初輒反純側其反纁許云反【疏】釋曰言復者一人者諸侯之士一命與不命並皆一人案雜記云復西上者鄭注云北面西上陽長左也復者多少各如其命之數若然案典命諸侯卿大夫三命再命一命天子三公八命其卿六命大夫四命上士三命中士再命下士一命上公九命侯伯七命子男五命皆依命數九人以下則天子宜十二爲節當十有二人也【注】釋曰云復者有司者案喪大記復者小臣則士家不得同條爲之則有司府史之等也不言所著衣服者案喪大記小臣朝服下記亦云復者朝服則尊卑皆朝服可知必著朝服者鄭注喪大記云朝服而復所以事

君之衣也復者庶其生氣復既不蘇方始爲死事耳愚
謂朝服平生所服冀精神識之而來反依以其事死如
事生故復者皆朝服也若然天子崩復者皮弁服也云
招魂復魄也者出入之氣謂之魂耳目聰明謂之魄死
者魂神去離於魄今欲招取魂來復歸於魄故云招魂
復魄也云天子則夏采祭僕之屬者案周禮天官夏采
職云大喪以冕服復於大祖以乘車建綏復於四郊鄭
注云求之王平生嘗所有事之處乘車玉路於大廟以
冕服不出宮也又夏官祭僕職云大喪復於小廟鄭注
云小廟高祖以下也始祖曰大廟又隸僕云大喪復於
小寢鄭注云小寢高祖以下廟之寢也始祖曰大寢此
不言隸僕以其隸僕與祭僕同僕官之屬中兼之案檀
弓君復於小寢大寢小祖大祖庫門四郊鄭注云尊者
求之備也亦他日所嘗有事是諸侯復法言庫門據魯
制說若凡平諸侯則皐門擧外門而言三門俱復則天
子五門及四郊皆復不言者文不具卿大夫以下復自
門以內廟及寢而已婦人無外事自王后以下所復處
亦自門以內廟及寢而已云諸侯則小臣爲之者案大
記文也云爵弁服純衣纁裳也者案士冠禮云陳服於
房中西墉下東領北上爵弁服纁裳純衣是也士用爵

弁者。案雜記云。士弁而祭於公。冠而祭於己。是士服爵弁助祭於君。玄冠自祭於家廟。士復用助祭之服。則諸侯以下皆用助祭之服可知。故雜記云。復。諸侯以褒衣。冕服。爵弁服。鄭注云。復招魂復魄也。冕服者。上公五。侯伯四。子男三。褒衣亦始命為諸侯及朝覲見加賜之衣也。褒。猶進也。則衮衣冕之類。若然。冕服者有六。除大裘。有衮冕鷩冕毳冕絺冕玄冕。上公衮冕而下。侯伯鷩冕而下。子男毳冕而下。皆爵弁。若然。孤自絺冕而下。卿大夫玄冕。爵弁。士爵弁而已。天子孤卿大夫士。其衣亦與之同。三公執璧與子男同。其服亦同。若然。大裘是祭天地之服。又於四郊建綏而復。不用大裘而冕。則門及廟寢等。用衮冕以下與上公同。但復者依命數。衣服不足。覆取上服重用之以充其數。王后以下。案雜記云。復衣夫人褖衣揄狄。鄭注云。自褖衣上至揄狄。是侯伯夫人。案周禮內司服掌王后六服。禕衣。揄狄。闕狄。鞠衣。展衣。褖衣。王后及上公夫人二王後及魯之夫人。皆用禕衣下至褖衣。侯伯夫人與王之三夫人。同揄翟以下至褖衣。子男夫人與三公夫人。自闕狄以下至褖衣。孤之妻與九嬪。鞠衣展衣褖衣。卿大夫妻與王之世婦。展衣褖衣。士妻與女御。褖衣而已。云禮以冠名服者。案士冠禮。皮弁爵弁。並列於階下。執之。而空陳服於房云皮弁服爵弁服。是以冠名服。鄭言此者。欲見復時唯用纁衣纁裳不用爵弁。而經言爵弁服。是禮以冠名服也。云簪連也者。若凡常時衣服。衣裳各別。今此招魂取其便。故連裳於衣。

升自前東榮中屋北面招以衣曰皋某復三降衣于前。

【注】北面招求諸幽之義也。皋長聲也。某死者之名也。復反也。降衣下之也。喪大記曰凡復男子稱名婦人稱字。【音義】中如字劉丁仲反。【疏】釋曰。案喪大記。復有林麓則虞人設階。無林麓則狄人設階。鄭云階所乘以升屋者。虞人主林麓之官也。狄人樂吏之賤者。階梯也。簨虡之類。有林麓謂君與夫人有國有采地者。無林麓謂大夫士無采地者。則此升屋之時。使狄人設梯。復聲必三者。禮成於三。【注】釋曰。北面招求諸幽之義也者。禮記檀弓文。以其死者必歸幽暗之方。故北面招之。求諸幽之義。引喪大記者。證經復時所呼名字。云男子稱名者。據大夫以下。若天子崩。則云皋天子復。若諸侯薨。則稱皋某甫復。若婦人稱字。則尊卑同。此經含有

男子婦人之喪。故言男子稱名。婦人稱字。案喪服小記云。男子稱名。婦人書姓與伯仲是也。受用篋。升自阼階。以衣尸。【注】受者受之於庭也。復者其一人招。則受衣亦一人也。人君則司服受之。衣尸者，覆之，若得魂反之。【音義】篚，方鬼反。本或作篋，苦協反。衣，於既反。注及衣尸同。【疏】【注】釋曰：鄭知受之於庭者，以其降衣簷前。受而升自阼階。明知受之於堂下在庭可知。云復者其一人招則受衣亦一人也者，以其服唯一領。明知各一人也。自再命以上受者亦各依命數。云人君則司服受之者，案喪大記云：北面三號。捲衣投於前。司服受之。以其大夫士無司服之官，明據君也。云衣尸者覆之若得魂反之者，此復衣浴而去之，不用襲斂。故喪大記云：始死，遷尸於牀，幠用斂衾，去死衣。鄭注云：死衣，病時所加新衣及復衣也。彼又云：復衣不以衣尸，不以斂。鄭注云：不以衣尸，謂不以襲也。斂謂小斂大斂。而云覆之，直取魂魄反而已。復者降自後西榮。【注】不由前降，不以虛反也。降因徹西北扉，若云此室凶不可居然也。自是行死事。【音義】屝，扶味反。本或作扉，音非。【疏】【注】釋曰：云「不由前降，不以虛反也」者，凡復者，緣孝子之心，望得魂氣復反。復而不蘇，則是虛反。今降自後，是不欲虛反也。云「降因徹西北屝」者，案此文及喪大記，皆言降自西北榮，皆不言徹屝。鄭云徹屝者，案喪大記：「將沐，甸人爲垼於西牆下，陶人出重鬲，管人受沐，乃煮之，甸人取所徹廟之西北屝薪，用爨之。」諸文更不見徹屝薪之文，黄知復者降時徹之，故鄭云降因徹西北屝也。西北名爲屝者，案特牲尸謖之後，改饌於西北隅，以爲陽厭。而云屝用筵，鄭云屝，隱也。故以西北隅爲屝也。必徹毀之者，鄭云若云此室凶不可居然也。自是行死事者，復而不蘇，下文楔齒綴足之等，皆是行死事也。

○楔齒用角柶。【注】爲將含，恐其口閉急也。【音義】楔，息結反。含，戶暗反。本亦作唅。【疏】釋曰：案記云：「楔貌如軛，上兩末。」鄭云「事便也」。此角柶，其形與扱醴角柶制別，故屈之如軛，中央入口，兩末向上，取事便也。以其兩末向上，出入易故也。

綴足用燕几。【注】綴猶拘也。爲將屨，恐其辟戾也。今文綴爲對。【音義】綴，丁劣反。劉張歲反。辟，音璧。戾，力計反。【疏】釋曰：案記云：「綴足用燕几，校在南，御者坐持之。」鄭注云：「校，脛也。尸南首，几脛在南，以拘足，則不得辟戾矣。」以此言之，几之兩頭皆有兩足，今豎用之，一頭以夾兩足，恐几傾倒，故使御者坐持之。案喪大記：「小臣楔齒用角柶，綴足用燕几，君大夫士一也。」又案周禮天官玉府：「大喪共含玉、復衣裳、角枕、角柶。」則自天子以下至於士，其禮同。言燕几者，燕，安也。當在燕寢之內，常憑之以安體也。

○奠脯醢醴酒，升自阼階，奠于尸東。【注】鬼神無象，設奠以馮依之。【音義】馮，音憑。【疏】釋曰：案檀弓曾子云：「始死之奠，其餘閣也與？」鄭注云：「不容改新也。」則此奠是閣之餘食爲之。案下小斂一豆一籩，大斂兩豆兩籩，此始死亦無過一豆一籩而已。下記云：「若醴若酒。」鄭注云：「或卒無醴，用新酒。」此醴酒雖俱言，亦科用其一，不並用。以其小斂酒醴具有，此則未具，是其差。

○帷堂。【注】事小訖也。【疏】釋曰：云「事小訖也」者，以其未襲斂，必帷之者，鬼神尚幽闇故也。

○乃赴于君。主人西階東，南面命赴者，拜送。【注】

乾隆四年校刊

赴，告也。臣，君之股肱耳目，死當有恩。【疏】釋曰：此及下經論使人告君之事。【注】釋曰：云「臣，君之股肱耳目」者，案虞書云：帝曰：「臣作朕股肱耳目。」注云：「大體若身。」云「死當有恩」，是以下有弔及贈襚之事也。案檀弓云：「父兄命赴者。」鄭注云：「謂大夫以上也。士主人親命之。」是尊卑禮異也。有賓，則拜之。【注】賓，僚友羣士也。其位猶朝夕哭矣。【疏】釋曰：此謂因命赴者有賓則拜之。若不因命赴者，則不出，是以下云「唯君命出」，鄭云「始喪之日，哀戚甚，在室，故不出」是也。【注】釋曰：云「賓，僚友羣士也」者，同官爲僚，同志爲友，羣士即僚友也。以其始死唯赴君，此僚友未蒙赴及即來，是先知疾重，故未赴即來，明是僚友之士，非大夫及疏遠者。若有大夫，則經辨之而稱大夫，是以下文因君襚即云「有大夫則特拜之」是也。云「其位猶朝夕哭矣」者，謂賓弔位猶如賓朝夕哭位，其主人之位則異於朝夕，而在西階東南面拜之，拜訖，西階下東面，下經所云拜大夫之位是也。○入坐于牀東。衆主人在其後，西面。婦人俠牀，東面。【注】衆主人，庶昆弟也。婦人，謂妻妾子姓也。亦適妻在前。【音義】俠，古洽反。【疏】釋曰：自此盡此而論主人以下哭位之事。云入坐者，謂上文主人拜賓訖，入坐於牀東。是其衆主人直言在其後，不言坐，則立可知。婦人雖不言坐，案《喪大記》婦人皆坐，無立法。言俠牀者，男子牀東，婦人牀西，以近而言也。案《喪大記》：士之喪，主人父兄子姓皆坐于東方，主婦姑姊妹子姓皆坐于西方。鄭注云：士賤，同宗尊卑皆坐。此除主人之外不坐者，此經據命士，彼據不命之士。知者，案《喪大記》云：大夫之喪，主人坐于東方，主婦坐于西方，其有命夫命婦則坐，無則皆立。是大夫之喪尊者坐，卑者立，是知此非主人皆立，據命士。《喪大記》云尊卑皆坐，據不命之士。但此經有不命士，《喪大記》無不命之士，此又與《喪大記》文不同，釋亦不合，此義恐錯。【注】釋曰：云婦人謂妻妾子姓者，下云親者在室，其中有姑姊妹，故此注直言妻妾子姓也。《喪大記》兼言姑姊妹者，彼無別文，見親者在室，故注總言之也。言亦適妻在前者，亦主人在衆主人前也。

親者在室。【注】謂大功以上父兄姑姊妹子姓在此者。【疏】【注】釋曰：知親者謂大功以上，有同財之義，相親昵之理。下有衆婦人戶外據小功以下。疏者。故知此爲大功以上也。云父兄姑姊妹在此者。上注據死者妻妾子姓也。此注據主人之兄弟姑姊妹子姓而言。若然。父謂諸父。兄謂諸兄從父昆弟。姑謂主人之姑。姊妹謂從父姊妹。子姓謂主人之孫。於死者謂曾孫玄孫。曾孫玄孫爲曾祖高祖齊衰三月。當在大功親之內。故云子姓在此者。

衆婦人戶外北面。衆兄弟堂下北面。[注]衆婦人衆兄弟。小功以下。[疏][注]釋曰。案喪服記云。兄弟皆在他邦。加一等。傳曰。小功以下爲兄弟。鄭謂於此發兄弟傳者。嫌大功以上又加也。大功以上若皆在他國。則親自親矣。是大功以上爲親者。則上文是也。是以知此婦人在戶外是小功以下可知。若然。同是小功以下。而男子在堂下者。以其婦人有事自堂及房。不合在下。故男子在堂下。婦人戶外堂上耳。○

君使人弔。徹帷。主人迎于寢門外。見賓不哭。先入門右北面。[注]使人。士也。禮使人必以其爵。使者至。使人入將命。乃出迎之。寢門。內門也。徹帷。褰之。事畢則下之。[音義]去。劉羌據反。閉也。[疏]釋曰。自此盡不辭入。論君使人弔襚之事。[注]釋曰。鄭知禮使人必以其爵者。案聘禮。使人歸饔餼及致禮。皆各以其爵。此君使人弔朝士。明亦以其爵。使士可知。此儀禮見諸侯弔法。若天子則不以其爵。各以[illegible]是以周禮太僕職云。掌三公孤卿之弔勞。又小臣[illegible]士大夫之弔勞。又御僕職。掌羣吏之弔勞。[illegible]職云。凡邦之弔事。掌其戒令與幣器。注。[illegible]以官不以爵也。云使者至使人。又[illegible]之者。將命謂傳賓主人之吉。擯者出也。案下[illegible]者則將命。擯者出請入告。注云。[illegible]擯者乃用辭。若然則此辭有擯者[illegible]小數擯者。鄭探其意。使者使人。人將命所使之人。入將命。即包主人擯者也。云寢門內門也者。以其大夫士唯有兩門。有寢門。有外門。以其下云主人拜送于外門外。故知此寢門內門也。云徹帷扆之者。謂褰帷而上。非謂全徹去。知事畢則下之者。案下君使人襚。徹帷。明知事畢下之可知。弔者入。升自西階。東面。主人進中庭。弔者致命。[注]主人不升。賤也。致命曰。君聞子之

乾隆四年校刊

喪使某如何不淑。［疏］釋曰：上云主人迎于寢門外，此云弔者入，謂入寢門，以其死在適寢。［注］釋曰：云主人不升賤也者，對大夫之喪，其子得升堂受命。知者，案喪大記，大夫于君命，迎于寢門外，使者升堂致命，主人拜于下。言拜于下，明受命之時得升堂。必知大夫之子得升堂受命者，案喪大記云：大夫之喪，將大斂，君至，主人迎，先入門右，君即位于序端，主人房外南面，卒斂，宰告，主人降，北面於堂下，君撫之，主人拜稽顙。注云：大夫之子尊，得升視斂。下文又云：士之喪，將大斂，君不在，其餘禮猶大夫也。以君當視士殯，故言君在。君有恩賜，君視大斂，則不得如大夫。言君不在者，以士之子不升堂在君側。以此言之，士受君命不得升，以其賤。明大夫之子得升受命，乃降拜可知。是以大夫雜記云：大夫於君命，升聽命，降拜是也。云致命曰以下，弔如有此辭者，案雜記：諸侯使人弔鄰國之君喪，而云弔者入，升自西階，東面致命曰：寡君聞君之喪，寡君使某如何不淑。彼據鄰國之君，故稱寡。此使士弔己國之士，故直云君，不言寡也。主人哭拜稽顙成踊。［注］稽顙，頭觸地。成踊，三者三。［疏］釋曰：云稽顙頭觸地者，案禮記檀引曰稽顙而后拜，頎乎其至也。爲稽首之拜，但爾擗踊無容，即名稽顙。云成踊三者，三案曾子問君薨世子生三日告殯云衆主人卿大夫士哭踊三者三，凡九踊也。賓出，主人拜送于外門外。〇

君使人襚，徹帷，主人如初。襚者左執領，右執要，入升致命。注 襚之言遺也。衣被曰襚。致命曰：君使某襚。音義 襚音遂。衣服曰襚。要，一遙反，後放此。遺，唯季反。疏 釋曰：云主人如初者，如上弔時迎于寢門外下之事也。注 釋曰：云襚之言遺也者，謂君有命以衣服遺與主人。云衣被曰襚者，案春秋隱公元年秋七月天王使宰咺來歸惠公仲子之賵。穀梁傳曰：乘馬曰賵，衣衾曰襚，貝玉曰含，錢財曰賻，是也。云致命曰君使某襚者，亦約雜記文。此君襚雖在襲前，主人襲與小斂俱不得用君襚，大斂乃用之。知者，案喪大記云：君無襚，大夫士畢主人之祭服，親戚之衣，受之不以即陳。注云：無襚者不陳，不以斂。謂不用之爲小斂，至大斂乃用之。故下文大斂之節云君襚不倒。注云：至此乃用君襚，主人先自盡，是也。

主人拜如初。襚者入，衣尸，出。

主人拜送如初。唯君命出，升降自西階。遂拜賓，有大夫則特拜之。卽位于西階下，東面不踊。大夫雖不辭，入也。【注】唯君命出，以明大夫以下時來弔禭不出也。始喪之日，哀戚甚，在室，故不出拜賓也。大夫則特拜，別於士旅拜也。卽位西階下，未忍在主人位也。不踊，但哭拜而已。不辭而主人升入，明本不爲賓出，不成禮也。【疏】釋曰：云「主人拜如初」者，亦如上主人進中庭，哭拜稽顙成踊。云「禭者入衣尸出」者，案既夕記：「禭者委衣于牀，不坐。」衆禭者委于牀上，不坐，則此禭者左執領，右執要，以衣尸，亦不坐。云「唯君命出」者，欲見孤卿大夫士雖有弔禭來，皆下出，故云唯著君命也。云「遂拜賓」者，因事曰遂，以因有君命，故拜賓。若無君命，則不出戶。云「大夫雖不辭，入也」者，謂主人小斂後，賓致辭云「如何不淑」，乃復位踊。今以初死，大夫雖不辭，主人升入室。【注】釋曰：云以明大夫以下時來弔襚不出也者。言唯君命出。明大夫以下時來弔襚不出可知。經云拜大夫者。以因君命出見賓也。云未忍在主人位也者。至小斂後。始就東階下西南面主人位也。云明本不爲賓出不成禮也者。總解不爲之踊及雖不辭而入二事。○親者襚。不將命。以即陳。【注】大功以上有同財之義也。不將命。不使人將之致於主人也。即陳。陳在房中。【疏】釋曰。自此盡適房。論大功兄弟及朋友弔襚之事。【注】釋曰。云大功以上。謂并異門齊衰。故云以上。云即陳陳在房中者。下云如襚以適房。故知此陳陳在房中也。庶兄弟襚。使人以將命于室。主人拜于位。委衣于尸東牀上。【注】庶兄弟即衆兄弟也。變衆言庶。容同姓耳。將命曰某使某襚。拜于位。室中位也。【疏】【注】釋曰。知庶兄弟即衆兄弟者。見上文云親者在室。又云衆兄弟堂下北面。注云是小功以下。又云親者襚。此云庶兄弟襚。以文次而言。故知庶兄弟即衆兄弟也。云變衆言庶容同姓耳者。以同姓絕服者有襚法。鄭必知變衆言庶卽容同姓者。見喪服不杖麻屨章。士言衆子。大夫言庶子。鄭云。士謂之衆子。未能遠別也。是庶者疏遠之稱。故知言庶容同姓。云將命曰某使某襚者。某謂庶兄弟名。使某襚者名。但庶兄弟是小功緦麻之親。在堂下。使有司歸家取服致命於主人。若同姓容不在。始來弔襚也。云拜于位室中位也者。以其非君命不出。故知拜于室中位也。

朋友襚。親以進。主人拜。委衣如初。退哭不踊。【注】親以進。親之恩也。退。下堂反賓位也。主人徒哭不踊。別於君襚也。【疏】釋曰。云別于君襚也者。上文君襚之時。主人哭拜稽顙成踊。此朋友襚。主人徒哭不踊。故云別於君襚。

徹衣者執衣如襚以適房。【注】凡於襚者出。有司徹衣。【疏】釋曰。云執衣如襚者。上文君襚之時。襚者左執領右執要。此徹衣者亦左執領右執要。故云如襚也。【疏】釋曰。云凡於襚者出有司徹衣者。案此徹衣之文。在諸襚者之下言之。故鄭記諸侯使人弔含襚賵訖。乃云宰舉以東。故云凡于襚者出有司徹衣。

○爲銘各以其物

亡則以緇長半幅，赬末長終幅，廣三寸，書銘于末曰：某氏某之柩。【注】銘，明旌也。雜帛爲物，大夫士之所建也。以死者爲不可別，故以其旗識識之，愛之斯錄之矣。亡，無也。無旗，不命之士也。半幅，一尺；終幅，二尺。在棺爲柩。今文銘皆爲名，末爲旆也。【音義】赬，丑貞反。旗識，識之上，音試，下音式。【疏】釋曰：自此至西階上，論書死者銘旌之事。此士喪禮記公侯伯之士一命，亦記子男之士不命，故此銘旌總見之也。云爲銘各以其物者，案周禮司常：大夫士同建雜帛爲物。今云各以其物，而不同者，雜帛之物雖同，其旌旗之杠長短則異。故禮緯云：天子之旗九刃，諸侯七刃，大夫五刃，士三刃。但死以尺易刃，故下云竹杠長三尺，長短不同，故言各以別之。此據侯伯之士一命者也。【注】釋曰：云銘明旌也者，檀弓文。雜帛爲物，大夫士之所建也者，此司常文也。言雜帛者，謂旗旌之縿，以絳帛爲之，以白色之帛裨緣之。鄭彼注云：大夫士雜帛，言以先王正道佐職，是也。云以死者至錄之矣者。檀弓文。案彼自銘明旌至錄之矣。引之者，事恰盡。重與奠自為下事之別。不得以周禮小祝之職。杜子春解𤍠為重。鄭不從其義。故以證破子春。又鄭注檀弓云謂重與奠。此引銘證旌者。鄭君兩解之。以彼兼有重與奠。亦是錄死者之義。此銘旌是錄死者之名。故兩注不同。案周禮小祝云設𤍠置銘。杜子春引檀弓曰銘明旌也。以死者為不可別。故以其旗識之。愛之斯錄之矣。子春亦為此解。云無旗不命之士也者。謂子男之士也。云半幅一尺終幅二尺者。經直云長半幅。不言廣。則亦三寸。云經末長終幅廣三寸則廣三寸。總緇之。但布幅二尺二寸。今云二尺者。鄭君計侯與深衣。皆除邊幅一寸。此亦兩邊除二寸而言之。凡書銘之法。案喪服小記云。復與書銘。自天子達於士。其辭一也。男子稱名。婦人書姓與伯仲。鄭注云。此謂殷禮也。殷質。不重名。復則臣得名君。周之禮。天子崩。復曰皋天子復。諸侯薨。復曰皋某甫復。其餘及書銘則同。以此而言。除天子諸侯之外。其復。男子皆稱姓名。是以此云某氏某之柩。云在棺為柩者。曲禮文。以其銘旌表柩不表尸。故據柩而言。

竹杠長三尺。置于宇西階上。杠。銘橦也。宇。梠

【音義】杠音江。橦丈江反。梠音呂。【疏】釋曰。此始造銘訖。且置於宇西階上。待爲重訖。以此銘置於重。又下文卒塗始置於肂。若然。此時未用。權置於此。及爲重訖。乃置於重也。【注】釋曰。云宇梠也者。案爾雅釋宮云。檐謂之樀。郭云。屋梠。謂當檐下。故特牲記云。饎爨在西壁。鄭注云。西壁。堂之西牆下。舊說云。南北直屋梠。稷在南。是也。

○甸人掘坎于階閒少西。爲垼于西牆下。東鄉。【注】甸人有司主田野者。垼塊竈。西牆中庭之西。今文鄉爲面。【音義】甸。大練反。掘其勿反。又其月反。垼音役。鄉許亮反。【疏】釋曰。自此盡西階下論掘坎爲垼。[illegible]陳沐浴之具。此坎不論深淺。及所盛之物。案既夕記云。掘坎南順。廣尺。輪二尺。深三尺。南其壤。下文沐浴餘潘及巾柶等棄埋之于此坎也。【注】釋曰。云甸人有司主田野者。士無臣。所行事皆有司屬吏之等。言主田野者。案周禮。甸師其徒三百人。掌帥其屬而耕耨王藉。是掌田野。士雖無此官。亦有掌田野之人。謂之甸人。云垼塊竈者。案既夕記云。垼用塊。是以塊爲竈。名爲垼。用之以煑沐浴者之潘水。知在中庭之西者。經直云于西牆下。不繼階宇。明近南中庭之西也。○新盆槃瓶廢敦重鬲皆濯造于西階下【注】新此瓦器五種者重死事盆以盛水槃承渜濯瓶以汲水也廢敦敦無足者所以盛米也重鬲鬲將縣於重者也濯滌溉也造至也猶餼也以造言之喪事遽【音義】敦劉音對。又都愛反。重直容反。鬲音歷。濯丈角反。造七報反。渜奴亂反。縣音懸。【疏】【注】釋曰。云盆以盛水者。案下文祝淅米時所用。槃以盛渜濯者。謂置於牀下時餘潘水名爲渜濯。知以此槃盛者、文别云士有水用夷槃彼是寢尸之槃。故知此承渜濯。云瓶以汲水也者。下文管人汲用此瓶也。知廢敦敦無足者。若有足而名敦。故下文徹朔奠云。敦啓會面足。注云。面足執之令足間鄉前也。是其有足直名敦。凡物無足稱廢。是以士虞禮云。主人洗廢爵。主婦洗足爵。注云廢爵爵無足是也。云所以盛米也者。以下文而知。云重鬲鬲將縣於重也者。下文鬻餘飯乃縣於重。此時先用煮潘沐。故云將縣重者也。以其事未至。故言將也。云以造言之喪事遽者。以其不言餞。造是造次。故以造言之。喪事遽也。○陳襲事于房中西領南上不綪【注】襲事謂衣服也。綪讀爲䋫。屈也。襲事少。上陳而下不屈。江沔之閒謂縈收繩索爲䋫。古文綪皆爲精。【音義】綪，注作䋫，側庚反。沔音緬。縈，於營反。【疏】釋曰：自此至繼陳不用，論陳襲所用之事。【注】釋曰：云襲事謂衣服也者，此先陳之，至下文商祝襲時，乃用之。但用者三稱而已。其中庶襚之等，雖不用，亦陳之，以多爲貴。案下小斂大斂先陳先用後陳後用，依次第之。此襲事以其初死，先成先陳，後成後陳，喪事遽，備之而已，故不依次也。云襲事少，上陳而下不屈者，所陳之法，房戶之內於戶東，西領南上，以衣裳少，從南至北則盡，不須䋫屈。知戶東陳之者，取之便故也。云江沔之閒者，案禹貢云：嶓冢導漾，東流爲漢。孔傳云：泉始出山爲漾水，南東流爲沔水。至漢中東行爲漢水。南有江水，北有沔水，故云江沔之閒。以縈收繩索爲䋫，引之證取䋫爲屈義也。

明衣裳用布【注】所以親身，爲圭絜也。【疏】釋曰：案下記云明衣裳用幕布。

注云。幕布。帷幕之布。則此布用帷幕之布。但升數未聞。[注]釋曰。知親身者。下浴訖。先設明衣。故知親身也。云爲圭潔也者。以其言明。明者潔淨之義。故知取圭潔者也。

鬠笄用桑。長四寸。纋中。[注]桑之爲言喪也。用爲笄。取其名也。長四寸。不冠故也。纋笄之中央以安髮。[音義]鬠。劉音膾。又戶膾反。纋音憂。一音何侯反。[疏]釋曰。以髺爲鬠。義取以髮會聚之意。[注]釋曰。云桑之爲言喪也者。爲喪所用。故用桑。以聲名之。是以云取其名也。云長四寸不冠故也者。凡笄有二種。一是安髮之笄。男子婦人俱有。即此笄是也。一是爲冠笄。皮弁爵弁笄。唯男子有。而婦人無也。此二笄皆長。不唯四寸而已。今此笄四寸者。僅取入髻而已。以其男子不冠。冠則笄長矣。此注及下注知死者不冠者。下記云其母之喪。髻無笄。注云。無笄猶丈夫之不冠也。以此言之。生時男子冠。婦人笄。今死婦人不笄。則知男子亦不冠也。家語云。孔子之喪。襲而冠者。家語王肅之增改。不可依用也。云纋笄之中央以安髮者。兩頭闊。中央狹。則於髮安。故云以安髮也。

布巾。環幅。不鑿。[注]環幅。廣袤等

也。不鑿者，士之子親含，反其巾而已。大夫以上，賓爲之含，當口鑿之，嫌有惡。古文環作還。【音義】廣，古曠反。袤，音茂。爲，于僞反，下同。惡，烏路反。【疏】釋曰：此爲飯含而設，所以覆死者面。【注】釋曰：云「廣袤等也」者，布幅二尺二寸，鄭計布廣狹，側除邊幅二寸，以二尺爲率，則此廣袤等亦二尺也。云「不鑿者，士之子親含，反其巾而已」者，下經云「主人左扱米，實于右，三，實一貝，左、中亦如之」，是士之子親含也。經當云不鑿，明反其巾而已也。又知「大夫以上，賓爲之含，當口鑿之，嫌有惡」者，案雜記云「鑿巾以飯，公羊賈爲之也」，鄭云「記士失禮所由始也。士親飯，必發其巾。大夫以上，賓爲飯焉，則有鑿巾」。以此巾云不鑿，則大夫以上鑿，謂若士月半不殷奠，則大夫以上月半殷奠可知。以其大夫以上有臣，臣爲賓，賓飯含，嫌有惡，故鑿之也。掩，練帛廣終幅，長五尺，析其末。【注】掩，裹首也。析其末，爲將結於頤下，又還結於項中。【疏】釋曰：掩若今人幞頭，但死者以後二脚於頤下結之，與生人爲異也。此陳之耳，若設之，案下經云「商祝掩，瑱，設

浦校有周字集釋曰作云又末多五字浦校同

幎目。注云。掩者先結頤下。既瑱幎目。乃還結項。是也。瑱用白纊【注】瑱充耳。纊新綿。【音義】瑱。他見反。【疏】釋曰、案下記云。瑱塞耳。詩云充耳。充即塞耳也。生時人君用玉。臣用象。又著詩云。充耳以素。充耳以黃之等。注云。所以懸瑱。則生時以黃以素。又以玉象等爲之。示不聽讒。今死者直用纊塞耳而已。異於生也。【注】釋曰。云纊新綿者。案禹貢豫州貢絲纊。故知纊新綿。對緼是舊綿也。幎目用緇方尺二寸。䞓裏著組繫【注】幎目覆面者也。幎讀若詩曰葛藟縈之之縈。䞓赤也。著充之以絮也。組繫爲可結也。【音義】幎依注音縈。又武遍反。又音綿。【疏】【注】釋曰。鄭讀從葛藟縈之之縈者。以其葛藟縈於樹木。此面衣亦縈於面目。故讀從之也。云組繫爲可結也者。以四角有繫。於後結之。故有組繫也。握手用玄纁裏長尺二寸。廣五寸。牢中旁寸。著組繫【注】牢讀爲樓。樓謂削約握之中央以安手也。今文牢爲纋。旁爲方。【音義】握。於角反，劉烏豆反。牢，音樓。〔疏〕釋曰：名此衣爲握，以其在手，故言握手，不謂以手握之爲握手。〔注〕釋曰：云「牢讀爲樓。樓謂削約握之中央以安手也」者，經云廣五寸，牢中旁寸者，則中央廣三寸。廣三寸中央又容四指而已。四指指一寸，則四寸。四寸之外仍有八寸，皆廣五寸也。讀從樓者，義取樓斂狹少之意。云削約者，謂削之使約少也。

決用正王棘若檡棘，組繫，纊極二。

〔注〕決猶闓也。挾弓以橫執弦。詩云：決拾既佽。正，善也。王棘與檡棘，善理堅刃者，皆可以爲決。極猶放弦也，以沓指放弦，令不挈指也。生者以朱韋爲之而三，死用纊又二，明不用也。古文王爲玉，今文檡爲澤。世俗謂王棘矺鼠。〔音義〕檡，音澤。挈，苦結反，劉本作契，苦計反。矺，劉音託。〔疏〕〔注〕釋曰：云挾弓以橫執弦者，方持弓矢曰挾，未射時已然，至射時還依此法以闓弦，故云挾弓以橫執弦也。引詩者，證決是闓弦之物。云王棘與檡棘者，祇用其一，皆得，不謂兼用二者。云以

乾隆四年校刊

張云監杭本次黼作黻與禮器文合

沓指放弦令不挙指也者謂以此二者與決爲藉令弦不決契傷指耳云生者以朱韋爲之而三者大射所云朱極三者是也彼但爲君設文引證此士禮則尊卑生時皆三死者尊卑同二用纊也

冒緇質長與手齊經殺掩足【注】冒韜尸者制如直囊上曰質下曰殺質正也其用之先以殺韜足而上後以質韜首而下齊手上玄下纁象天地也喪大記曰君錦冒黼殺綴旁七大夫玄冒黼殺綴旁五士緇冒經殺綴旁三凡冒質長與手齊殺三尺【音義】冒亡報反齊如字又才計反殺所界反對色例反而工時掌反【疏】【注】釋曰云制如直囊者下經云設冒囊之故云如直囊云上曰質下曰殺質正也者案此經以冒爲總目下別云質與殺自相對則知上曰質質正者以其在上故以正爲名引喪大記君與大夫士皆以冒對殺不云質則冒旣總名亦得對殺爲在上之稱皆云綴旁者以其冒無帶又無紐一定不動故知旁綴質與

集釋無所衣二字疏內亦無釋文本音下注其云下所衣同自見下文

本作赤緣謂之褖張淳云據釋文緣下當有之字今本文刪去下之字誤

殺相接之處。使相連。尊卑降殺而已。云其用之先以殺韜足而上後以質韜首而下齊手者。凡人著服先下後上。又質長與手齊。殺長三尺。人有短者。質下覆殺。故後韜質也。

爵弁服純衣

注 謂生時爵弁所衣之服也。純衣者纁裳。古者以冠名服。死者不冠。

音義 純。莊其反。所衣。於既反。

疏 注 釋曰。云謂生時爵弁之服也者。凡襲斂之服。無問尊卑皆先盡上服。生時服。即士之常服以助祭者也。云纁裳者。士冠禮文。云古者以冠名服死者不冠者。以死者不冠。而經云爵弁皮弁。此直取以冠名服。不用其冠。故云此也。

皮弁服

注 皮弁所衣之服也。其服白布衣素裳也。

疏 注 釋曰。云皮弁所衣之服也者。亦見死者不冠。不用皮弁。今直取以名冠服。是皮弁所衣著之服也。知其服白布衣素裳者。士冠禮注云。衣與冠同色。裳與屨同色。以皮弁白而白屨。故士冠禮云。素積白屨是也。雜記云。朝服十五升。則皮弁天子朝服與諸侯朝服。同十五升布也。

褖衣

注 黑衣裳赤緣之謂褖。褖之言緣也。所以表袍者也。喪大記曰：衣必有裳，袍必有表。不禪，謂之一稱。古文褖爲緣。【音義】褖，他亂反。禪音丹。稱，尺證反。【疏】【注】釋曰：知此褖衣是黑衣裳者，此褖衣則玄端知者，以其是士冠禮陳三服，玄端、皮弁、爵弁，有玄端，無褖衣。此士喪亦陳三服，與彼同，此無玄端，有褖衣，故知此褖衣則玄端者也。玄端有三等裳，此喪禮質略，同玄裳而已。但此玄端連衣裳，與婦人褖衣同，故變名褖衣也。若然，連衣裳者，以其用之以表袍，袍連衣裳故也。是以雜記云：子羔之襲也，繭衣裳與稅衣纁袡。曾子曰：不襲婦服。彼曾子譏用纁袡，不譏其稅衣，是稅衣以表袍，故連衣裳而名褖衣。引喪大記者，欲見褖衣以表袍之意。若然，雜記云繭衣，大記云袍，不同者，玉藻云：纊爲繭，縕爲袍，禪爲絅。衣有著之異名也，其實連衣裳一也。云赤緣謂之褖者，爾雅文。彼釋婦人嫁時褖衣，此引之者，證此褖衣雖不赤緣，褖衣之名同，故引爲證也。

緇帶。【注】黑繒之帶。【疏】釋曰：上雖陳三服，同用一帶者，以其士唯有此一帶而已。【注】釋曰：案玉藻云：士練帶緇辟。是黑繒之帶，據裨者而言也。但生時蘇著服不重，各設帶，此襲時三服俱著，其一帶爲異也。

韐。[注]一命緼韍。[音義]韎音妹。韐古荅反。緼音溫。韍音弗。[疏]釋曰：云韎者，據色而言。韎

草染之，取其赤。韐者，合韋而爲之，故名韎韐也。[注]釋曰：

云一命緼韍者，玉藻文。但祭服謂之韍，他服謂之韠。士冠

一命，名爲韎韐，亦名緼韍，不得直名韍也。但士冠禮玄

端爵韠，皮弁素韠，爵弁服韎韐。今亦三服共設韎韐者，

以其重服，亦如帶矣。竹笏。[注]笏所以書思對命者。玉藻曰：笏，天子

以璆玉，諸侯以象，大夫以魚須文竹，士以竹本象可也。

又曰：笏度二尺有六寸，其中博三寸，其殺六分而去一。

又曰：天子搢珽，方正於天下也。諸侯荼，前詘後直，讓於

天子也。大夫前詘後詘，無所不讓。今文笏作忽。[音義]音珽。

蚪，劉巨蚪反。[注]釋曰：云笏所以書思對命者，亦玉藻文。

反。荼音舒。[疏]引玉藻者，證天子以下笏之所用物不同，

及長短廣狹有異。言公侯，不言伯子男，亦與公侯同。案

彼鄭云：謂之珽，珽之言挺然無所屈也。或謂之大圭，長

乾隆四年校刊　　儀禮注疏卷十二　士喪禮

三尺。或者或王人職文。鄭又云荼讀爲舒遲之舒。舒儒者所畏在前也。詘謂圜殺其首。不爲椎頭。諸侯唯天子詘焉。是以謂笏爲舒。大夫前詘後詘。無所不讓也。鄭注云大夫奉君命出入者也。上有天子。下有己君。又殺其下而圜。前後皆詘。故云無所不讓。彼雖不言士。士與大夫同。

夏葛屨。冬白屨。皆繶緇約純。組綦繫于踵。【注】冬皮屨變言白者。明夏時用葛亦白也。此皮弁之屨。士冠禮曰素積白屨。以魁柎之。緇絇繶純。純博寸。綦屨係也。所以拘止屨也。綦讀如馬絆綦之綦。【音義】繶於力反。純諸允反。劉之閏反。綦音其。一音其記反。踵諸勇反。柎方于反。【疏】注。釋曰。云變言白者。明夏時用葛亦白也者。案士冠禮云屨夏用葛。冬皮。今此變言白者。欲互見其義。以夏言葛。冬當用皮。冬言白。明夏亦用白。又士冠禮云。爵弁纁屨。素積白屨。玄端黑屨。以三服各自用屨。屨從裳色。其實自明。今死者重用其服。屨唯一。故須見色。若然。三服雜參。帶用玄端。屨用皮弁。韎韐用爵弁。各用其一以當三服而

集釋重一葛字無也字

已。云此皮弁之屨者，以其色白，即所引士冠禮曰素積白屨者爲證是也。引緇絇繶純者，欲解士冠禮繶絇純同用緇。此經繶雖在緇上，明亦用緇可知。繶謂絛在牙底相接之縫中，絇在屨鼻，純爲緣口，皆以絛爲之。但舃則對方爲繢次，屨則比方爲繡次，爲異耳。云綦屨係也者，經云繫于踵，則綦當屬於跟後，以兩端向前與絇相連於脚跗之上，合結之，名爲繫於踵也。云讀如馬絆綦之綦者，此無正文，蓋俗讀馬有絆名爲綦，拘止馬使不得浪去，此屨綦亦拘止屨，使不縱誕也。

庶襚繼陳，不用。【注】庶，衆也。不用，不用襲也。多陳之爲榮，少納之爲貴。【疏】釋曰：直云庶襚，即上經親者襚、庶兄弟襚、朋友襚皆是，故云庶襚。云繼陳，謂繼襲衣之下陳之。【疏】釋曰：云不用，不用襲也者，以其繼襲衣而言不用，明不用襲，至小斂則陳而用之，唯君襚至大斂乃用也。云多陳之爲榮者，庶襚皆陳之是也。少納之爲貴者，襲時唯用三稱是也。

○貝三實于笲。【注】貝，水物。古者以爲貨，江水出焉。笲，竹器名。【音】笲音煩。【疏】釋曰：自此盡夷槃可也，論陳飯含沐浴器物之事。此云貝三。不云稻米。則士飯含用米貝。故檀弓云。飯用米貝。亦據士禮也。案喪大記云。若沐粱。大夫沐稷。士沐粱。鄭云。士沐稻。此云士沐粱。蓋天子之士也。飯與沐米同。則天子之士飯用粱。大夫用稷。諸侯用粱。鄭又云。以差率而上之。天子沐黍與。則飯亦用黍可知。但士飯用稻。不言兼有珠玉。大夫以上。飯時兼用珠玉也。雜記云。天子飯九貝。諸侯七。大夫五。士三。鄭注云。此蓋夏時禮也。周禮。天子飯含用玉。案典瑞云。大喪共飯玉含玉。雜記云。含者執璧。彼據諸侯而用璧。唯大夫含無文。哀公十一年左氏傳云。公會吳子伐齊。陳子行命其徒具含玉。示必死者。春秋時非正法。若趙簡子云不設屬椑之類。文公五年。王使榮叔歸含且賵。何休云。天子以珠。諸侯以玉。大夫以璧。士以貝。春秋之制也。禮緯稽命徵云。天子飯以珠。含竟未稷。周大夫所用以玉。蓋亦異代。

【注】釋曰。云貝水物者。案書傳云。紂囚文王。散宜生等於江淮之間取大貝如車渠。以獻於紂。遂放文王。是貝水物出江水也。文云古者以為貨者。漢書食貨志云。五貝為朋。又云有大貝壯貝之等。以為貨用。是古者以為貨也。知笲是竹器名者。以其字從竹。又聘禮云。夫人使下大夫勞以二竹簋方。其實棗蒸栗擇。昏禮。婦見舅姑。執

笲以盛棗栗。此雖盛貝不盛棗栗，其笲並竹器也。稻米一豆，實於筐。【注】豆四升。【音義】筐，邱方反。【疏】【注】釋曰：昭公三年晏子辭。沐巾一，浴巾二，皆用綌，於笲。【注】巾所以拭汙垢。浴巾二者，上體下體異也。綌，麤葛。【音義】綌，去逆反。【疏】【注】釋曰：云"浴巾二者，上體下體異"者，此士禮上下同用綌。案玉藻云：浴用二巾，上絺下綌。彼據大夫以上，分別上下爲貴賤，故上用細，下用麤也。櫛於簞。【注】簞，葦笥。【音義】櫛，莊乙反。簞，音丹。笥也。【疏】【注】釋曰：案曲禮云：凡以弓劍苞苴簞笥問人者，注云：圓曰簞，方曰笥。則是簞笥別。此注簞笥者，舉其類。案論語云：顏回一簞食，注云：簞，笥也。亦舉其類，謂若蕢麻與枲麻雖異，而鄭注云蕢麻，枲麻也，亦舉其類也。浴衣於篋。【注】浴衣，已浴所衣之衣，以布爲之。其制如今通裁。【音義】裁，在代反，又音才。【疏】【注】釋曰：知浴衣已浴所衣之衣者，下經云：浴用巾，挋用浴衣，是既浴所著之衣。用之以晞身，明以布爲之。云如今通裁者，以其無殺，即布單衣，漢時名爲通蔾故舉漢法爲況。皆饌于西序下南上。注皆者皆貝以下東西牆謂之序中以南謂之堂。疏注釋曰謂從序半以北陳之。注釋曰云東西牆謂之序者爾雅釋宮文云中以南謂之堂者謂於序中半以南乃得堂稱以其堂上行事非專一所若近戶即言戶東戶西若近房即言房外之東房外之西若近楹即言東楹西楹若近序即言東序下西序下若近階即言東階西階若自[illegible]以南無所繼屬者即以堂言之即下文浙米於堂是也其賓戶外房外皆是堂故論語云由也升堂矣未入于室是室外皆名堂也。○管人汲不說繘屈之。注管人有司主館舍者不說繘將以就祝濯米屈縈也。音義管如字劉又音官說土活反劉舒悅反繘均必反劉俱筆反。疏釋曰自此盡明衣裳論沐浴及寒尸之事云不說繘屈之者以其喪事遽則知吉尚安舒汲宜說之矣。注釋曰云管人有司主館舍者士既無臣所行事者是府史故知管人是有司也聘禮記云管人爲客三日具沐五日具浴此爲死者故亦使之汲水也云不說繘將以就祝濯

舊無也字此從釋文

米者。以下經云祝淅米。明此管人將以就堂授祝潘米可知。祝淅米于堂。南面。用盆。【注】祝，夏祝也。淅，汏也。【音義】淅，西歷反。汏，徒賴反。【疏】【注】釋曰：知是夏祝者，見下記云：夏祝淅米，差盛之。是也。管人盡階，不升堂，受潘，煮于垼，用重鬲。【注】盡階，三等之上。喪大記曰：管人受沐，乃煮之，甸人取所徹廟之西北厞薪，爨之。【音義】潘，芳元反。重，直龍反。【疏】釋曰：云盡階者，三階上也。云用重鬲者。以其先煮潘，後煮米爲鬻，懸于重，故煮潘用重鬲也。【疏】釋曰。云取所徹廟之西北厞薪用爨之者。此薪仰復人降自西北榮所徹者也。祝盛米于敦，奠于貝北。【注】復於筐處也。【音義】盛，音成。處，昌慮反。【疏】釋曰。敦即上廢敦也。【注】釋曰。云復於筐處者。向未淅，貢于筐。今淅訖，盛于敦，所置之處還於筐所，以擬飯之所用也。士有冰，用夷槃可也。【注】謂夏月而君加賜冰也。夷槃，承尸之槃。喪大記曰：君設大槃造

集釋有用字

乾隆四年校刊

冰焉。大夫設夷槃造冰焉。士併瓦槃無冰。設牀襢第有枕。【音義】造，七到反。襢，之善反。第，壯矣反。【疏】【注】釋曰：謂夏月者，以周禮凌人職云夏頒冰，據臣而言。月令二月出冰，據君爲說。云而君加賜冰也者，喪大記云士無冰用水，此云有冰，明據士得賜者也。云夷槃承尸之槃者，案喪大記注：禮自仲春之後，尸既襲既小斂，先內冰槃中，乃設牀於其上，不施席而遷尸焉，秋涼而止，是也。引喪大記以下，欲證士有賜乃有冰，又取用冰之法。案彼注：造猶內也。夷槃小焉。第爲簀，謂無席，如浴時牀也。時欲通冰之寒氣。若然，凌人云大喪共夷槃冰，則天子有夷槃。鄭注凌人云：漢禮器制度，大槃廣八尺，長丈二尺，深三尺，漆赤中。諸侯稱大槃，辟天子。其大夫言夷槃，此士喪又用夷槃，卑不嫌，但小耳，故鄭云夷槃小焉。

外御受沐入。【注】外御，小臣侍從者。沐，管人所煑潘也。【疏】【注】釋曰：此云外御者，對內御爲名，故下記云其母之喪則內御者浴，則此外御是士之侍御僕從者。故尚書冏命云：今予命汝作大正，正于羣僕侍御之臣。此雖無臣，亦有侍御僕從者也。知沐管人所煑潘也者，以其上文管人爨潘。此外御受沐入。明所受之於管人也。主人皆出戸外，北面。【注】象平生沐浴裸裎，子孫不在旁，主人出而襢第。【音義】裸，力果反。裎，直貞反。【疏】【注】釋曰：云「象平生沐浴裸裎」者，裸謂赤體，裎猶袒也。將浴尸，裸袒無衣，故子孫不在旁，主人出也。大記云：「御者四人抗衾而浴。」鄭云：「抗衾為其裸裎，蔽之也。」以浴尸時袒露無衣，故抗衾以蔽之也。云「而襢第」者，又大記云：「襢第。」鄭云：「襢，袒也。袒簀，去席，盝水便也。」

乃沐櫛，挋用巾。【注】挋，晞也，清也。古文挋皆作振。【音義】挋，之慎反。劉居吝反。【疏】【注】釋曰：挋謂拭也。而云「晞也，清也」者，以其櫛訖，又以巾拭髮乾，又使清淨無潘櫛，拭訖仍未作紒。下文待蚤揃訖，乃鬠用組，是其次也。

浴用巾，挋用浴衣。【注】用巾，用拭之也。喪大記曰：御者二人浴，浴水用盆，沃水用枓。【音義】枓音主。【疏】【注】釋曰：枓，酌水器，受五升，方有柄，今用大匏。不方。用挹盆中水以沃尸。又案喪大記浴水用盆，沃水用枓。沐用瓦盤。明沐浴俱有盤及枓，此沐浴盤枓亦皆有

乾隆四年校刊

松厓云渜讀爲彖

也。引喪大記者，證人之數及浴之器物也。渜濯棄于坎。［注］沐浴餘潘水、巾櫛、浴衣，亦幷棄之。古文渜作涿，荊沔之閒語。［音義］涿，劉土亂反。［疏］釋曰：潘水既經溫煑，名之爲渜；已將沐浴，謂之爲濯。已沐浴訖，餘潘水棄于坎。［注］釋曰：知巾櫛浴衣亦棄之者，以其已經尸用，恐人䙝之，若棄杖者棄于坎，故知亦棄于坎也。云古文渜作涿，荊沔之閒語者，禹貢云荊河惟豫州，則鄭見豫州人語渜爲涿，是以古文誤作涿也。蚤揃如他日。［注］蚤讀爲爪，斷爪揃鬢也。人君則小臣爲之。他日，平生時。［音義］蚤，依注音爪，下鬊蚤同。揃，子淺反。［疏］［注］釋曰：鄭讀蚤從爪者，此蚤乃是詩云其蚤獻羔祭韭，古早字，鄭讀從手爪之爪。知人君則小臣爲之者，喪大記云小臣爪足，注云爪足，斷足爪，是也。鬠用組，乃笄，設明衣裳。［注］用組，組束髮也。古文鬠皆爲括。［疏］釋曰：鬠紒乃可設明衣，以蔽體，是其次也。○主人入即位。［注］已設明衣，可以入也。［疏］釋曰：自此盡反位。論布襲衣裳。并飯含之事。

商祝襲祭服，褖衣次。

【注】商祝，祝習商禮者。商人教之以敬，於接神宜。襲布衣牀上。祭服，爵弁服、皮弁服，皆從君助祭之服。大蜡有皮弁素服而祭，送終之禮也。襲衣於牀，牀次含牀之東，衽如初也。喪大記曰：含一牀，襲一牀，遷尸於堂又一牀。

【疏】注釋曰：云「商祝，祝習商禮者」，雖同是周祝，仰習夏禮則曰夏祝，仰習商禮則曰商祝也。云「商人教之以敬，於接神宜」者，案表記云：殷人尊神，率民以事神，尊而不親。言尊敬，故知殷人教以敬，是以使之習於接神宜。若然，此篇及既夕以夏人教以忠，從小斂奠、大斂奠及朔半薦新、祖奠、大遣奠，皆是夏祝爲之，其閒雖不言祝名，亦夏祝可知。其徹之者皆不言祝名，則周祝徹之也。殷人教以敬，但是接神皆商祝爲之。其閒行事，若祝取銘之類，不言祝名者，亦周祝可知。雖既夕開殯時以周祝徹饌，而堂下二事，不可並使周祝，故夏祝取銘置于重。案周禮有大祝、小祝、喪祝、詛祝、甸祝，此

乾隆四年校刊

篇及既夕。言夏祝商祝周禮以喪祝行事。皆當喪祝者也。天子以下喪禮。亦當喪祝也。云襲布衣牀上者喪大記云。襲一牀。故知襲時布衣牀上也。此雖布衣未襲。待飯含訖乃襲。下經爲次是也。云祭服爵弁服皮弁服。皆從君助祭之服者。以其爵弁從君助祭宗廟之服雜記云。士弁而祭於公是也。皮弁從君聽朔之服。玉藻云。皮弁以聽朔於大廟是也。云大蜡有皮弁素服而祭送終之禮也者。郊特牲文。引之者。證皮弁之服有二種一者皮弁時白布衣素積爲裳是天子朝服。亦是諸侯及臣聽朔之服。二者皮弁時衣裳皆素葛帶榛杖大蜡時送終之禮凶服也。此士之襲及士冠禮與聽朔者不用此素服。引者欲見郊特牲皮弁素服是大蜡送終之服。此非襲時所用者也。知襲衣於牀牀次含牀之東者以其死於北墉下。遷尸於南牖下沐浴而飯含。引大記云含一牀襲一牀遷尸於堂又一牀者。喪事所以即遠故知襲牀次含牀之東。云衽如初也者。衽臥席下莞上簟。彼一牀之下又云皆有枕席。君大夫士一也。故知衽如初含時也。

主人出南面左袒扱諸面之右盥于盆上洗貝執以入宰洗柶建于米執以

從。【注】俱入戶西鄉也。今文不言執。【音義】扱，初洽反。劉初輒反。從，才用反。【疏】釋曰。云扱諸面之右者。面，前也。謂袒左袖，扱於右腋之下帶之內，取便也。云洗貝執以入者。洗訖，還於笲內，執以入。云宰洗柶建于米者。亦於廢敦之內建之。【注】釋曰。鄭知俱入戶西鄉者。以下經始云主人與宰牀西東面，故知此時西鄉也。

商祝執巾從入。當牖北面。徹枕。設巾。徹楔。受貝。奠于尸西。【注】當牖北面，值尸南也。設巾覆面，為飯之遺落米也。如商祝之事位，則尸南首明矣。【音義】為飯，上于偽反，下扶晚反。首，手又反。【疏】釋曰。云受貝者。就尸東主人邊受[illegible]笲貝，從尸南過，奠尸西牀上，以待主人親含也。【注】釋曰。鄭云當牖北面值尸南也者。知尸當牖者，見既夕記設牀第當牖，衽下莞上簟，遷尸於上，是尸當牖。今言當牖北面，故知值尸南可知。云設巾覆面為飯之遺落米也者。但士之子親含，發其巾不嫌穢惡。今設巾覆面者，為飯時恐有遺落米在面上，故覆之也。云如商祝之事位則尸南首明矣者。舊有解云。遷

乾隆四年校刊

尸於南牖時北首。若北首則祝當在北頭而南鄉。以其爲徹枕設巾。要須在尸首便也。今商祝事位以北則尸南首明矣。若然。未葬已前不異於生。皆南首。檀弓云葬於北方北首者。從鬼神尚幽闇。鬼道事之故也。唯有喪朝廟時北首。順死者之孝心。故北首也。

主人由足西牀上坐東面。

【注】不敢從首前也。祝受貝米奠之。口實不由足也。

【疏】【注】釋曰。云祝受貝米奠之口實不由足也者。前文祝入當牖北面。是由尸首。故受主人貝奠之。幷受米奠于尸西。故主人空手由足過。以其口實不可由足。恐褻之故也。

祝又受米奠于貝北。宰從立于牀西在右。

【注】米在貝北便扱者也。宰立牀西。在主人之右。當佐飯事。

【疏】【注】釋曰。云米在貝北便扱者。以其祝先奠貝于尸西。祝又受米。從首西過。奠于貝南。便矣。今不於貝南奠之。而奠于貝北。故云便主人之扱也。云宰立牀西在主人之右當佐飯事者。此不敢取郤辭自右之義。前以米在主人之右。故宰亦在右。故云當佐飯事也。

主人左扱米實于右三

實一貝左。中。亦如之。又實米唯盈。【注】于右。尸口之右。雖盈。取滿而已。【疏】【注】釋曰。云于右尸口之右者。尸南首。云右謂口東邊也。云唯盈取滿而已者。以經左右及中各三扱米。更云實米唯盈。則九扱恐不滿。是以重云唯盈也。主人襲。反位。【注】襲。復衣也。位在尸東。【疏】【注】釋曰。云襲復衣也者。以其鄉祖則露形。今云襲。是復著衣。故云復衣。知位在尸東者。以其鄉者在尸西。今還尸東西面位也。○商祝掩瑱。設幎目。乃屨。綦結于跗。連絇。【注】掩者。先結頤下。既瑱幎目。乃還結項也。跗。足上也。絇。屨飾。如刀衣鼻。在屨頭上。以餘組連之。止足坼也。【音】跗。方于反。絇。其于反。坼。丑宅反。【疏】釋曰。自此盡于坎。論襲尸之事。【注】釋曰。云掩者先結頤下。既瑱幎目。乃還結項也者。經先言掩。後言瑱與幎目。鄭知後結項者。以其掩有四脚。後二脚先結頤下。無所妨。故先結之。若郎以前二脚向後結于項。則掩於耳及面兩邊。瑱與幎目無所施。故先結頤下。待設塡塞耳，并施幎目，乃結項後也。云跗足上也者，謂足背也。云約屨飾如刀衣鼻在屨頭上者，以漢時刀衣鼻况約在屨頭上，以其皆有孔，得穿繫于中而過者也。若無約則謂之鞮屨。是以鄭注周禮鞮鞻氏云：鞮屨者，無約之屨。云以餘組連之者，以其屨繫既結，有餘組穿連兩屨之約，使兩足不相離，故云止足坼也。

乃襲三稱。【注】遷尸於襲上而衣之。凡衣死者，左衽，不紐。襲不言設牀，又不言遷尸於襲上，以其居當牖，無大異。【音義】稱，尺證反。衽袵。云衣襌複具曰稱。衣，於既反。【疏】釋曰：云遷尸於襲上而衣之者，以其上文已布衣於含東牀上，而未襲。今已飯含訖，乃遷尸以衣著於尸。故云遷尸於襲上而衣之也。云凡衣死者左衽不紐者，案喪大記云：大斂小斂，祭服不倒，皆左衽，結絞不紐。注云：左衽，衽鄉左，反生時也。云襲不言設牀，又不言遷尸於襲上，以其俱當牖，無大異者，此對大斂小斂布衣訖，皆言遷尸於斂上，以其小斂于戶內，大斂于阼階，其處有異故也。此襲牀與含牀並在南牖下，小别而已，無大異，故不言設牀與遷尸也。若然，疾者於北墉下，廢牀，始死遷

集釋作俱

尸於南牖卽有牀故上文主人入坐於牀東主婦牀西以其夏卽寒尸道冰於尸牀之下雖不言設牀有牀可知故將飯含祝以米貝致於牀西也大記唯言含一牀襲一牀大小斂不言牀者以大小斂衣裳多陳於堂故不言牀襲衣裳少浴時須濡水又須寒尸故並須牀也此士襲三稱小斂十九稱大斂三十稱案雜記注云士襲三稱子羔襲五稱今公襲九稱則尊卑襲數不同矣諸侯七稱天子十二稱與以無正文故云與以疑之喪大記云小斂十有九稱尊卑同大斂君百稱五等同大夫五十稱士三十稱天子諸侯無文大夫士命數雖殊稱數亦等三公明亟與諸侯同

衣不在算【注】算數也不在數明衣禪衣不成稱也【音義】數所主反【疏】釋曰云不在數明衣禪衣不成稱也者喪大記云袍必有表不禪衣必有裳謂之一稱其祿衣雖禪以袍為裏故云稱明衣禪而無裏不成稱故不數也

釋文無在字是

設韐帶搢笏【注】韐帶韎韐緇帶不言韎緇者省文亦欲見韐自有帶韐帶用革搢捷也捷於帶之右旁古文韐為合也

【音義】見賢遍反。捷初洽反。【疏】【注】釋曰。云韐帶韎韐緇帶者。案上陳服之時。有韎韐。有緇帶。故云是韎韐緇帶也。云不言韎緇者省文。亦欲見韐自有帶。韐者本正言韎韐。帶亦同得為省文。今言韎韐者用革帶也。以其生時緇帶以束衣。革帶以佩韍玉之等。生時有二帶。死亦備此二帶。是以雜記云。朱綠帶申加大帶於上。注云。朱綠帶者。襲衣之帶。飾之雜以朱綠。異於生也。此帶亦以素為之。申重也。重於革帶也。革帶以佩韍。必言重加大帶者。明雖有變。必備此二帶也。是也。案玉藻云。雜帶君朱綠。大夫玄華。士緇辟。又案雜記云。率帶諸侯大夫皆五采。士二采。注云。此謂襲尸之大帶也。以此而言。生時君大夫二色。今死則加以五采。士生時一色。死更加二色。是異於生。若然。此帶亦以素為之。以朱綠異於生也。彼是束衣之帶。非大帶。諸侯禭備二帶。則士大夫亦宜有之。此不言文不具也。但人君衣帶用朱綠與大帶同。此則大夫士飾與大帶同也。云搢捷也捷於帶之右旁者。以右手取之便故也。

設決。麗于擘。自飯持之。設握。乃連擘。【注】麗施也。擘手後節中也。飯大擘指本也。決以韋為之藉。有

釋文無之字

擘集釋作擘戴從之

彄。彄內端爲紐，外端有橫帶，設之以紐擐大擘本也，因沓其彄，以橫帶貫紐，結於擘之表也。設握者，以綦繫鉤中指，由手表與決帶之餘連結之。此謂右手也。古文𢫮亦爲連。擘作𢫮。【音義】擘，烏亂反。爲，于僞反。彄，苦侯反。擐，音患。𢫮，烏亂反。【疏】釋曰：云「決以韋爲之藉，有彄，彄內端爲紐，外端有橫帶」者，以下當又擘本，鄭掌爲內端屬紐子，鄉手表爲外端屬橫帶也。云「設之以紐擐大擘本也，因沓其彄，以橫帶貫紐，結於擘之表也」者，以鄭言之，大指短，其著之先以紐擐大擘本，然後因沓其彄於指，乃以橫帶繞手一二，貫紐反向手表結之。鄭云結於擘之表，且內於帶閒，未即結。此橫帶即上組繫是也。云「設握者，以綦繫鉤中指，由手表與決帶之餘連結之」者，案上文握手長尺二寸，裹手一端繞於手表，必重宜於上掩者，屬一繫於下角，乃以繫繞手一币，當手表中指，向上鉤中指，又反而上繞，取繫鄉下，與決之帶餘連結之。云「此謂右手也」者，以其右手有決，今言與決同結，明是右手也。下記所云設握者此謂左手。鄭云手無決者也。設冒櫜之幠用衾。注櫜韜盛物者取事名焉。衾者始死時斂衾。今文櫜爲櫜。音義櫜古刀反劉古道反櫜音託。疏注釋曰。云取事名焉者。此本名冒而云櫜。櫜是韜盛之名。今以此冒櫜盛尸。故名爲櫜。是取盛物之事名焉。云衾者始死時斂衾者。篇首始死云幠用斂衾。注云。大斂之衾。今雖櫜訖。仍用大斂衾。以其櫜時無衾。小斂之衾陳之。與前未櫜同。不言斂衾單言衾。是斂衾可知。故不言也。巾柶鬈蚤埋于坎。注坎至此築之也。將襲辟奠。既則反之。音義鬈。音舜。辟婢亦反又音避。疏注釋曰。云坎至此築之也者。上文直云瀆濯棄于坎不言埋。以其未築故也。至此言埋者。事訖當築之故也。必至此乃築之者。以其斂事遽無暇即埋。又慮更有須埋者。故至此覆尸訖乃埋之。前爲坎者是甸人。則此埋之亦甸人也。云將襲辟奠既則反之者。言此者以初死脯醢醴酒之奠爾來不言。恐不知所安之處。但始死設于尸東。方襲事必當辟之。襲訖反之于尸東。以其不可空無所依故也。案下記云。小斂辟奠不出室。

還是襲奠。辟小斂。則此辟襲奠亦不出室。仍不言處。大斂時辟小斂奠于序西南。則此亦室西南隅。至大斂辟小斂奠。則言于序西南。有文可知也。若然。此襲奠襲後因名襲奠。故下鄭注云。將小斂則辟襲奠。○重木刊鑿之。甸人置重于中庭。參分庭一在南。注 木也。縣物焉曰重。刊。斲治。鑿之爲縣簪孔也。士重木長三尺。音義 重，直容反。疏 釋曰。自此至于重。論設重之事。注 釋曰。云木也縣物焉曰重者。解名木爲重之意。以其木有物縣於下。相重累。故得重名。云鑿之爲縣簪孔也者。下云繫用靲。用靲内此孔中。云簪者。若冠之笄謂之簪。使冠連屬於紒。此簪亦相連屬於木之名也。云士重木長三尺者。鄭言士重木長三尺。則大夫以上各有等。當約銘旌之。銘士三尺。大夫五尺。諸侯七尺。天子九尺。據豎之者。横者宜半之。鄭不言大夫以上。無正文故也。夏祝鬻餘飯。用二鬲于西牆下。注 夏祝。祝習夏禮者也。夏人教以忠。其於養宜。鬻餘飯。以飯尸餘米爲鬻也。重。主道也。士二鬲，則大夫四，諸侯六，天子八，與簋同差。【音義】鬻，本又作粥，之六反。飯，扶晚反。養，羊亮反。【疏】釋曰：云「于西牆下」者，西牆下有竈，即上文甸人為垼，是也。【注】釋曰：云「夏人教以忠」，其於養宜者，案禮記表記云：夏道尊命，敬神而遠之，近人而忠焉。書傳畧說亦云：夏后氏主教以忠。是夏人教以忠也。禮云：君子不盡人之歡，不竭人之忠。鄭云：歡謂飲食，忠謂衣服。若忠不對歡，忠亦飲食，故此飲食使夏祝。忠者養宜也。前商祝奠米飯，米夏祝徹之。今乃鬻之而盛于鬲，是以下記云：夏祝徹餘飯。注云：徹去鬻，是也。云「重主道也」者，檀弓文。彼注云：始死未作主，以重主其神也。即是虞祭之後，以木主替重處，故云重主道也。引之者，證此重是木主之道也。云「士二鬲，則大夫四，諸侯六，天子八，與簋同差」者，亦無正文。鄭言之者，以其同盛黍稷，故知同差也。案特牲用二敦，少牢用四敦，同姓之大夫士用簋，故皆以簋言之。明堂位云：周之八簋。詩云：陳饋八簋。皆天子禮。自士降殺以兩，明諸侯六。祭統諸侯禮，而云四簋黍，見其修於廟中也。二簋兩陽厭。不用餕，故不言也。

冪用疏布久之，繫用靲，縣于重。冪用

集釋古作今據下文則古字是

葦席北面左衽帶用靲賀之結于後【注】久讀為灸謂以蓋塞鬲口也靲竹篾也以席覆重辟屈而反兩端交於後左衽西端在上賀加也古文冪皆作密【音義】冪本又作冪亡狄反靲與琴反篾音蔑辟音壁【疏】釋曰云冪用疏布久之者鄭久讀為灸灸塞義謂直用麤布蓋鬲口為塞也云靲竹篾也者案顧命云牖間南嚮敷重篾席黼此靲篾一也謂竹之青可以為繫者云以席覆重辟屈而反兩端交於後左衽西端在上者據人北面以席先於重北面南掩之然後以東端為下向西西端為上向東是為辟屈而反兩端交於後為左衽然後以篾加束之結於後也祝取銘置于重【注】祝習周禮者也【疏】釋曰以銘未用待殯訖乃置于肂今且置于重必且置于重者重與主皆是錄神之物故也○厥明陳衣于房南領西上綪絞橫三縮一廣終幅析其末【注】綪屈也絞所以收束衣服為堅急者也

乾隆四年校刊

以布爲之。緰，從也。橫者三幅，從者一幅，析其末者，令可結也。喪大記曰：絞一幅爲三。[音]絞，戶交反。從，子容反。[疏]釋曰：自此盡東柄，論陳小斂衣物之事。云厥明者，對昨日始死之日爲厥明。此陳衣，將陳并取以斂，皆用篋。是以喪大記云：凡陳衣者實之篋，取衣者亦以篋，升降者自西階。是也。[注]釋曰：云絞所以收束衣服爲堅急者，此總解大小斂之絞。若細而分之，則別，故鄭注喪大記云：小斂之絞也，廣終幅，析其末，以爲堅之急也。大斂之絞，一幅三析用之，以爲堅之急也。云以布爲之，知者，下記云：凡絞紟用布，倫如朝服。注云：倫，比也。此絞直言從橫幅數，不言長短者，人有短長不定，取足而已。引喪大記證絞爲三析之事。緇衾赬裏無紞。[注]紞，被識也。斂衣或倒，被無別於前後可也。凡衾制同，皆五幅也。[音]赬，丑貞反，赤也。紞，丁敢反。識，申志反。[疏]釋曰：云斂衣或倒者，案下文云祭服不倒，則餘服有倒者，皆有領可記也。云被無別於前後可也者，被本無首尾，生時有紞爲記識前後，恐於後互換，死者一定，不須別其前後可也。云凡衾制同皆五幅也者。此無正文。喪大記云。紟五幅無紞。衾是紟之類。故知亦五幅。祭服次【注】爵弁服、皮弁服。【疏】釋曰。凡陳斂衣。先陳絞紟於上。次陳祭服於下。故云祭服次。至大斂陳衣。亦先陳絞紟衾。次陳君襚祭服。所以然者。以絞紟爲裹束衣。故皆絞紟爲先。但小斂美者在內。大斂美者在外。故小斂先布散衣。後布祭服。大斂則先布祭服。後布散衣。是小斂美者在內。大斂美者在外也。襲時美者在外。是三者相變也。散衣次【注】褖衣以下袍襺之屬。【音義】散，息但反。襺，古典反。【疏】注釋曰。袍襺有著之異名。同入散衣之屬也。凡十有九稱【注】祭服與散衣。【疏】釋曰。士之衣。唯有爵弁、皮弁、褖衣而已。云十九稱。當重之使充十九。必十九者。案喪大記小斂衣十有九稱。君陳衣於序東。大夫士陳衣于房中。注云衣十有九稱。法天地之終也。則天子以下皆同十九稱。言法天地之終數者。天地之初數天一地二。終數則云天九地十。人在天地之間而終。故取終數爲斂衣稱數。尊卑共爲一節也。陳衣繼之【注】庶襚。【疏】注釋曰。知庶襚者。以其襲時陳衣訖。乃云庶襚

乾隆四年校刊

繼陳不用。此亦陳衣訖，乃云陳衣繼之，明亦是庶襚。不必盡用。【注】取稱而已，不務多。【音義】盡，津忍反。【疏】釋曰：襲時言庶襚繼陳，則全不用。此陳衣繼之下云不必盡用，則兼用之，不必盡而已。以其小斂用衣多，主人自盡不足，故容用之也。【注】釋曰：云取稱而已不務多者，衆服雖多，不得過十九耳。○饌于東堂下，脯醢醴酒。冪奠用功布，實于簞，在饌東。【注】功布，鍛濯灰治之布也。凡在東西堂下者，南齊坫。古文奠爲尊。【音義】饌，劉牀轉反，一音仕眷反，後同。坫，丁念反。【疏】【注】釋曰：知功布鍛濯灰治之布者，案喪服傳云，冠六升，鍛而勿灰。七升已下鍛濯灰治之。是以殤大功章云：大功布衰裳。注云：大功布者，其鍛治之功麤沽之。則此云功布者，大功之布，故云鍛濯灰治之也。云凡在東西堂下者南齊坫，知者，既夕記云：設棜于東堂下，南順，齊于坫。饌于其上兩甒醴酒。若然，則凡設物於東西堂下者，皆南與坫齊，北陳之。堂隅有坫，以土爲之，或謂堂隅爲坫也。設盆盥于饌東，有巾。【注】爲奠設盥也。

事器故無洗也【疏】【注】釋曰云爲奠設盥也者謂爲奠人設盥洗及巾云喪事器故無洗也者直以盆[illegible]盥器也下云夏祝及執事盥執醴先酒即是於此盥也但諸文設洗篚者皆不言巾凡設洗篚不言巾者以其設洗篚篚內有巾可知故不言至於不就洗篚皆言巾者既不就洗篚恐揮之不用故言巾是以特牲少牢尸尊不就洗篚及此喪事器不就洗篚皆見巾是也

苴絰大鬲下本在左要絰小焉散帶垂長三尺牡麻絰右本在上亦散帶垂皆饌于東方【注】苴絰斬衰之絰也苴麻者其貌苴以爲絰服重者尚麤惡絰之言實也鬲搤也中人之手搤圍九寸絰帶之差自此出焉下本在左重服統於內而本陽也要絰小焉五分去一牡麻絰者齊衰以下之絰也牡麻絰者其貌易服輕者宜差好也右本在上輕服本

於陰而統於外散帶之垂者男子之道文多變也饌下
東方東坫之南苴絰爲上[illegible]苴七如反絰大結反鬲
音革文作搹同搤音厄
本又作扼
差初賣反【疏】釋曰此陳絰帶者以其小斂訖當服未成
服之麻故也云亦散帶垂者不言尺寸亦
與苴絰同並三尺【注】釋曰云苴絰斬衰之絰也者案喪
服斬衰章云喪服斬衰裳苴絰杖故知此苴絰斬衰之
絰云苴麻者其貌苴以爲絰者案禮記間傳云斬衰貌
若苴彼據人之形貌若苴麻明麻之形貌亦苴可知故
此指麻之貌苴者以爲絰云服重者尚麤惡者對齊衰
巳下服輕不尚麤惡故間傳云齊衰貌若枲大功貌若
止是不尚麤惡也云絰之言實也者檀弓云絰也者實
也鄭注喪服云明孝子有忠實之心是明孝子之心與
服相稱不虛服此服也云鬲搤也中人之手搤圍九寸
者此無正文喪服及此皆言苴絰大鬲鬲是搤物之稱
故據中人一搤而言大者據大拇指與大巨指搤之故
言大也云絰帶之差自此出焉者案喪服傳云苴絰大
搤左本在下去五分一以爲帶齊衰之絰斬衰之帶也
自此斬衰之帶差至緦麻之帶故云絰帶之差自此出

[illegible]下本在左重服統於內而本陽也者。謂斬衰統於
[illegible]以解本在下。而本陽以解在左。對齊衰之經右本在
上。輕服本於陰而統外。案雜記云。親喪外除。鄭云。日月
已竟而哀未忘。兄弟之喪內除。注云。日月未竟而哀已
殺。[illegible]言統內統外者。亦據哀在內外而言。本陽本陰者。
亦據父者子之天爲陽。母者子之地爲陰而言也。云要
經小焉五分去一者。亦據喪服傳而言。首經圍九寸。五
分之。五寸正去一寸。得四寸。餘四寸。每寸爲五分。四寸
爲二十分。去四分。得十六分。取十五分爲三寸。餘一分
在。總得七寸五分寸之一。彼傳因即分寸之至緦麻。云齊
衰之經斬衰之帶也。以其俱七寸五分寸之一。又去五
分一以爲帶。七寸取五寸。去一寸。得四寸。彼二寸。一寸
爲二十五分。二寸爲五十分。一分爲五分。添前爲五十
五分。總去十一分。餘有四十四分。二十五分爲一寸。添
前四寸爲五寸。仍有十九分在。是齊衰之帶。總有五十
二十五分寸之十九。彼又云大功之經齊衰之帶。以其
俱五寸二十五分寸之十九。又去五分一以爲帶。五寸
去一寸。得四寸。餘二十五分寸之十九者。一分爲五分
十分爲五十分。又九分者爲四十五分。添前五十總爲
九十五分。去一者。五十去十。四十五去九。總得七十六。

集釋無一有字是本同

據整寸破之而言。此四寸百二十五分寸之七十六。以爲小功之絰。大功之帶。以下仍有小功之帶。但小功之帶。以小功之絰又五分去一。下至緦麻之帶。皆以五倍破寸計之可知耳。云牡麻絰者齊衰以下之絰也者。案喪服。齊衰大功皆言牡麻絰。小功又言澡麻。則齊衰以下皆牡麻絰。傳曰。牡麻者枲麻也。對苴絰爲麻之有蕡。色如苴麤。則此牡麻色好者。故閒傳云。齊衰貌若枲。是以鄭云牡麻絰者其貌易服輕者宜差好也。云散帶之垂者男子之道文多變也者。此小斂絰有散麻帶垂之。至三日成服絞之。對婦人陰質初而絞之。與小功以下男子同。知饌于東方東坫之南苴絰爲上者。以其對下牀第夷衾之等在西坫南。故此亦在東坫南也。若然。絰直言東方。知不在東堂下東方者。以其小斂陳饌皆在東堂下。若此亦在東堂下。當言陳于饌東饌北。何須言東方乎。明此非東堂下也。知苴絰爲上者。以其經先言苴絰。明依此爲首南陳之也。

婦人之帶。牡麻結本。在房。注婦人亦有苴絰。但言帶者。記其異。此齊衰婦人。斬衰婦人亦有苴絰也。疏注釋曰。知婦人亦有苴絰者。喪服首云。苴絰杖。下經男子婦人俱陳。則婦人亦有苴絰。禮記服問之等。每云婦人麻絰之事。故知婦人亦有苴絰。今直絰不言婦人苴絰者。記其異。謂男子帶有散麻。婦人則結本。是其異者。且男子小功緦麻。小斂有帶則絞之亦結本。婦人帶絰本。可以兼之矣。云此齊衰婦人者。以其牡麻。直言齊衰以下至緦麻皆同牡麻也。云斬衰婦人亦苴絰也者。此亦據帶而言。以其帶亦名絰。則喪服云苴絰杖。鄭云。麻在首在要皆曰絰。杖絰既兼男女。則婦人有苴麻爲帶絰可知。絰不言者。以義可知。故省文也。此帶牡麻兼男子小功以下。陳之則別處。以其男子陳之于坫南。此經云在房。明知異處也。

牀第夷衾。饌于西坫南。【注】第。簀也。夷衾覆尸之衾。喪大記曰。自小斂以往用夷衾。夷衾質殺之裁猶冒也。【釋文】殺。色界反。【疏】釋曰。云夷衾覆尸之衾者。小斂訖。奉尸夷于堂。幠用夷衾。衾矣。故陳之於西坫南。案曲禮云。在牀曰尸。在棺曰柩。此夷衾。小斂以往用之覆尸柩。今直言覆尸者。鄭據此小斂未入棺而言。云喪大記曰自小斂以往用夷衾者。對小斂已前用大斂之衾。今小斂以往。大斂之衾當陳之。故用夷衾。證小斂不用之。兼明夷衾之制。鄭云小斂以往。則此夷衾本爲覆尸覆柩。不用入棺矣。是以將葬啓殯覆棺亦用之矣。云夷衾質殺之裁猶冒也者。案上文冒之材云。冒緇質。長與手齊。赬殺。掩足。注云。上曰質。下曰殺。此作夷衾亦如此。上以緇。下以赬。連之乃用也。其冒則韜下韜上訖。乃爲綴旁使相續。此包與形制大同。而連與不連則異也。

西方盥如東方。爲舉者設盥也。如東方者亦用盆布巾。餕於西堂下。

疏釋曰。云爲舉者設盥也者。謂將舉尸者。則下經士盥二人是也。云西堂下。知者。以其東方盥在東堂下。則知此西方亦在西堂下可知。

陳一鼎于寢門外。當東塾少南。西面。其實特豚。四鬄。去蹄。兩胉。脊。肺。設扃鼏。鼏西末。素俎在鼎西。西順。覆匕。東柄。[柄當作枋]

注鬄。解也。四解之。殊肩髀而已。喪事略。去蹄。去其甲。爲不潔清也。胉。脅也。素俎。喪尚質。既餕。將小斂。則辟襲奠。今文鬄爲剔。

膉爲迫，古文鼏爲密。【音義】鬄，託歷反。蹄，大兮反。胉，音博，劉音百，又音魄，脊也。鬲，古覈反。髀，步啟反，又必爾反，下文同。脟，卑亦反。【疏】釋曰：此亦爲小斂奠陳之。鼏用茅爲編，言西末，則茅本在東。【注】釋曰：云「四解之，殊肩髀而已，喪事畧」者，凡牲體之法有二：一者四解而已，此經直云四鬄，即云去蹄，明知殊肩髀爲四段。案《士冠禮》云：「若殺，則特豚，載合升。」注云：「合左右胖。」此下文大斂亦云「豚合升」，則吉凶之禮，豚皆合升。而鄭云喪事畧者，但喪中之奠雖用陳牲，亦四解，故既夕葬奠云「其實羊左胖，豕亦如之」，是以鄭總釋喪中四解之事，故云喪事畧。若禘郊大祭，雖吉祭亦有先豚解，後爲體解，是以《禮運》云：「腥其俎，孰其殺。」鄭云：「腥其俎，謂豚解而腥之；孰其殺，謂體解而爓之。」《國語》亦云：「禘郊之事則有全脀，王公立飫則有房脀，親戚燕飲則有殽脀。」若然，禘郊雖先有全脀，後亦有豚解、體解，《禮運》所云者是也。若然，此經云四鬄，并兩胉、脊與脅，總爲七體，若豚解皆然也。云「既饌將小斂，則辟襲奠」者，即始死之奠，襲後改爲襲奠，以恐妨斂事，故知辟襲奠。前襲時已辟之，今將小斂亦辟之，亦當於室之西南隅，如將大斂，辟小斂奠於西序南也。凡奠在室外經宿者，皆辟之於序西南。是以小斂奠與祖奠等皆稱之於序西南。朝廟遷祖之奠不設於序西南以其以再設爲褻。是以遷之即設新者也。○士盥二人以竝東面立于西階下。注立俟舉尸也。今文竝爲併。疏注釋曰。舉尸謂小斂從襲牀爲遷尸於戶內服上。即下文士舉遷尸反位是也。布席于戶內下莞上簟。注有司布斂席也。商祝布絞衾散衣祭服祭服不倒美者在中。注斂者趨方或顛倒衣裳。祭服尊。不倒之也。美。善也。善衣後布於斂則在中也。既後布祭服。而又言善者在中。明每服非一稱也。音顛本又作顛倒丁老反。疏注釋曰。云斂者趨方或顛倒衣裳者。以其襲時衣裳少。不倒。小斂十九稱衣裳多。取其要方。除祭服之外。或倒或否。云祭服尊不倒者。士之助祭服則爵弁服皮弁服。并家祭服玄端亦不倒也。云善衣後布於斂則在中也者。以其斂衣半在尸上。今於先布者在下。則後布者在中可知也。云既後

石經作到

張淳云監本喪作變從之

布祭服而又言善者在中明每服非一稱也者。欲見祭服又在散衣之下。即是後布祭服。祭服則是善者。復云善者在中。則祭服之中更有善者可知。故云每服非一稱。以其總十九稱之中。善者非一稱也。士舉遷尸反位。〔注〕遷尸於服上。設牀第于兩楹之閒。衽如初。有枕。〔注〕衽。寢臥之席也。亦下莞上簟。〔疏〕〔注〕釋曰。曲禮云。請席何鄉。請衽何趾。鄭云。坐問鄉。臥問趾。因於陰陽。是衽爲臥席。云亦下莞上簟者。詩斯干。宣王寢席而言下莞上簟。是尋常寢席。無問貴賤。皆下莞上簟。卒斂。徹帷。〔注〕尸已飾。主人西面馮尸。踊無筭。主婦東面馮。亦如之。〔注〕馮。服膺之。〔音義〕馮。音憑。後皆同。主人髺髮袒。衆主人免于房。〔注〕始死。將斬衰者雞斯。將齊衰者素冠。今至小斂變。又將初喪服也。髺髮者。去笄纚而紒。衆主人免者。齊衰將袒。以免代冠。冠。服之尤尊。不以

釋文今著無之字通志堂本作令著訛

袒也。免之制未聞。舊說以爲如冠狀，廣一寸。喪服小記曰：斬衰髺髮以麻，免而以布。此用麻布爲之，狀如今之著幓頭矣。自項中而前，交於額上，卻繞紒也，于房于室。釋髺髮宜於隱者。今文免皆作絻，古文髺作括。【音義】髺，音括。劉音活。免，音問。後放此。斯，所買反。劉霜綺反。下作纚同。紒，音計。著，丁畧反。幓，七消反。絻，音問。【疏】曰：知始死將斬衰者雞斯者，案禮記問喪云：親始死，雞斯徒跣。鄭注云：雞斯當爲笄纚。以成服乃斬衰，是始死未斬衰。故云始死將斬衰者雞斯也。云將齊衰者素冠者，喪服小記云：男子冠而婦人笄，冠笄相對。問喪親始死，男子云笄纚，明齊衰男子素冠可知。云今至小斂變者，謂服麻之節，故云變也。云又將初喪服也，髺髮者，去笄纚而紒者，此即喪服小記云斬衰髺髮以麻，爲母髺髮以麻免而以布，是母雖齊衰，初以髺髮與斬衰同，故云去笄纚而紒，紒上著髺髮也。云衆主人免者，齊衰將袒以免代冠，若然，小斂節與斬衰髺髮同時，此皆據男子。

若婦人斬衰，婦人以麻爲髽；齊衰，婦人以布爲髽。其髽髮皆以麻布自項而向前，交於額上，卻繞紒，如著幓頭焉。免亦然，但以布廣一寸爲異也。云「于房」「于室」，釋髽髮宜于隱者。并上文婦人髽于室兼言之也。

婦人髽于室。【注】始死，婦人將斬衰者去笄而纚，將齊衰者骨笄而纚。今言髽者，亦去笄纚而紒也。齊衰以上至笄猶髽。髽之異於髺髮者，既去纚而以髮爲大紒，如今婦人露紒，其象也。檀弓曰：「南宮縚之妻之姑之喪，夫子誨之髽，曰：爾毋縱縱爾，爾毋扈扈爾。」其用麻布，亦如著幓頭然。【音義】髽，側瓜反。縚，他刀反。毋音無。縱，范音總，劉又在紅反。扈扈音戶。

【疏】釋曰：知婦人將斬衰者去笄而纚者，喪服小記云「男子冠而婦人笄」，冠笄相對，將斬衰男子既去冠而著笄纚，則婦人將斬衰亦去笄而纚可知。又知將齊衰者骨笄而纚者，上引男子齊衰始死素冠，則知婦人將齊衰骨笄而纚也。云「今言髽者亦去笄纚而紒也者，謂今至小斂節，亦如上將斬衰男子去笄纚而髻髮，則此將斬衰婦人亦去笄纚而麻髽，齊衰婦人去骨笄與纚而布髽矣。鄭不云斬衰婦人去纚，而云去笄纚者，專據齊衰婦人而言，文略故也。鄭所以云而紒，紒即髽也，故喪服注亦云髽露紒也。云齊衰以上至笄猶髽者，謂從小斂著未成服之髽，至成服之笄猶髽不改，至大斂殯後，乃著成服之髽代之也。云髽之異於髻髮者，既去纚而以髮爲大紒，如今婦人露紒其象也者，古者男子婦人吉時皆有笄纚，有喪至小斂，則男子去笄纚著髻髮，婦人去纚而著髽。髽形先以髮爲大紒，紒上斬衰婦人以麻，齊衰婦人以布，其著之如男子髻髮與免，故鄭引檀弓縱縱爾爾之後，乃云其用麻布亦如著幓頭然。既髻髮與髽皆如著幓頭，而異爲名者，以男子陽，外物爲名而謂之髻髮；婦人陰，內物爲稱而謂之髽也。但經云婦人髽于室者，男子髻髮與免在東房，若相對，婦人宜髽于西房。大夫士無西房，故於室內戶西，皆於隱處爲之也。

士舉男女奉尸，侇于堂，幠用夷衾。男女如室位，踊無筭。【注】侇之言尸也。夷衾，覆尸柩之衾也。

堂謂楹閒牀第上也。今文俠作夾。[音義]俠音夾。[疏][注]釋曰：云俠之言尸也者，尸之衾曰夷衾，尸之牀曰夷牀，幷此經俠尸不作移字皆作俠者，俠人旁作之，故鄭注喪大記皆异依尸爲言也。云幠用夷衾者，初死幠用大斂之衾，以小斂之衾當陳，今小斂後，大斂之衾當擬大斂，故用覆棺之夷衾以覆尸也。

主人出于足，降自西階，衆主人東卽位，婦人阼階上西面。主人拜賓，大夫特拜，士旅之，卽位踊，襲絰于序東，復位。[注]拜賓，鄉賓位拜之也。卽位踊，東方位。襲絰于序東，東夾前。[音義]鄉許亮反。夾古洽反，劉古協反。[疏]釋曰：云衆主人東卽位者，雖無降階之文，當從主人降自西階，主人就拜賓之時，衆主人遂東卽位於阼階，以主人位東西面也。於時阼階空，故婦人得向阼階上西面也。[注]釋曰：云拜賓，鄉賓位拜之也者，經云主人降自西階，卽云主人拜賓，明不卽位面先拜賓，是主人鄉賓位拜賓可知。云卽位踊，東方位者，謂主人拜賓訖，卽鄉東方阼階下卽西面位踊。

乾隆四年校刊　儀禮注疏卷十二　士喪禮　三五

踊訖襲經也。云襲經于序東東夾前者，經云主人降自西階，更無升降之文，而云序東東夾前者，主人即位踊訖而去，襲經于序東，謂鄉堂東，東西當序牆之東，又當東夾之前，非謂就堂上東夾前也。云復位者，復阼階下位。

西面。○乃奠。注 執事爲之。舉者盥，右執匕，卻之，左執俎，横攝之，入，阼階前西面錯，錯俎北面。注 舉者盥，出門舉鼎者，右人以右手執匕，左人以左手執俎，因其便也。攝，持也。西面錯，錯鼎於此宜西面。錯俎北面，俎宜西順之。音 錯，七故反，下及注同。便，婢面反。疏 釋曰：右執匕左執俎者，謂鄉北入内，東方爲右人，西方爲左人，故鄭云右人以右手執匕，左人以左手執俎，各用内手，舉鼎外手執匕俎，故云便也。云錯鼎於此宜西面者，對在門外時北面陳鼎，鄉内爲宜也。右人左執匕，抽扃予左手，兼執之。取鼏，委于鼎北，加扃，不坐。注 抽扃取鼏，加扃於鼏上。

皆右手。今文扃爲鉉，古文予爲于，鼏爲密。【疏】【注】釋曰：云抽扃取鼏，加扃於鼏上，皆右手者，以其經云左執匕，即云抽扃予左手，幷執之，不言用右手，故鄭明之。以其右人用左手執匕，即知抽扃以下用右手，似若左執爵用右手祭脯醢，取便也。乃朼載，載兩髀于兩端，兩肩亞，兩胉亞，脊肺在於中，皆覆。進柢，執而俟。【注】乃朼，以朼次出牲體，右人也。載，受而載於俎，左人也。亞，次也。凡七體，皆覆，爲塵。柢，本也。進本者，未異於生也。骨有本末。古文朼爲匕，髀爲脾。今文胉爲迫，柢皆爲胝。【音義】朼，必李反。柢，丁計反，後同。髀，必爾反，又毗支反。胝，劉音帝。【疏】【注】釋曰：凡七體者，前左右肩臂臑屬焉，後左右髀膊胳屬焉，幷左右脅通脊爲七體也。案下文大斂豚合升，言合升則髀亦升之矣。凡言合升，多言皆幷髀升，非獨喪禮。若體解升者，皆髀不升，鄭云近竅賤也。云皆覆爲塵者，諸進體皆不言覆，此言覆者，亡無尸而不食。

故覆之也。云進本者未異於生也者。公食大夫亦進本。是生人法。今以始死。故未異於生也。夏祝及執事盥執醴先酒脯醢俎從升自阼階丈夫踊甸人徹鼎巾待于阼階下〔注〕執事者諸執奠事者。巾功布也。執者不升己不設祝既錯醴將受之〔音義〕從。劉才用反。〔疏〕釋曰。云甸人徹鼎巾者。以其空無事。故徹。案公食大夫云。甸人舉鼎順出奠于其所。謂當門也。或云徹鼎者誤。何者。前陳饌于東堂下。脯醢醴酒冪奠用功布。實于簞。何徹之有也。〔疏〕釋曰。云執者不升己不設祝既錯醴將受之者。此執者不升。雖據執巾者。故鄭云祝既錯醴將受之。當以覆酒醴。故下云祝受巾。是也。奠于尸東執醴酒北面西上〔注〕執醴酒者先升。尊也。立而俟後錯。要成也。豆錯俎錯于豆東立于俎北西上醴酒錯于豆南祝受巾巾之由足降自西階婦人踊奠者由重南東丈夫踊。【注】巾之，爲塵也。東，反其位。【音義】巾，巾，竝如字，劉下居覲反。垂，直龍反。【疏】釋曰：云「由足降自西階，婦人踊」者，主人位在阼階下，婦人位在上，故奠者升，丈夫踊；奠者降，婦人踊。各以所見先後爲踊之節也。云「奠者由重南東，丈夫踊」者，此奠者奠訖，主人見之，更與主人爲踊之節也。奠者降反位，必由重南東者，以其重主道，神所馮依，不知神之所爲，故由重南東而過。是以主人又踊也。【疏】釋曰：云「東反其位」者，其位蓋在盆盥之東，南上。

賓出，主人拜送于門外。【注】廟門外也。【疏】【注】釋曰：「廟門」者，士死于適室，以鬼神所在則曰廟，故名適寢爲廟也。

乃代哭，不以官。【注】代，更也。孝子始有親喪，悲哀憔悴，禮防其以死傷生，使之更哭，不絕聲而已。人君以官尊卑，士賤，以親疏爲之。三日之後哭無時。周禮挈壺氏：「凡喪，縣壺以代哭。」【音義】坊，音房，本亦作防。挈，苦結反。縣，音懸。【疏】釋曰：此經論君及大夫士於小斂之後，隨尊卑代哭之事。【注】釋曰：云

代更音庚下同憔悴在遥反下在季反禮

乾隆四年校刊

人君以官尊卑士賤以親疏爲之者。案喪大記云。君喪縣壺乃官代哭。大夫官代哭不縣壺。士代哭不以官。注云。自以親疏哭也。此注不言大夫。舉人君與士。其大夫有大記可參。以官可知。故不言也。云三日之後哭無時者。禮有三無時之哭。始死未殯。哭不絕聲。一無時。殯後葬前。朝夕入於廟阼階下哭。又於廬中思憶則哭。是二無時。既練之後。在堊室之中。或十日或五日一哭。是三無時。練前葬後。有朝夕於阼階下哭。唯此有時。無無時之哭也。引挈壺氏者。證人君有縣壺爲漏刻分。更代哭法。大夫士則無縣壺之義也。○有襚者則

將命。擯者出請入告。主人待于位。【注】喪禮畧於威儀。既小斂。擯者乃用辭。出請之辭曰。孤某使某請事。【疏】釋曰。云喪禮畧於威儀既小斂擯者乃用辭者。案上文始死云有賓則拜之。君使人弔。皆不云擯者出請入告之事。至此乃云擯者出請入告。是喪禮畧於威儀。既小斂擯者乃用辭也。云出請之辭曰孤某使某請事者。此約雜記諸侯使人弔鄰國諸侯之喪。嗣君在阼階之下。使擯者出請云。孤某使某請事。此亦宜然。故引爲證也。

擯

者出告須以賓入【注】須亦待也出告之辭曰孤某須矣【疏】【注】釋曰云出告之辭曰孤某須矣者此約雜記辭爲證也賓入中庭北面致命主人拜稽顙賓升自西階出于足西面委衣如於室禮降出主人出拜送朋友親襚如初儀西階東北面哭踊三降主人不踊【注】朋友既委衣又還哭於西階上不背主人【疏】釋曰云朋友親襚如初儀者謂初死時庶兄弟襚使人以將命于室朋友襚親以進親之恩是也云西階東北面哭踊三降主人不踊者案前初死朋友襚親以進退哭不踊注云主人徒哭不踊以爲朋友不哭主人徒哭此云朋友堂上北面哭據朋友哭知上文退哭非朋友哭者謂上文朋友君命俱來君之使者不哭朋友亦不哭故退哭據主人此朋友特來無君命故哭與彼異不可相決襚者以褶則必有裳執衣如初徹衣者亦如之升降自西階以東【注】帛爲褶

乾隆四年校刊

無絮。雖複與襌同。有裳乃成稱。不用表也。以東。藏以待事也。古文褶爲襲。【音義】褶。音牒。一特獵反。複。方復反。襌。音丹。【疏】釋曰。案喪大記云。小斂君大夫複衣複衾。大斂君褶衣褶衾。大夫士猶小斂也。若然。則士小斂大斂皆同用複。而襚者用褶者。褶者所以襚。主人未必用之斂耳。【注】釋曰。云帛爲褶無絮雖複與襌同有裳乃成稱不用表也者。此據雜記云。子羔之襲也。繭衣裳與稅衣乃爲一稱。以其絮褻。故須表。此雖有表裏爲褶。衣裳別。則裳又無絮。非褻。故有裳乃成稱。不須表也。言雖複與襌同者。案喪大記。君大夫士褶衣與複衣相對。有著爲複。無著爲褶。散文褶亦爲複也。案喪大記。有衣必有裳乃成稱。據襌衣祭服之等而言。此褶雖複與襌同。亦得裳乃成稱也。云不用表也者。見異於袍繭也。云藏以待事也者。以待大斂事而陳之也。

〇宵爲燎于中庭。【注】宵。夜也。燎。大燋。【音義】燎。力召反。或力弔反。燋。劉哉約反。又祖堯反。一哉益反。本作爝。【疏】注釋曰。案少儀云。主人執燭抱燋。注云。未爇曰燋。古者以荆燋爲燭。故云燎大燋也。或解庭燎與手執爲燭別。故郊牲云。庭燎之百。由齊桓公始也。注云。僭天子也。庭燎之差。公蓋五十。侯伯子男皆三十。大夫士無文。或云以布纏葦。以脂灌之。謂之庭燎。則此云庭燎亦如之。云大者。對手執者爲大也。○厥明滅燎

陳衣于房。南領。西上。綪。絞紟衾二。君襚祭服散衣庶襚凡三十稱。紟不在算。不必盡用。

[注]紟。單被也。衾二者。始死斂衾。今又復制也。小斂衣數。自天子達。大斂則異矣。喪大記曰。大斂布絞。縮者三。橫者五。[音義]紟。其鴆反。劉居鴆反。下皆同。盡。津忍反。復。扶又反。[疏]釋曰。云君襚祭服散衣者。士祭服有助祭爵弁服。自家祭玄端服。散衣。非祭服朝服之等。云庶襚者。謂朋友兄弟之等來襚者也。云紟不在算者。案喪大記。紟五幅無紞。鄭云。今之單被也。以其不成稱。故不在數內。云不必盡用者。案周禮守祧職云。其遺衣服藏焉。鄭云。遺衣服。大斂之餘也。即此不盡用者也。[注]釋曰。云衾二者。始死斂衾。今又復制者。此大斂之衾二。始死幠用斂衾。以小斂之衾當陳之。故用大

斂衾。小斂巳後用夷衾覆尸。故知更制一衾。乃得二也。云小斂衣數自天子達者。案喪大記。君大夫小斂巳下同云十九稱。則天子亦十九稱。鄭注云。十九稱。法天地之終數也。案易繫辭生成之數。從天一地二天三地四天五地六天七地八天九地十。是十九爲天地之終數。云大斂則異矣者。案此文士喪大斂三十稱。喪大記士三十稱。大夫五十稱。君百稱。不依命數。是亦喪數畧。則上下之大夫及五等諸侯各同一節。則天子宜百二十稱。此鄭雖不言襲之衣數。案雜記注云。士襲三稱。大夫五稱。公九稱。諸侯七稱。天子十二稱與。以其無文。推約爲義。故云與以疑之。東方之饌。兩瓦甒。其實醴酒。角觶。木柶。毼豆兩。其實葵菹芋。蠃醢。兩籩無縢。布巾。其實栗不擇。脯四脡。[疏]此饌但言東方。則亦在東堂下也。毼。白也。齊人或名全菹爲芋。縢。緣也。詩云。竹柲緄縢。布巾。籩巾也。籩豆具而有巾。盛之也。特牲饋食禮有籩巾。今文蠃爲蝸。古文滕爲旬。【音義】甒，亾甫反。毼，苦瞎反。贏，力禾反。眹，大登反。脡，大頂反。緣，悅面反。緄，古本反。劉古魂反。【疏】【注】釋曰：云此饌但言東方，則亦在東堂下也者，案上小斂之饌云于東堂下，此直言東方，則亦東堂下。鄭云亦者，亦上小斂也。云齊人或名全菹爲芋者，案鄭於周禮醢人注云：細切爲齏，全物若牒爲菹。若然，凡菹者全物不得芋名。此云齊人名全菹爲芋者，菹法舊短四寸者全之，若長於四寸者亦切之，則葵長者自然切乃爲菹。但喪中之菹葵雖長而不切，取齊人全菹爲芋之解也。引詩者，欲見滕爲緣義。云籩豆具而有巾，盛之也者，案小斂一豆一籩，籩豆不具，故無巾。若然，籩有巾，豆無巾者，以豆盛菹醢溼物，不嫌無巾，故不言，其實有巾矣。案此注引特牲記籩巾，鄭彼注云：籩有巾者，果實之物多皮核，優尊者。此言盛之，不同，引之者，以其彼爲尸，尸食，故云優尊者。此爲神，神不食，故云盛之。引之直取證有巾覆之同。

奠席在饌北，斂席在其東。【注】大斂奠而有席，彌神之。【疏】【注】釋曰：云彌神之者，以其小斂奠無巾，大斂奠有巾，巳是神之，今於大斂奠又有席，是彌神之也。○掘肂見衽。【注】肂，埋

乾隆四年校刊

棺之坎也。掘之於西階上。衽，小要也。喪大記曰：君殯用輴，欑至於上，畢塗屋。大夫殯以幬，欑置于西序，塗不暨于棺。士殯見衽，塗上帷之。又曰：君蓋用漆，三衽三束；大夫蓋用漆，二衽二束；士蓋不用漆，二衽二束。【音義】掘，其勿反。又其月反。肂，以二反，劉音四。見，賢遍反。衽，而甚反。要，一遙反。輴，勅倫反。欑，在官反。暨，其器反。【疏】【注】釋曰：云「肂，埋棺之坎也」者，肂訓爲陳，謂陳尸於坎。鄭即以肂爲埋棺之坎也。知於西階上者，檀弓孔子云：「夏后氏殯於東階，殷人殯於兩楹之間，周人殯於西階之上。」故知士亦殯於西階之上。此殯時雖不言南首，南首可知。鄭注上文云「如商祝之事位，則尸南首」。檀弓又云：「葬於北方北首，三代之達禮也。」禮運云：「故死者北首，生者南鄉。」亦據葬後而言，則未葬已前不忍異於生，皆南首。唯朝廟時北首，故既夕云「正柩于兩楹閒，用夷牀」，注云「是時北首」。必北首者，朝事當不背父母，以首鄉之故也。引喪大記者，云「畢塗屋」者，畢，盡也。四面及上盡塗之，如屋然。

云大夫殯以幬攢置于西序者，大夫不得如人君於西階離序而四面攢之，大夫但遍西序，以木幬覆棺，攢置於西序。云塗不暨於棺者，彼注云：攢中狹小，裁取容棺。暨，及也。但攢木不及棺而已。云士殯見衽塗上者，即此經掘肂而見其小要，於上塗之而已。云帷之者，鬼神尙幽闇，君大夫士皆同也。云又曰君蓋用漆三衽三束者，古者棺不釘，彼鄭注云：用漆者，塗合牝牡之中也。衽，小要也。棺蓋每一縫爲三道小要，每道爲一條皮束之。故云君蓋用漆三衽三束，大夫士降于君，故二衽二束，大夫有漆，士無漆也。引之者，證經肂與衽之義也。

棺入，主人不哭。升棺用軸，蓋在下。【注】軸，輁軸也。輁狀如牀。軸其輪，輓而行。【音義】軸，大六反。輁，九勇反。輓，音晚，本又作挽。【疏】注釋曰：云輁狀如牀，軸其輪者，此注文畧。案既夕云遷于祖用軸，注云：軸，輁軸也。軸狀如轉轔，刻兩頭爲軹。輁狀如長牀，穿桯前後著金而關軸焉。大夫諸侯以上有四周，謂之輴。天子畫之以龍是也。

熬黍稷各二筐，有魚腊，饌于西坫南。【注】熬，所以惑蚍蜉，令不至棺旁也。爲舉

乾隆四年校刊　　儀禮注疏卷十二　士喪禮　四十二

者設盆盥於西。【音義】熬，五刀反。蚍，音毗。蜉，音浮。【疏】釋曰：喪大記云：熬，君四種八筐，大夫三種六筐，士二種四筐，加魚腊焉。注云：熬者，煎穀也。將塗，設於棺旁，所以惑蚍蜉，使不至棺也。引此士喪禮曰熬黍稷各二筐，又云設熬旁一筐，大夫三種加以粱，君四種加以稻，四筐則首足皆一，其餘設於左右。若然，則此士二筐，首足各一筐，其餘設於左右可知也。云爲與者設盆盥於西者，以小斂既云設盆盥饌於東方，明大斂用西方之盆盥矣。以其先陳盥，後陳鼎，故於鼎上言之也。○陳三鼎于門外，北上。豚合升，魚鱄鮒九，腊左胖，髀不升，其他皆如初。【注】合升，合左右體升於鼎。其他皆如初，謂豚體及匕俎之陳，如小斂時。合升四鬄，亦相互耳。【音義】鱄，市轉反，劉市專反。鮒，音附。胖，音判。【疏】釋曰：云其他皆如初，謂豚體及匕俎之陳如小斂時者，謂豚匕體之等，一依前斂時也。云合升四鬄亦相互耳者，小斂云四鬄，四解爲七體，亦左右體合升；合升左右體，亦四解可知也，故云相互也。燭俟于饌東【注】燭燋也饌東方之饌有燭者堂雖明室猶闇火在地曰燎執之曰燭【疏】【注】釋曰云堂雖明室猶闇者前小斂陳衣於房無燭者近尸得明故無燭此大斂于室之奧故有燭以待之云在地曰燎者謂若郊特牲云庭燎之百又詩曰庭燎之光如此之類者皆在地曰燎此云執之曰燭及少儀云主人執燭抱燋此之類皆是人之手執燭也庭燎見燕禮亦謂之大燭也司烜氏亦謂之墳燭也○祝徹盥于門外入升自阼階丈夫踊【注】祝徹祝與有司當徹小斂之奠者小斂設盥于饌東有巾大斂設盥于門外彌有威儀【疏】【注】釋曰此直云祝徹盥于門外者不知何時設此案上小斂陳饌訖即言設盥則陳大斂饌訖亦設盥於門外也○祝徹巾授執事者以待【注】授執巾者於尸東使先待於阼階下爲大斂奠又將巾之祝還徹醴也【疏】【注】釋曰云授執巾者於尸東使先待於阼階下者此巾前爲小

斂奠巾之。今祝徹巾。還爲大斂奠巾之。前小斂奠升自阼階。設于尸東。祝受巾於阼階下而升。今大斂奠亦升自阼階。設于奥。亦宜受巾於阼階下而升。故知祝授巾於執巾者。使先待于阼階下也。又知祝還徹醴者。下文徹饌先取醴故也。

徹饌先取醴酒北面。【注】北面立相待俱降。其餘取先設者出于足。降自西階。婦人踊。設于序西南。當西榮。如設于堂。【注】爲求神於庭。孝子不忍使其親須臾無所馮依也。堂謂尸東也。凡奠設于序西南者。畢事而去之。【疏】【注】釋曰。云堂謂尸東也者。謂如尸東堂上陳設之次第。故云尸東也。云凡奠設于序西南者畢事而去之者。言凡奠。謂小斂奠。大斂奠。遷柩奠。祖奠。但將設後奠。則徹先奠於西序南。待後奠事畢則去之。故小斂奠設之於此。不巾以不久設故也。

醴酒位如初。執事豆北。南面東上。【注】如初者。如其醴酒北面西上也。執醴尊。不爲便事變位【疏】釋曰：前設小斂奠于尸東牀，醴酒先升，北面西上，執豆俎者立于俎北西上。至此執豆俎者豆北俎上，爲便事，事訖向東爲便，故東上，變位。以執醴者尊，仍西上，是不得爲便事變位也。乃適饌【注】東方之新饌。【疏】釋曰：以其將設大斂新饌於室，故知是新饌也。○帷堂【注】徹事畢。○婦人尸西，東面。主人及親者升自西階，出于足，西面袒。【注】袒，大斂變也。不言髽免髻髮，小斂以來自若矣。【疏】釋曰：知袒爲大斂變者，前將小斂袒，今言袒，下文即行大斂事，故知爲大斂變也。云不言髽免髻髮，小斂以來自若矣者，決前小斂袒，男有髻髮，婦人有髽，今大斂袒不言者，自小斂以來有此，至成服乃改。若，如也。自如常有，故不言之也。士盥位如初【注】亦既盥竝立西階下。【疏】釋曰：言亦者，亦如小斂時士盥二人竝立于西階下，以待遷尸也。布席如初【注】亦下莞上簟，鋪於阼階上，於楹閒爲少南。【音義】鋪，普吳反，又音孚。【疏】釋曰。布席如初。初。謂小斂時下莞上簟。云鋪於阼階上者。案喪大記云。小斂於戶內。大斂於阼。是也。云於楹閒爲少南者。取南北節。以其言阼階上。故知於楹閒爲少南。近阼階也。

商祝布絞紟衾美者在外。君襚不倒。【注】至此乃用君襚。主人先自盡。【疏】【注】釋曰。云至此乃用君襚主人先自盡者。喪大記。君無襚大夫士。注云。不陳不以斂。彼無襚大夫士。止謂不陳爲小斂用之。故云無襚大夫士。以其上文士喪始死。君使人襚。何得云君全無襚大夫士也。故以不陳不以斂解之。至大斂乃用君襚。於小斂所用。主人先自盡也。

有大夫則告。【注】後來者則告以方斂。非斂時則當降拜之。【疏】【注】釋曰。案檀弓。大夫弔。當事而至則辭焉。注云。辭猶告也。擯者以主人有事告也。主人無事。則爲大夫出。喪大記云。士之喪。於大夫。不當斂則出。注云。父母始死悲哀。非所尊不出也。上文有君命。則出迎於門外。是始死唯君命出。若小斂後則爲大夫出。故雜記云。當袒大夫至。雖當踊絕踊而拜之。反改成踊。若士來。則成踊乃拜之也。

士舉遷尸復位。主人踊無

算。卒斂，徹帷。主人馮如初。主婦亦如之。【疏】釋曰：士舉遷尸，謂從戶外夷牀上遷尸於斂上。○主人奉尸斂于棺，踊如初，乃蓋。【注】棺在肂中，斂尸焉，所謂殯也。檀弓曰：殯於客位。【疏】釋曰：云奉尸斂于棺，謂從阼階斂上遷尸鄉西階，斂于棺中，乃加蓋於棺上也。【注】釋曰：云棺在肂中斂尸焉者，欲見先以棺入肂中，乃奉尸入棺中。云所謂殯也者，即所引檀弓殯於客位者是也。以尸入棺名斂，亦名殯也。主人降，拜大夫之後至者，北面視肂。【注】北面於西階東。【疏】【注】釋曰：小斂後，主人阼階下。今殯後，拜大夫後主者。殯訖，不忍開阼階，因拜大夫，即於西階東北面視肂而哭也。眾主人復位，婦人東復位。【注】阼階上下之位。【疏】【注】釋曰：眾主人與婦人於殯無事，故殯後即鄉東阼階上下之位也。設熬，旁一筐，乃塗，踊無算。【注】以木覆棺上而塗之，為火備。卒塗，祝取銘置于肂。主人復位，踊襲。【注】爲銘設柎，樹之肂東。【音義】爲，于僞反。柎，方于反。【疏】【注】釋曰：上文始死則作銘訖，置于重。今殯訖，取置于肂上。銘所以表柩故也。云肂東者，以不使當肂，於東可知。○乃奠燭，升自阼階，祝執巾席從，設于奧，東面。【注】執燭者先升堂照室。自是不復奠於尸。祝執巾與執席者從入，爲安神位。室中西南隅謂之奧。執燭南面，巾委於席右。【音義】從，才用反。奧，一報反。【疏】【注】釋曰：云執燭者先升堂照室者，以其設席于奧，當先照之爲明也。云自是不復奠於尸者。鄭欲解自始死已來，襲奠、小斂奠、大斂奠不在西階上，就柩所，故于室內設之。則自此以下，朝夕奠、朔月薦新奠，皆不於尸所，總解之。知執燭南面者，以其燭先入室，南面照之便故也。云巾委于席右者，以巾爲神，故知委於席右也。祝反降，及執事執饌。【注】東方之饌。士盥，舉鼎入，西面北上，如初。載魚左首，進鬐，三列。腊進柢。【注】如初如小斂舉鼎執匕俎扃鼏朼載之儀魚左首設而在南鬐脊也左首進鬐亦未異於生也凡未異於生者不致死也古文首爲手鬐爲耆【音義】鬐巨之反【疏】【注】釋曰云左首進鬐亦未異於生也者案公食右首進鬐此云左首則異於生而云亦未異於生者下文注載者統於執設者統於席彼公食言右首據席而言此左首據載者統於執若設於席前則亦右首也云不致死也者檀弓云之死而致死之不仁而不可爲也今進魚不異於生則亦是之死不致死之故引爲證也祝執醴如初酒豆籩俎從升自阼階丈夫踊甸人徹鼎【注】如初祝先升【疏】【注】釋曰以其小斂祝執醴醴在先此云如初故知祝先升也奠由楹內入于室醴酒北面【注】亦如初【疏】【注】釋曰以其小斂之醴酒先升北面西上此經亦言北面明與小斂同故云亦如初謂如初小斂經不言如初文略也設豆右菹菹南栗栗東脯豚

當豆。魚次。腊特于俎北。醴酒在籩南。巾如初。【注】右菹。菹在醢南也。此左右異於魚者，載者統於執，設者統於席。醴當棗南，酒當脯南。【疏】釋曰：云設豆右菹者，凡設醢菹常在右，今特言之者，此從北鄉南而陳，嫌先設者在左，故言右。言右菹，則醢自然在左，是以鄭云右菹，菹在醢南也。云此左右異於魚者，載者統於執，設者統於席者，鄭以上文魚言左首，據載者統於執，故云左首。及設，則右首，此言設豆右菹，據設者統於席前，若執來即左菹也。云醴當棗南，酒當脯南者，以其陳饌要成，尊者後設，故先設棗脯於北，乃於南設醴酒。酒在東，故醴在棗南，酒在脯南也。既錯者出，立于戶西，西上。祝後，闔戶，先由楹西，降自西階。婦人踊。奠者由重南，東。丈夫踊。【注】為神馮依之也。【音義】闔，戶臘反。為，于偽反。【疏】注釋曰：鄭解丈夫見奠者至重即踊者，重主道，為神馮依之，故丈夫取以為踊節也。賓出，婦人踊。主人拜送于門外。

入及兄弟北面哭殯。兄弟出，主人拜送于門外。【注】小功以下至此可以歸，異門大功亦存焉。【疏】釋曰：云「北面哭殯」者，案《喪大記》云：「大夫士哭殯則杖，哭柩則輯杖。」注云：「哭殯，謂既塗也。哭柩，謂啟後也。」此哭不言杖者，文畧也。【注】釋曰：云「小功以下至此可以歸」者，案《喪服記》云「小功以下為兄弟」，則此兄弟可以兼男女也。云「異門大功亦存焉」者，大功容有同門，有同財，故《喪服》以小功以下為兄弟。但大功亦容不同門，門不同財之義，以異門疏，至此亦可以歸，故云亦存焉，謂存在家之法也。既殯雖歸，至朝夕朔奠之日，近者亦入哭限也。若至葬時，皆就柩所，故《既夕》反哭云「兄弟出，主人拜送」，注云「兄弟，小功以下也。異門者，大功亦可以歸」是也。

衆主人出門，哭止。皆西面于東方，闔門。主人揖，就次。【注】次，謂斬衰倚廬，齊衰堊室也。大功有帷帳，小功緦麻有牀笫可也。【音義】堊，於各反。【疏】【注】釋曰：凡言次者，廬、堊室以下總名，是賓客所在亦名次也。故引《禮記·閒傳》為證。案《閒傳》云：「父母之

乾隆四年校刊　士喪禮

喪。居倚廬，寢苫枕塊，不說絰帶。齊衰居堊室，芐翦不納。大功寢有席。小功緦麻牀可也。齊衰既居堊室，故大功以下有帷帳也。○君若有賜焉，則視斂。既布衣，君至。【注】賜，恩惠也。斂，大斂。君視大斂，皮弁服，襲裘。主人成服之後往，則錫衰。【疏】釋曰：案《雜記》云：「公視大斂，公升，商祝鋪席乃斂。」君至，此君升乃鋪席，則君至爲之改，始新之。此經上下不言改新者，文不具也。【注】釋曰：云「斂，大斂」者，案《喪大記》云：「君於士，既殯而往，爲之賜大斂焉。」此經云若有賜，明君於士視大斂也。云「君視大斂，皮弁服，襲裘」者，案《喪服小記》云：「諸侯弔必皮弁錫衰。」言諸侯，不言君者，以其彼是弔異國之臣法。案《服問》云：「公爲卿大夫錫衰以居，出亦如之，當事則弁絰。」不見君弔士服。案文王世子注：「君爲同姓之士緦衰，異姓之士疑衰。」並據成服後。今大斂未成服，緣弔異國之臣有服皮弁之法，則君弔士未成服之前，可服皮弁襲裘。襲裘之文，出《檀弓》「子游弔，小斂後襲裘帶絰而入」，此小斂後亦宜然也。云「成服之後往則錫衰」者，亦約《服問》君弔卿大夫之法。若然，文王世子注。同姓之士。緦衰。異姓之士疑衰。不同者。彼謂凡平之士。此士與君有師友之恩。特賜與大夫同也。主人出迎于外門外。見馬首。不哭。還入門右。北面。及衆主人袒。【注】不哭。厭於君。不敢伸其私恩。【疏】【注】釋曰。案喪大記云男子出寢門見人不哭。平常出門時。此迎君宜哭。巫止于廟門外。祝代之。小臣二人執戈先。二人後。【注】巫掌招彌以除疾病。小臣掌正君之法儀者。周禮男巫。王弔則與祝前。喪祝。王弔則與巫前。檀弓曰。君臨臣喪。以巫祝桃茢執戈以惡之。所以異於生也。皆天子之禮。諸侯臨臣之喪。則使祝代巫執茢居前。下天子也。小臣君行則在前後。君升則俠阼階北面。凡宮有鬼神曰廟。【音義】彌。亡婢反。又作弭。茢。音列。又音例。【疏】【注】釋曰。云巫掌招彌以除

乾隆四年校刊

疾病者，周禮春官男巫職文。彼注云：「招，招福也。彌讀爲敉。敉，安也。謂安凶禍也。」云「小臣掌正君之法儀者」，夏官小臣職文。云「男巫王弔則與祝前」者，亦男巫職文。云「祝」者，則周禮春官喪服職云「王弔則與巫前」是也。引之者，證經巫祝小臣之事也。引檀弓者，證彼與此經異，故云皆天子之禮也。以其巫祝桃茢具，故爲天子禮也。云「諸侯臨臣之喪，則使祝代巫執茢居前，下天子也」者，此據喪大記而言。案彼云：「大夫旣殯而君往焉，巫止於門外，祝代之先。君釋菜于門內，祝先升自阼階，負墉南面，君即位于阼，小臣二人執戈立于前，二人立于後。」文與此經同，文有詳畧耳。云「小臣君行則在前後」者，非直爲弔喪，則凡平行皆有此小臣從，以其與君爲儀衛者。云「君升則俠阼階」，案顧命云「二人雀弁夾階」，是其類也。云「凡宮有鬼神曰廟」者，以經云廟，謂適寢爲廟，故云有鬼神曰廟。

君釋采，入門，主人辟。【疏】釋采者，祝爲君禮門神也。必禮門神者，明君無故不來也。禮運曰：「諸侯非問疾弔喪而入諸臣之家，是謂君臣爲謔。」【音義】采，七代反。【疏】【注】釋曰：引禮運者，證

君無故不入臣家。故將入必禮門神也。彼注引喪禮公與孔甯儀行父數如夏氏以取弒焉。是君臣相能致禍之事

君升自阼階。西鄉。祝負墉南面。主人中庭。【注】祝南面。房中東鄉君。牆謂之墉。主人中庭進益北。【疏】【注】釋曰。祝必負墉南面鄉君者。案喪大記云。君稱言。視祝而踊。鄭注。視祝而踊。祝相君之禮。當節之也。故須鄉君也。云主人中庭進益北者。前主人先入門右。中庭之南。今云中庭。明益北至庭也。

君哭。主人哭拜稽顙成踊出。【注】出。不敢必君之卒斂事。

君命反行事。主人復位。【注】大斂事。

君升主人。主人西楹東北面。【注】命主人使之升。

升公卿大夫。繼主人東上。乃斂。【注】公。大國之孤。四命也。春秋傳曰。吾公在壑谷。【音義】壑。火各反。【疏】【注】釋曰。案典命云。公之孤四命。故云大國之孤四命也。引春秋者。襄三十年左氏傳文。鄭為伯爵。不合有孤。但良霄。鄭之公族大夫。貴重

乾隆四年校刊

之極。以比大國之孤。故臣子尊其君。亦號爲公。引之者。證經公是公之孤也。以其天子有三孤。副貳三公。大國無公。唯有孤。亦號爲公。是以燕禮亦謂之爲公也。

卒。公卿大夫逆降復位。主人降出。注 逆降者後升者先降位。如朝夕哭弔之位。疏 釋曰。卒者。謂卒斂也。云主人降出者。亦是不敢久留君。先出。下文君反主人。主人反鄉中庭。君乃撫尸。主人乃拜稽顙踊出。出。謂主人出鄉門外立。

君反主人。主人中庭。君坐撫當心。主人拜稽顙。成踊出。注 撫手案之。凡馮尸興必踊。今文無成。疏 釋曰。云凡馮尸興必踊者。喪大記文。此經直云君坐撫當心。主人直踊。又不言馮尸。而鄭云凡馮尸興必踊者。欲見撫卽馮之類。與亦踊。故得與主人拾踊也。是以喪大記君於臣撫之。父母於子執之。子於父母馮之。婦於舅姑奉之。舅姑於婦撫之。馮尸不當君所。又云凡馮尸興必踊。是馮爲總名。故君撫之亦踊也。

君反之。復初位。衆主人辟于東壁南面。注 以君將降也。南面則當坫之東。音義 辟，婢亦反。疏 釋曰：云「君反之，復初位。初位，卽中庭位」，知者，以其文承中庭位故也。注 釋曰：云「以君將降也，南面則當坫之東」者，下文君降西鄉，命主人馮尸，則君降當在阼階下西面命之，故衆主人辟君東壁南面。南面則西頭爲首者，當堂角之坫，故云當坫之東也。君降，西鄉，命主人馮尸。主人升自西階，由足，西面馮尸，不當君所。踊。主婦東面馮，亦如之。注 君必降者，欲孝子盡其情。奉尸斂于棺，乃蓋。主人降，出。君反之，入門左，視塗。注 肂在西階上。入門左，由便趨疾，不敢久留君。音義 便，婢面反。君升卽位。衆主人復位。卒塗，主人出，君命之反奠，入門右。注 亦復中庭位。疏 注釋曰：經云「入門右」，注「復中庭位」，謂在門右，南北當中庭也。乃奠，升自西階。注 以君在阼。疏 注釋曰：以其凡奠皆升自阼階，是爲君在阼，故辟之而升西階。

也。君要節而踊，主人從踊。【注】節，謂執奠始升階及既奠由重南東時也。【疏】注○釋曰：云「節，謂執奠始升階及既奠由重南東時也」者，案上文大斂奠，升時丈夫踊，降時婦人踊，由重南而東丈夫踊。此注不云降時踊者，以經直有君與主人丈夫踊節，故不言降時踊也。

卒奠，主人出，哭者止。【注】以君將出，不敢讙囂聒尊者也。【音義】讙，火官反，又許元反，下同。囂，許驕反，劉五高反。聒，古活反。

君出門，廟中哭，主人不哭。辟，君式之。【注】辟，逡遁辟位也。古者立乘，式謂小俛以禮主人也。曲禮曰：立視五巂，式視馬尾。【音義】辟，婢亦反。逡，七旬反。遁，音旬。辟位，音避。乘，繩證反。俛，音免。【疏】釋曰：君入臣家，至廟門乃下車，則貳車本不入大門。下云貳車畢乘，主人哭拜送者，明出大門矣。【注】釋曰：云「辟，逡遁辟位也」者，案曲禮云：君出就車，左右攘辟，則此云辟亦是主人攘辟，故云逡遁辟位也。云「古者立乘」者，以其坐乘則不得式而小俛，故云古者立乘也。知式是禮主人者曲禮云式宗廟曾子問卿大夫見君之尸皆下之尸必式是凡式皆是禮前物爲式引曲禮者欲見式小俛彼注爲猶規也車輪轉之一帀爲一規案周禮冬官輪崇六尺六寸圍三徑一三六十八一帀一丈九尺八寸五規則五箇一丈九尺八寸總爲九丈九尺六尺爲一步總十六步半凡平立視前十六步半若小俛爲式則低頭視馬尾故迹引曲禮云式視馬尾也

貳車畢乘主人哭拜送【注】貳車副車也其數各視其命之等君出使異姓之士乘之在後君弔蓋乘象輅曲禮曰乘君之乘車不敢曠左左必式【疏】【注】釋曰云其數各視其命之等者案周禮大行人云上公貳車九乘侯伯貳車七乘子男貳車五乘故知視命數也云君出使異姓之士乘之在後者禮記坊記云君不與同姓同車與異姓同車彼謂與君同在一車爲御與車右者也此經云貳車畢乘明亦使異姓之士乘之在後可知云君弔蓋乘象輅者案周禮巾車職王有五輅玉金象革木諸侯則同姓金輅已下異姓象輅已下四衛革輅已下蕃國唯有木輅若然唯王與

同姓異姓得弔乘象輅今云蓋乘象輅者以諸侯言之唯據上公與侯伯於王有親者得用象輅弔臨其臣以巾車又云象輅以朝謂以日視朝及燕出入雖不言弔臨然弔臨亦是出入之事故云蓋以疑之若四衛諸侯侯伯已下與王無親者亦各乘己所賜之車革輅木輅之等今鄭於貳車之下言所乘車者以其言貳車其飾皆與正車同故於貳車已下言君之所乘車也引曲禮者乘君之乘車則貳車是也以其與君爲副貳即是君之乘車也彼注云君存惡空其位則此乘車亦居左以其人君皆左載無御者在中鄭注周禮亦有車右也云左必式者不敢立視五巂常爲式耳

襲入即位衆主人襲拜大夫之後至者成踊【注】後至布衣而後來者【疏】【注】釋曰知布衣而後來者若未布衣時來即入前卿大夫從君之內今承上君大夫之下別言拜大夫之後至者明布衣後來不得與前卿大夫同時從君入者故鄭以布衣之後解之

賓出主人拜送【注】自賓出以下如君不在之儀【疏】【注】釋曰上經君在之時卿大夫士從君者不得與主人爲禮君出後有賓來即乃得別與

主人爲禮。故云自賓出以下如若不在之儀也。○三日成服杖拜君命及衆賓不拜棺中之賜【注】既殯之明日。全三日。始歠粥矣。禮尊者加惠。明日必往拜謝之。棺中之賜不施己也。曲禮曰生與來日【音義】始歠昌悅反粥之六反劉音育【疏】【注】釋曰。云既殯之明日者。上厭明滅燎者。是三日之朝行大斂之事。今別言三日成服。則除士三日。更加一日。是四日矣。而言三日者。謂除死日數之爲三日也。云全三日始歠粥矣者。謂成服日乃食粥。除此日已前是未全三日。不食至四日乃食也。案喪大記云。三日不食。謂通死日。不數成服日。故云三日不食。孝經三日而食者。是除死日數。故云三日而食也。云禮尊者加惠。明日必往拜謝之者。案既夕記云。主人乘惡車。注云。拜君命是也。引曲禮者。彼注云。與猶數也。生數來日。謂成服杖以死明日數也。死數往日。謂殯斂以死日數也。此士禮貶於大夫者。大夫以上皆以來日數。引之以證此士喪禮與大夫以上異也。○朝夕哭不辟子卯【注】既殯之後。朝夕及哀至乃哭。不代哭

乾隆四年校刊　儀禮注疏卷十二　士喪禮

也子卯桀紂亾日凶事不辟吉事闕焉【疏】【注】釋曰云既殯之後朝夕及哀至乃哭者此據殯後阼階下朝夕哭廬中思憶則哭云不代哭也者決未殯以前大夫以上以官代哭士以親疏代哭不絶聲云子卯桀紂亾日者詩云韋顧既伐昆吾夏桀左傳云乙卯昆吾稔之日昆吾與夏桀同時誅則桀以乙卯亾案尚書牧誓序云時甲子昧爽武王伐紂之日是紂以甲子日死王者以爲忌日云凶事不辟者即此經是也云吉事闕焉者檀弓云子卯不樂是吉事闕也婦人即位于堂南上哭丈夫即位于門外西面北上外兄弟在其南南上賓繼之北上門東北面西上門西北面東上西方東面北上主人即位辟門【注】外兄弟異姓有服者也辟開也凡廟門有事則開無事則閉【音義】辟婢亦反【疏】釋曰喪大記云祥而外無哭者則此外位皆有哭今直云婦人哭則丈夫亦哭矣但文不備也案下注云兄弟齊衰大功者主人哭則哭小功

緦麻亦即位乃哭是也。注釋曰：云外兄弟異姓有服者，謂若舅之子、姑姊妹從母之子等。是皆有服者也。云凡廟門有事則開，無事則閉者，有事謂朝夕哭及設奠之時，無此事等則閉之，鬼神尚幽闇故也。婦人拊心不哭。注方有事，止讙囂。音義拊，芳甫反。疏注釋曰：云方有事者，謂下經徹大斂奠、設朝奠之事也。主人拜賓，旁三，右還入門，哭。婦人踊。注先西面拜，乃南面拜，東面拜也。疏注釋曰：知先西面後東面者，以經云旁三右還入門，故知先西面，後乃東，遂北面入門，以一面，故云旁。主人堂下直東序西面。兄弟皆即位，如外位。卿大夫在主人之南。諸公門東少進。他國之異爵者門西少進。敵則先拜他國之賓。凡異爵者拜諸其位。注賓皆即此位，乃哭盡哀，止，主人乃右還拜之，如外位矣。兄弟齊衰大功者主人哭則哭，小功緦麻亦即位乃哭。上言賓。此言卿大夫。明其亦賓爾。少進。前於列。異爵卿大夫也。他國卿大夫亦前於列。尊之。拜諸其位。就其位特拜。【音義】直。音值。下直西同。【疏】釋曰。既云如外位。又案外位。主人之南即有人之南。有外兄弟。其南乃有賓。此內位。主人之南即有卿大夫。不言兄弟者。以外兄弟雖在主人之南。以少退。故卿大夫繼主人而言也。云諸公門東少進者。謂門東有士。故云少進。少進於士。此所陳位不言士之屬吏者。案大夫家臣位在門右。則士之屬吏亦在門右。又在賓之後也。【注】釋曰。云賓皆即此位乃哭盡哀止主人乃右還拜之如外位矣者。以其云外位。明拜之亦右還如外位也。云兄弟齊衰大功者主人哭則哭者。以其大功已上親。無門外內位。但主人哭則亦哭矣。小功緦麻疏。故入即進前於士之列也。云異爵卿大夫也者。以主人是士。明異爵是卿大夫也。云他國卿大夫亦前於列者。以經云他國之異爵者門西少進。亦當前於士位也。云拜諸其位就其位特拜者。以其異爵則亦卿大夫。故知特拜。一一拜諸其位也。〇徹者盥于門

外燭先入升自阼階丈夫踊【注】徹者徹大斂之宿奠

取醴北面取酒立于其東取豆籩俎南面西上祝先出

酒豆籩俎序從降自西階婦人踊【注】序次也【疏】【注】釋曰序次者次第人使相當此經所言先後則祝執醴在先次酒次豆籩次俎爲次第也設于序西南直

西榮醴酒北面西上豆西面錯立于豆北南面籩俎既

錯立于執豆之西東上酒錯復位醴錯于西遂先由主

人之北適饌【注】遂先者明祝不復位也適饌適新饌將

復奠【疏】【注】釋曰云遂先者明祝不復位也者以其云遂先先即祝不得復位遂適東相新饌也〇

乃奠醴酒脯醢升丈夫踊入如初設不巾【注】入入於室

也如初設者豆先次籩次酒次醴也不巾無菹無栗也

乾隆四年校刊　　儀禮注疏卷十二　士喪禮

菹栗具則有俎。有俎乃巾之。【疏】【注】釋曰。云入入於室也者。以其設奠在室中。故有也。云如初設者豆先次籩次酒次醴也者。以其大斂有俎。籩豆又多。今言如初設。直豆籩酒醴見用者先後次第耳。云不巾無菹無栗也者。以大斂奠兼有菹栗則巾之。是以檀弓云。喪不剝奠也與。祭肉也與。其一斂皆有俎。俎有祭肉。故巾之也。若然。朝廟之奠。亦是宿奠。無菹栗。有巾者。爲在堂而久設。塵埃故也。錯者出。立于戶西。西上。滅燭。出。祝闔戶。先降自西階。婦人踊。奠者由重南東。丈夫踊。賓出。婦人踊。主人拜送。【注】哭止乃奠。奠則禮畢矣。今文無拜。【疏】釋曰。云祝闔戶先降者。以其出戶時。祝闔戶在後。故須云祝先降也。【注】釋曰。云哭止乃奠者。謂朝夕哭止。拜賓乃奠。奠則禮畢矣。是以檀弓云朝奠日出是也。眾主人出。婦人踊。出門。哭止。皆復位。闔門。主人卒拜送賓。揖眾主人。乃就次。（一）朔月奠。用特豚魚腊。陳三鼎。如初。

東方之饌亦如之。【注】朔月，月朔日也。自大夫以上月半又奠。如初者，謂大斂時。【疏】【注】釋曰：知大夫以上月半又奠者，下經云月半不殷奠，士不者，大夫以上則有之，謂若下文云不逮命，大夫已上則有之。又若特牲云士不諏日，大夫已上則諏。諸士言不者，大夫以上則皆有之，故知大夫已上又用月半奠也。云如初者謂大斂時者，以其上陳大斂事，此言如初，故知如大斂時也。

無籩，有黍稷。用瓦敦，有蓋，當籩位。【注】黍稷併於甒北也。於是始有黍稷，死者之於朔月月半，猶平常之朝夕。大祥之後，則四時祭焉。【音義】併，步頂反，又必性反。【疏】【注】釋曰：云於是始有黍稷者，始死以來，奠不言黍稷，至此乃言之，故云於是始有黍稷也。云死者之於朔月月半，猶平常之朝夕者，謂猶生時朝夕之常食也。案既夕記云「燕養、饋羞、湯沐之饌如他日」，注云：「燕養，平常所用供養也。饋，朝夕食也。羞，四時之珍異。」若然，彼謂下室中不異於生時。殯宮中則無黍稷，今至朔月月半乃有之。若朔月月半。殯宮中有黍稷。下室則無。故既夕記云：朔月若薦新則不饋于下室。注云：以其殷奠有黍稷也。下室如今之內堂是也。是以云猶平常朝夕決之也。云大祥之後則四時祭焉者。士虞禮：禫月吉祭猶未配。是大祥之後得四時祭。若虞祭之後卒哭之等。雖不四時。亦有黍稷。是其常也。

主人拜賓如朝夕哭，卒徹。

【注】徹宿奠也。

舉鼎入升，皆如初奠之儀。卒杝，釋匕于鼎，俎行。杝者逆出，甸人徹鼎。其序醴酒菹醢黍稷俎。

【注】俎行者，俎後執。執俎者行，鼎可以出。其序升入之次。

【疏】【注】釋曰：云俎行者，俎後執。執俎者行，鼎可以出者。案下文設時，豆錯，俎錯，黍稷後設，則俎宜在黍稷前。今在黍稷後而言俎行者，欲見俎雖在黍稷前設，以執之在後，欲與鼎匕出爲節，故云俎行，鼎可以出也。云其序升入之次者，謂如經醴已下次第也。

其設于室，豆錯，俎錯，腊特，黍稷當籩位。敦啓會，卻諸其南。醴酒位如初。

【注】當籩位，俎南黍。黍東

稷會蓋也今文無敦【音義】會古外反【疏】【注】釋曰知當籩位俎南黍黍東稷者依特牲所設爲之也祝與執豆者巾乃出【注】其爲之也主人要節而踊皆如朝夕哭之儀月半不殷奠【注】殷盛也士月半不復如朔盛奠下尊者【疏】【注】釋曰云下尊者以下大夫以上有月半奠故也有薦新如朔奠【注】薦五穀若時果物新出者【疏】釋曰案月令仲春開冰先薦寢廟季春云薦鮪于寢廟孟夏云以彘嘗麥先薦寢廟仲夏云羞以含桃先薦寢廟皆是薦新如朔奠者牲牢籩豆一如上朔奠也徹朔奠先取醴酒其餘取先設者敦啟會面足序出如入【注】啟會徹時不復蓋也面足執之令足閒鄉前也敦有足則敦之形如今酒敦【音義】會古外反【疏】【注】釋曰以前設時即不蓋至徹亦不蓋今經云敦啟會嫌先蓋至徹重啟之故云不復蓋也其設于外

乾隆四年校刊

如于室【注】外序西南。○筮宅冢人營之【注】宅葬居也冢人有司掌墓地兆域者營猶度也詩云經之營之【音義】度大各反【疏】【注】釋曰案周禮有冢人掌公墓之地辨其兆域此士亦有冢人掌墓地兆域故云冢人營之也

掘四隅外其壤掘中南其壤【注】爲葬將北首故也【疏】【注】釋曰云爲葬將北首者解掘中南其壤爲葬時北首故壤在足處案檀弓云葬於北方北首三代之達禮也是葬特北首也

既朝哭主人皆往兆南北面免絰【注】兆域也新營之處免絰者求吉不敢純凶【音義】免如字又音勉處昌慮反【疏】【注】釋曰案雜記云大夫卜宅與葬日有司麻衣布衰布帶因喪屨緇布冠不蕤占者皮弁下又云如筮則史練冠長衣以筮占者朝服彼有司與占者之服不純吉亦不純凶此乃主人之服不純吉免絰亦不純凶也

命筮者在主人之右【注】命尊者宜由右出也少儀曰贊幣自左

詔辭自右。【音義】少，詩召反。【疏】「注」釋曰：云「命尊者宜由右出，少者對，贊幣卑者在左」，故引少儀爲證也。

筮者東面抽上韇，兼執之，南面受命。【注】韇，藏筴之器也。兼與筴執之。今文無兼。【音義】韇，音獨。函也。【疏】釋曰：云「抽上韇」者，則下韇未抽，待用筮時乃并抽也。

命曰：哀子某爲其父某甫筮宅，度茲幽宅兆基，無有後艱。【注】某甫，且字也。若言山甫、孔甫矣。宅，居也。度，謀也。茲，此也。基，始也。言爲其父筮葬居，今謀此以爲幽冥居兆域之始，得無後將有艱難乎？艱難，謂有非常若崩壞也。孝經曰：卜其宅兆而安厝之。古文無兆，基作期。【音義】爲，于僞反。【疏】「注」釋曰：云「某甫，且字也」者，謂二十加冠時且字。若云山甫、孔甫矣者，此亦二十加冠所稱，故士冠禮云伯某甫、仲叔季唯其所當。鄭亦以孔甫之字解某甫，則孔甫之等是實字。

乾隆四年校刊

以某甫擬之是且字也。是以諸侯薨，復者亦言某甫。鄭云某甫且字，是爲之造字也。引孝經「卜其宅兆」者，證宅爲葬居。又見上大夫以上卜而不筮，故雜記云「大夫卜宅與葬日」，下文云「如筮則史練冠」，鄭注云「謂下大夫若士也」，則卜者謂上大夫。上大夫卜，則天子諸侯亦卜可知。但此注兆爲域，彼注兆爲吉兆，不同者，以其周禮大卜掌三兆有玉兆、瓦兆、原兆者，孝經注亦云「兆，塋域」。此文主人皆往兆南北面，兆爲塋域之處，義得兩全，故鄭注兩解俱得合義。

筮人許諾，不述命，右還，北面指中封而筮，卦者在左。

注 述，循也。既受命而申言之曰述。不述者，士禮略。凡筮，因會命筮爲述命。中封，中央壤也。卦者，識爻卦畫地者。古文述皆作術。

音義 還，劉戶串反，一音旋。畫音獲。

疏 注釋曰：云「不述者，士禮略」者，但士禮命筮辭有一，命龜辭有二；大夫已上命筮辭有二，命龜辭有三。士一命筮辭有一者，即上經是，直有命筮，無述命，又無即席西面命筮辭，是命筮辭唯有一也。下文卜日有族長涖卜，爲事命龜，直云「哀子某以下。又有即席西面坐命龜。注云。不述命亦士禮畧。是士命龜辭有二。又知大夫以上命筮辭有二。命龜辭有三者。案少牢是大夫筮禮。彼上文云主人曰孝孫某來日丁亥以下。是爲因事命筮。下文云遂述命曰假爾大筮有常。是直云孝孫某來日丁亥已下。即將西面命筮冠於述命之上。其爲一辭。通前爲命筮辭有二。若卜則有爲事命龜。通述命。又有卿當席西面命爲三。知大夫龜亦有述命。士云不者。士喪禮卜之卜筮皆云不述命。士云不者。大夫已上皆有。謂若士月半不殷奠大夫則殷奠之類。知大夫命龜不將述命與即西面命龜其爲一命龜。亦知有二者。案此士喪注述命命龜異龜重威儀多也。對大夫述命與命龜爲二。通前命龜爲三。若然。則天子諸侯亦命筮辭有二。命龜辭有三。可知也。知士不述命非爲喪禮畧者。特牲之吉禮亦云不述命。故知士吉凶皆不述命。非爲喪禮畧也。

卒筮。執卦以示命筮者。命筮者受視。反之。東面旅占。卒。進告于命筮者與主人。占之曰從。【注】卒筮。卦者寫卦示主人。乃受而執之。旅。衆也。反與其屬其占之。謂掌連山歸藏周易者。從猶吉也。【疏】注釋曰。經云卒筮執卦以示命筮者。不言主人。注云寫卦示主人。不言命筮者。其實皆示。經直云命筮者。以命筮人於卦吉凶審。故據而言之。是以下覆告命筮與主人并告。明與前不異也。云與其屬共占之謂掌連山歸藏周易者。案洪範卜筮云三人占則從二人之言。注云卜筮各三人。大卜掌三兆三易。以其龜有三兆。玉兆瓦兆原兆。筮有三易。連山歸藏周易。連山者夏家易。以純艮爲首。象山之出雲連連不絶。故易名連山。歸藏者殷之易。以純坤爲首。坤爲地。萬物歸藏於地。故易名歸藏。周以十一月爲正。一陽爻生爲天統。故以乾爲首。乾爲天。天能周匝於四時。故易名周易也。主人經哭不踊。若不從筮擇如初儀。【注】更擇地而筮之。歸殯前北面哭不踊。【注】易位而哭。明非常。【疏】釋曰。朝夕哭當在阼階下西面。今筮宅來北面哭者。是易位非常故也。○既井椁主人西面拜工左還椁反位哭不踊婦人哭于堂。【注】既已也匠人爲椁刊治其材以井構於殯門外也反位拜位也既哭之則往施之竁中矣主人還椁亦以既朝哭矣【音義】竁昌絹反。【疏】釋曰。自此盡亦如之。論將葬須觀知椁材與明器之材善惡之事。【注】釋曰。案禮記檀弓云。既殯旬而布材與明器。注云。木工宜乾腊。則此云井椁及明器之材布之已久。故云既已也。久須作之。豈今始獻材也。但至此時將用。故主人親看視。是以云既哭之則往施之竁中也。云匠人爲椁刊治其材者。則解經主人拜工之事。以其冬官主百工。百工之內匠人主木工之事。所云拜匠人者。以其爲椁刊治其材者有功。故主人拜之也。云以井構於殯門外也者。以下文獻材於殯門外。則此亦在殯門外。此不言。下言者。欲明器之材多并有獻素獻成之事。故具言處所也。反位拜位者。謂反西面拜位。知既哭施之竁中者。以其文承筮宅以下見其即入壙故也。知主人還椁亦以既朝哭矣者。以其筮宅與卜日皆在朝哭訖。明還椁亦既朝哭。言亦者。亦彼二事也。

獻材于殯門外。西面北上綪。主人徧視之。如哭椁。

松厓云焞焌實一字楚焞即焌契也

獻素獻成亦如之【注】材明器之材視之亦拜工左還形法定爲素飾治畢爲成【音義】徧音遍【疏】【注】釋曰上經言檸此經言材故鄭言明器之材也檀弓云既殯旬而布材與明器明器與材別言故彼言材爲檸材也又此下別言素與成則此明器之材未斲治先獻之驗其堪否也云形法定爲素飾治畢爲成知義然者以其言素素是未加飾之名又經言獻材是斲治明素是形法定斲治訖可知又言成是成就之名明知飾治畢也此明器須好故有三時獻法上檸材既多故不須獻直還觀之而已○卜日既朝哭皆復外位卜人先奠龜于西塾上南首有席楚焞置于燋在龜東【注】楚荆也荆焞所以鑽龜者燋炬也所以燃火者也周禮菙氏掌共燋契以待卜事凡卜以明火爇燋遂龡其焌契以授卜師遂役之【音義】焞存悶反劉吐敦反又徒敦反又音純燋哉約反又祖堯反鑽子官

反。一本作灼。灺音巨。㸐時髓反。共音恭。挈本又作契。苦計反。劉苦結反。爇如悅反。焌劉音俊。又存悶反。又子悶反。疏注釋曰。云楚荆也者。荆本是草之名。以其與荆州之荆名同。楚又是荆州之國。故或言荆也。荆焞所以鑽灼龜者。古法鑽龜用荆。謂之荆焞也。云焌炬也者。謂存火者爲炬。亦用荆爲之。故鄭云所以燃火者也。周禮菙氏掌共燋契以待卜事者。案彼下注。杜子春云明火以陽燧取火於日。鄭謂焌讀如戈鐏之鐏。謂以契柱燋火而吹之也。契既然以授卜師。用作龜也。役之使助之。是楚焞與契爲一。皆謂鑽龜之焌。讀爲戈鐏之鐏者。取其銳頭爲之灼龜也。

族長涖卜及宗人吉服立于門西東面南上。占者三人在其南北上。卜人及執燋席者在塾西。注族長有司掌族人親疏者也。涖臨也。吉服服玄端也。占者三人掌玉兆瓦兆原兆者也。在塾西者。南面東上。音義長。丁丈反。涖音利。又音類。疏注釋曰。云族長有司掌族人親疏者也者。以其言族長。故知掌族人親疏

乾隆四年校刊

也。云吉服服玄端也者，案雜記云：大夫卜宅與葬日，有司麻衣。又云：如筮，則史練冠長衣。此宗人直云吉服，不言服名，則士之吉服，祭服爲吉服，士之祭服爲玄端而已。宗人，掌禮之官，非卜筮者，著玄端，則筮史亦服練冠長衣，雜記所云是，求吉，故筮者不純凶也。云占者三人掌玉兆、瓦兆、原兆者，案周禮大卜掌三兆之法，注云：兆者，灼龜發於火，其形可占者，其象似玉、瓦、原之璺罅，是用名之焉。上古以來，作其法可用者有三。原，原田也。杜子春云：玉兆，帝顓頊之兆；瓦兆，帝堯之兆；原兆，有周之兆。此三兆者，當代之别名。及占之，又有體、色、墨、坼之等，故占人云：君占體，大夫占色，史占墨，卜人占坼。注云：體，兆象也；色，兆氣也；墨，兆廣也；坼，兆璺也。體有凶吉，色有善惡，墨有大小，坼有微明。尊者視兆象而已，卑者以次詳其餘也。周公卜武王，占之曰：體，王其無害。凡卜，體吉、色善、墨大、坼明，則逢吉。是其卜專據此三兆也。云在塾西者，南面東上者，以其取堂南行事，明不得背之北面，故知南面，取近爲尊，故知東上也。

闑東扉，主婦立于其內。注扉，門扉也。

席于闑西閾外。注爲卜者也。古文闑作槷，閾作蹙。音義闑，魚列反。闑音域，劉呼逼反。宗人告事具。主人北面，免絰，左擁之。涖卜即位于門東，西面。【注】涖卜，族長也。更西面，當代主人命卜。【疏】【注】釋曰：云「涖卜，族長也」者，上文所云是也。以其改鄉西面，宗人受龜受視，受命訖，即云命曰「哀子某」，則族長非直視高，兼行命龜之事也，故云當代主人命卜也。周禮天子卜法則與士異，假使大事，則大宗伯涖卜，小宗伯陳龜，貞龜，命龜，大卜眂高，作龜，大事小事以下各有差降也。卜人抱龜燋，先奠龜西首，燋在北。【注】既奠燋，又執龜以待之。【疏】釋曰：云「卜人抱龜燋」者，謂從塾上抱鄉闑外待也。先奠龜於席上，乃復奠燋在龜北。【注】釋曰：云「既奠燋，又執龜以待之」者，鄉時先奠龜，次奠燋，既奠燋，又取龜執之以待之者，下經授與宗人，宗人受之是也。宗人受卜人龜，示高。【注】以龜腹甲高起所當灼處示涖卜也。【疏】【注】釋曰：凡卜法，案禮記云「禎祥見乎龜之四體」，鄭注云「春占後左，夏占前左，秋占前右，冬占後右」。今云腹甲高者，謂就龜之四體腹下之甲高起之處鑽之以示涖卜也涖卜受視反之宗人還少退受命【注】受涖卜命授龜宜近受命宜卻也命曰哀子某來日卜葬其父某甫考降無有近悔【注】考登也降下也言卜此日葬魂神上下得無近於咎悔者乎【音義】近附近之近【疏】釋曰云某甫者亦上孔甫之類且字也【注】釋曰云魂神上下者總指一切神無所偏指也云咎悔者亦謂冢墓有所崩壞也許諾不述命還即席西面坐命龜興授卜人龜負東扉【注】宗人不述命亦士禮略凡卜述命命龜異龜重威儀多也負東扉俟龜之兆也【疏】【注】釋曰云宗人不述命亦士禮略者以少牢述命此云不述命故云士禮略云凡卜述命命龜異龜重威儀多也者言凡非一則大夫已上皆有述命述命與命龜異故知此不述而有即席西面命龜若大夫已上有述命者自然與西面命龜異可知言凡卜

述命命龜異龜重威儀多對筮時述命命筮同筮輕威儀少云俟龜之兆也者下文告于主婦主婦哭是也

卜人坐作龜興【注】作猶灼也周禮卜師凡卜事示高揚火以作龜致其墨興起也【疏】【注】釋曰周禮卜師凡卜揚火以作龜致其墨者此據小事故不使大卜眡高作龜

宗人受龜示涖卜涖卜受視反之宗人退東面乃旅占卒不釋龜告于涖卜與主人占曰某日從【注】不釋龜復執之也古文曰爲日【疏】【注】釋曰云不釋龜者似元執不釋注云復執之也者似釋後重執之二疑之閒謂宗人退東面旅占之時授人傳占占訖授宗人宗人復執之與本不釋相似故經云不釋龜也

授卜人龜告于主婦主婦哭【注】不執龜者下主人也

告于異爵使人告于衆賓【注】衆賓僚友不來者也【疏】【注】釋曰上云既朝哭皆復外位外位中有異爵卿大夫等故就位告之云使人告于

乾隆四年校刊

衆賓者。既言使人告。明不在此。故鄭云不來者也。卜人徹龜宗人告事畢主人

經入哭如筮宅賓出拜送若不從卜擇如初儀

經三千三百九十六字

注五千四百五十九字

儀禮注疏卷十二

儀禮注疏卷十二考證

死于適室注疾時處北牖下死而遷之當牖下○監本北牖作北墉當牖作南牖　臣學健按正室無北牖此前人改繆也下篇記可考釋文牖與當牖有音尤足證也○

復者一人疏大喪復於小寢○據隸僕職小寢下當有大寢二字

入坐於牀東疏按喪大記士之喪主人父兄子姓皆坐於東方主婦姑姊妹子姓皆坐於西方之下○監本舊刻云此義恐錯此經有不命士喪大記無不命士

又與大記文不同釋亦不合子姓皆坐於西方注云士賤同宗尊卑皆坐此除主人之外不坐者此據命士彼據不命之士知者按喪大記云大夫之喪主人坐於東方主婦坐於西方其有命夫命婦則坐無則皆立是大夫喪尊者坐卑者立是知此非主人皆立據命士大記云尊卑皆坐據不命之士 臣紱按此義恐錯以下顛倒譌錯文義難通今細玩經注略爲移置以清其節次而仍存其原文於此

即位於西階下東面○於字監本譌作如今依石經及敖本改正○

徹衣者疏乃云宰舉以東○宰舉以東四字監本譌作主人有司臣紱按雜記含襚賵訖皆云宰舉以東此常用其語

爲銘各以其物注今文銘皆爲名末爲旆也○監本脫皆爲名末四字今依續通解補

竹杠長三尺置於宇西階上○敖繼公云宇屋檐也不宜與西階上連文宇字蓋因下宇而誤衍小祝職鄭司農注引此無宇字可證

疏權置於此及爲重訖乃置於重也○監本脫爲重訖乃置五字今尋繹上下文義補之

皆繶繬絇純○張淳云釋文無絇字鄭注屨人引此亦無絇字鄭又云言繶必有絇純言絇亦有繶純可見本無絇字也臣紱按石經有絇字則昔人增之久矣今仍之而加圈以別之

櫛於簞○於字監本譌作用今依石經及敖本改正

祝淅米于堂注淅汏也○汏字監本譌作沃今據釋文改正

渜濯棄于坎注古文渜作湪○監本湪字譌作緣今據釋文改正

明衣不在算○張淳云一本無在字

設韐帶搢笏疏按玉藻云雜帶君朱綠云云一段〇此

疏舊刻云按玉藻云雜帶君朱綠大夫玄華士緇辟

此五句當與下文案雜記云云一段相接今一死則加以五采士生時一色

死更加二色是異于生若然此五句當在君大夫二色句下此下當接此帶

亦以素爲之句又雜記率綠帶注云朱綠帶者襲衣之帶飾

之雜辟此二十字應屬前文蓋因上文引之而誤複耳又按雜記云率帶諸

侯大夫皆五采士二采注云此謂襲尸之大帶也彼

此而言生時君大夫二色此八句應在今死則加以五采云云一段之上以

朱綠異于生也此句應在此帶亦以素爲之句下此帶亦以素爲之

此句應在前若然二字之下以朱綠異于生也句之上彼是束衣之帶非大帶

諸侯禮諸侯禮下當有帶一帶三字則士大夫亦宜有之○臣紱按此疏有衍有脫有顚倒今以雜記玉藻經注再四推尋稍敘順之而仍存其舊文于此

參分庭○參字監本作三石經及敖本作參春官小祝注引此亦作參今改從之

婦人之帶牡麻注婦人亦有苴絰○苴絰集說作首絰臣紱按與帶對言自宜爲首絰但疏似作苴絰解今仍監本

祭服不倒○倒石經作到

甸人徹鼎巾待于阼階下疏云甸人徹鼎巾者以士

無事故徹○臣紱按巾字當屬下句謂甸人徹鼎鼏

執巾者則待于阼階下耳然疏謂或云徹鼎者誤是

賈氏自以鼎巾斷句也

脱一巾字耳賈不以鼎巾連文

宵爲燎于中庭注燎大燋○大或作火今據釋文及疏

定爲大

徹饌○敖繼公云饌字誤當作奠

設熬旁一筐○敖繼公云喪大記注引此作旁各一筐

是此經脫一各字

賓出婦人踊疏此哭不言杖者文畧也○臣恂按旣殯

明日成服乃杖殯時未成服何從有杖喪大記蓋指

朝夕哭于殯宫者言之而賈氏誤引之耳

主人出迎於外門外疏此迎君宜哭○臣紱按經意謂迎君不敢哭敬君故也此云宜哭與經注意背殆疏文或有譌脱

貳車畢乘疏謂以日視朝○監本譌作釋曰主以朝今考巾車注文改正

卜日注荊焞所以鑽龜者○鑽龜監本作鑚灼龜臣學健按釋文云鑚一作灼則二字不竝有明矣

若不從卜擇如初儀○擇石經作宅張淳云上文有筮擇如初儀此卜日非卜宅也臣宗楷按因上入哭如

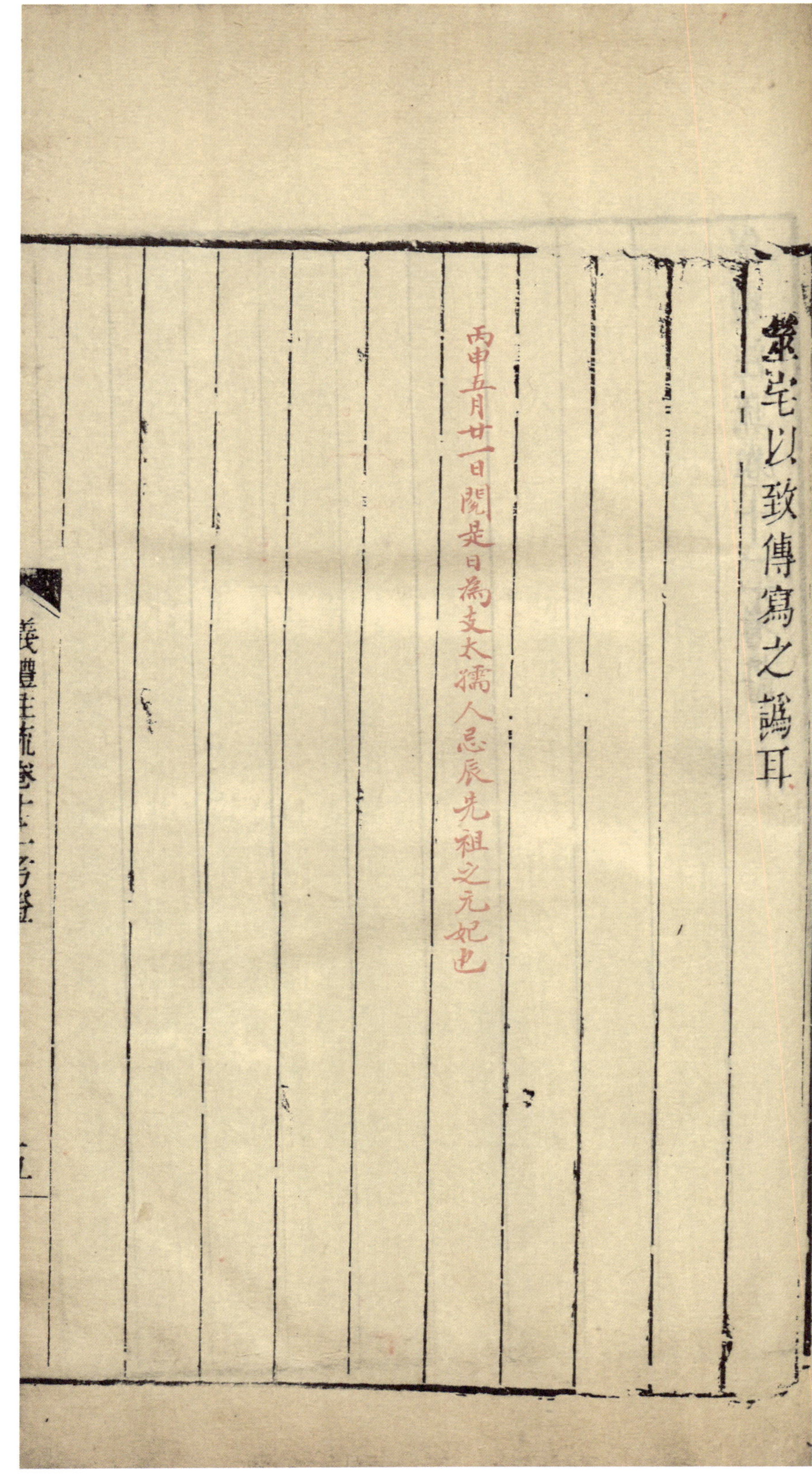

繁宅以致傳寫之譌耳

丙申五月廿一日閱是日爲支太孺人忌辰先祖之元妃也

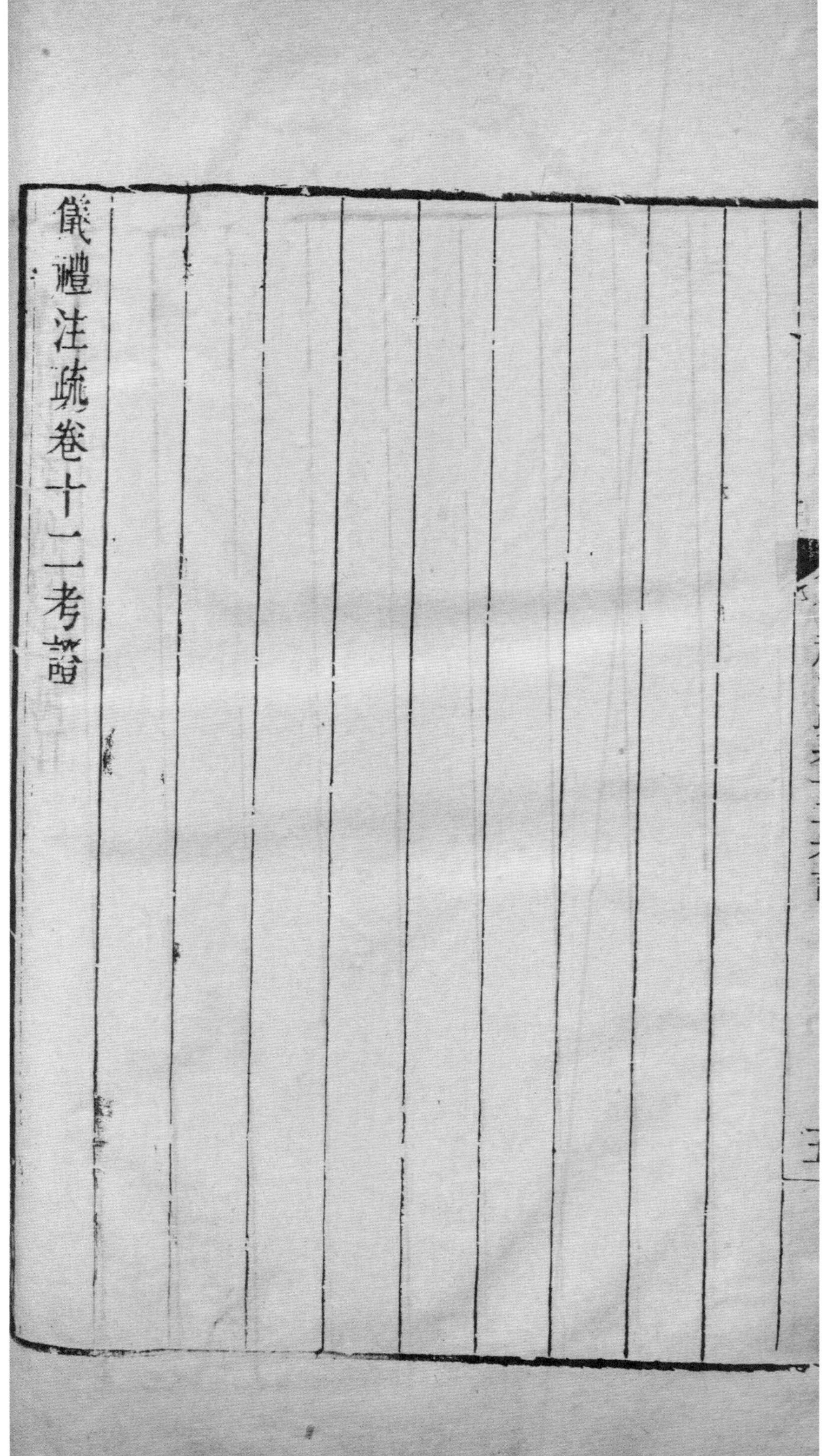

儀禮注疏卷十二考證